HISTOIRE

DE

LA CONTRAINTE PAR CORPS.

POITIERS. — IMPRIMERIE DE F.-A. SAURIN

HISTOIRE

DE LA

CONTRAINTE PAR CORPS,

PAR

Jules Levieil de la Marsonnière,

Avocat à la Cour royale de Poitiers, secrétaire de la Société des antiquaires de l'Ouest.

OUVRAGE COURONNÉ EN 1842

PAR LA FACULTÉ DE DROIT DE POITIERS.

PARIS,

CHEZ VIDECOQ PÈRE ET FILS, LIBRAIRES,

PLACE DU PANTHÉON, PRÈS L'ÉCOLE DE DROIT.

1843.

DÉDICACE.

A LA FACULTÉ DE DROIT DE POITIERS.

Monsieur le Doyen,

J'ai l'honneur de vous adresser, pour en faire hommage à la Faculté de droit de Poitiers, la dédicace d'un travail couronné par elle dans sa séance du 9 novembre 1842. En lui offrant ce témoignage de la reconnaissance d'un de ses écoliers, je ne puis me dissimuler combien est faible mon hommage ; mais, quelque peu digne d'elle qu'il soit, elle y a acquis trop de droits par son indulgence, pour que je ne sois pas heureux de les lui reconnaître, quand même elle ne serait pas disposée à les revendiquer.

Depuis que les encouragements de mes juges m'ont déterminé à surmonter la répugnance naturelle que j'avais à braver les dangers de la publicité, j'ai cru devoir, d'après le conseil de plusieurs d'entre eux, remanier mon travail dans quelques-unes de ses parties. Un assez grand nombre d'inexactitudes ont disparu ; plusieurs lacunes ont été remplies. Enfin, bien que ce soit peut-être avoir fait une excursion en dehors du programme, j'ai voulu exprimer, dans un court plaidoyer jeté en *post-scriptum* à la fin de cet ouvrage, le sentiment de répugnance que je partage avec tant d'autres pour la barbarie des principes sur lesquels repose la loi de la contrainte par corps.

Cependant, malgré ces quelques remaniements, j'ose espérer que la Faculté voudra bien reconnaître dans ce livre le travail qu'elle a couronné, et accorder à la dédicace un accueil bienveillant et maternel. Le passé me rassure à cet égard ; car, en encourageant cette publication, elle a fait comme ces mères indulgentes qui ferment les yeux sur les défauts de leurs enfants.

Je suis avec respect,

Monsieur le Doyen,

Votre très-humble et très-obéissant serviteur,

JULES DE LA MARSONNIÈRE.

Poitiers, 30 septembre 1843.

PROGRAMME

DU PRIX DE DOCTORAT PROPOSÉ PAR LA FACULTÉ DE DROIT DE
POITIERS, EN 1842.

Exposer les voies d'exécution que le droit romain, notre ancien droit et notre législation actuelle, permettent d'exercer sur la personne du débiteur pour le forcer à remplir ses engagements.

HISTOIRE

DE LA

CONTRAINTE PAR CORPS.

PREMIÈRE PARTIE.

DROIT ROMAIN.

PREMIÈRE ÉPOQUE

SECTION PREMIÈRE. — *Histoire.*

Organisée par un chef de laboureurs et de brigands, la société romaine naquit armée de la bêche et du glaive. Le glaive fut confié au bras des forts, la bêche fut abandonnée aux faibles. Les premiers furent les nobles, les seconds les gens du peuple.

Avec la noblesse vinrent les priviléges. Les nobles seuls, lorsque l'*ager romanus* fut partagé entre eux et la communauté, devinrent individuellement propriétaires. Seuls ils purent prétendre aux honneurs et aux profits du sacerdoce, et le droit du plus fort s'étendit pour eux à la guerre jusque dans le partage du butin. Ceci explique comment, en peu de temps, s'opéra entre ces mains privilégiées la concentration des richesses mobilières et de la fortune territoriale.

Cependant ceux que la valeur n'avait pas placés au

premier rang, ou que la fortune n'avait pas favorisés à la guerre, se sentaient d'autant plus pauvres qu'au-dessus d'eux ils voyaient la richesse. Humiliés de ce contraste, il leur fallut à tout prix déguiser leur misère sous un vernis d'aisance. De là l'origine des dettes qui, dans l'histoire de la république romaine, joueront un rôle si important.

Pressés par la faim, les pauvres s'adressèrent aux riches pour suppléer à l'insuffisance de leurs ressources. Les riches n'hésitèrent pas, car ils avaient compris que le pouvoir des grands est souvent dans la misère des petits. Ils prêtèrent donc. Mais, comme à Rome le numéraire était encore fort rare, ils ne voulurent pas se dessaisir sans faire leurs conditions. Il leur fallut des garanties ; et, comme les pauvres n'en avaient d'autres à leur offrir que leur personne, ce fut la personne de leurs débiteurs que les riches exigèrent pour gage. De là le *nexum*.

Le *nexum* était un acte entouré de certaines formalités, par lequel celui qui recevait à titre de prêt affectait son corps au payement de la dette qu'il contractait. Je parlerai plus loin de cette institution et de ses effets ; pour le moment, il suffit de dire que si, à l'échéance de la dette, le débiteur *nexus* (1) n'était pas en mesure de s'acquitter, le magistrat le livrait au créancier qui se payait sur ses services. Les conséquences de cette adjudication étaient rigoureuses ; car, bien que le *nexus* ne fût pas un esclave, il tombait toutefois sous le régime du bon plaisir, et subissait de fait les rigueurs de l'esclavage. D'un autre côté, et indépendamment du contrat d'où naissait ce gage sur la personne, une sorte de contrainte par corps judiciaire, appelée *addictio*, livrait au créancier le débiteur condamné

____

(1) *V. infrà*, c. II, § 1.

à payer une certaine somme d'argent, soit en matière civile, soit en matière criminelle. Illimitée dans ses effets, parce qu'elle n'avait point de procédure, elle mettait le malheureux débiteur à la merci d'un créancier impitoyable (1).

Cependant la condition des obérés était loin encore d'être aussi rigoureuse qu'elle le fut plus tard sous le régime républicain. La monarchie, ce défenseur des droits du peuple, surveillait d'un œil jaloux les envahissements de l'aristocratie. Son contrôle, impuissant quelquefois, exerçait cependant sur le sort des débiteurs une influence bienfaisante; et, de la part des rois, cette protection efficace était d'autant plus généreuse, qu'il leur fallait subir une lutte pour l'exercer.

Servius Tullius, parmi les rois, fut celui dont la sollicitude s'éveilla le plus sur le sort du peuple. Sous le règne de ses prédécesseurs, la question des dettes avait été pour ainsi dire oubliée au milieu des préoccupations politiques. Servius Tullius résolut d'apporter un remède aux maux qui se renouvelaient sous ses yeux, et qu'il ne pouvait soulager que par l'introduction d'une loi nouvelle. Aussi, malgré l'opposition du sénat, fut-il le bienfaiteur du peuple, et, devançant la pensée de César, introduisit-il en faveur des obérés, sinon le bénéfice de la cession de biens, du moins un système analogue qui substituait au gage sur la personne le gage sur la chose du débiteur (2).

Malheureusement Servius Tullius était né plusieurs

(1) *V. infrà*, c. II, § 1, *in fin.* Il est bien entendu que je parle *l'addictio* antérieure à la loi des XII Tables.

(2) Denys d'Halicarnasse IV, p. 420, fait parler Servius Tullius en ces termes: « *Siquidem in posterum à fœneratoribus mutuum sumpserint, eos ob æs in nervum duci non sinam, caveboque lege ne fœneratoribus jus sit in libera corpora, sed contenti sint debitoris facultatibus.* »

siècles trop tôt. Les modifications dans les lois ne se font pas aussi vite que les révolutions dans les événements; et pour que les institutions s'améliorent, il faut que les mœurs soient elles-mêmes dans la voie du progrès. Aussi l'institution de ce bon roi eut-elle le sort de toutes les tentatives généreuses. Un tyran la fit disparaître; et quand même la tyrannie de Tarquin n'eût pas brutalement aboli les lois et brisé les tables de son prédécesseur, l'opinion eût suffi pour les abroger tacitement; car, encore une fois, un législateur doit marcher avec son siècle, et s'il est plus avancé que lui, il court le risque de n'en être pas compris.

Avec Tarquin revint l'usage du *nexum;* mais cette législation cessa momentanément d'être pratiquée avec la même barbarie. Le rôle des riches avait changé. De rivaux du pouvoir monarchique qu'ils avaient été sous les premiers rois, ils étaient devenus, sous le despotisme de fer de Tarquin, les esclaves de la monarchie. C'était donc le tour du sénat de se faire le courtisan du peuple. Telle fut la politique intéressée qui valut aux débiteurs quelques années d'un sort moins rigoureux; et, par un singulier contre-coup, c'est à l'extrême tyrannie du prince que le peuple dut un soulagement à ses maux.

Mais bientôt la chute de Tarquin amena une nouvelle constitution politique. Cette réaction fut fatale aux débiteurs. Vainqueur de son tyran, le lion aristocratique s'était démuselé. Son réveil devait être terrible; il le fut en effet. Le premier cri de la liberté romaine fut pour les obérés le signal de l'esclavage. Les prisons privées se remplirent de nouveau, et les prôneurs de l'égalité dans le *forum* s'ingénièrent, dans leurs maisons, à inventer de nouvelles tortures contre le corps de leurs débiteurs.

Une fois émancipée , l'aristocratie romaine n'eut plus
de frein. Ce ne fut pas assez pour elle de se venger par
une odieuse tyrannie du despotisme dont elle venait de
s'affranchir ; elle songea aussi à faire de sa position la
source de nouvelles richesses. Non contents des garanties
que leur présentait le *nexum*, les riches exigèrent des
compensations exorbitantes en retour du dessaisissement
de leurs deniers. L'usure prit des proportions effrayantes.
Chaque mois devint un terme fatal auquel dut avoir
lieu le payement d'un pour cent, douzième de l'intérêt
pour une année. La misère était grande alors. La culture
des terres était abandonnée pour le maniement du
glaive (1). Pendant ce temps, l'intérêt grossissait le capital
de la dette, tandis que les ronces dévoraient le champ
du débiteur. Puis le terme fatal arrivait. Alors se passaient des choses qu'un monarque eût proscrites, mais
qu'une république encourageait. Un homme libre, flétri
par le magistrat et par l'opinion publique, perdait dans
les fers, sinon le droit inaliénable, du moins l'exercice de
sa liberté ; et, comme si ce n'était pas assez pour un citoyen que la dégradation et la servitude, on ajoutait
encore à ces douleurs morales les tortures du *nervum* et de
la flagellation.

Il est dans l'histoire de tous les peuples un fait puissant en enseignements, c'est que jamais un corps n'est
respectable qu'alors qu'il est persécuté. La population
plébéienne de Rome en fournit la preuve, et il faut lui
rendre cette justice que pendant trois siècles son attitude vis-à-vis du sénat et des riches fut noble toujours,
généreuse souvent, et jamais passionnée. Je dirai plus
loin quelle fut l'époque où son caractère élevé subit
l'influence de la corruption et de l'envie. Il est aisé de

____

(1) Tit.-Liv. II, c. 23. — Denys d'Halic., l. VI.

pressentir que cette époque transitoire fut celle où, commençant à prendre conscience de sa force, la démocratie romaine, à la suite de ses tribuns, fit à son tour invasion dans les attributions du sénat, et de victime devint persécuteur. Mais jusque-là, dans ses réclamations, le peuple conserva toute la dignité du malheur : « Nous sommes
» pauvres, disait-il ; et cependant, obligés, ainsi que les
» riches, de concourir à la défense de Rome, nous devons
» non-seulement payer de notre personne, mais encore
» faire la guerre à nos frais. Pendant ce temps il nous
» faut laisser sans culture nos terres, dont les fruits suf-
» fisent à peine aux besoins de nos familles. En ceignant
» notre épée pour la patrie, nous signons donc notre
» ruine, sans espoir d'indemnité. Dans l'impossibilité de
» subvenir à nos dépenses de soldats, nous avons re-
» cours à des emprunts onéreux. Pendant notre absence,
» les intérêts de nos dettes grossissent le capital. A notre
» retour de la guerre, où nous avons contribué par nos
» efforts au succès des armes romaines, au lieu du triom-
» phe destiné aux vainqueurs, nous trouvons les lourdes
» chaînes destinées aux vaincus. Cela n'est pas juste. Il
» faut distinguer entre l'honnête homme qui succombe
» sous le poids du malheur et le débauché qui emprunte
» pour ses passions. Or nous demandons que cette dis-
» tinction soit établie, afin que les débiteurs véritable-
» ment dignes de pitié ne soient pas confondus avec
» ceux dont la conduite ne saurait la mériter. »

Telles étaient les justes réclamations du peuple. Mais le sénat ne voulait pas les écouter, et les magistrats ne l'osaient pas, d'abord parce qu'ils voyaient bien des dangers à admettre cette distinction, et puis ensuite parce qu'ils étaient eux-mêmes patriciens et *créanciers*. Aussi les débiteurs malheureux, abandonnés et opprimés par la magistrature, seul soutien du faible, en appelaient-ils à grands cris à la justice du peuple contre l'arbitraire du pouvoir, et proclamaient-ils en leur faveur le principe du droit d'appel. Enfin, comme garantie, ils réclamaient du sénat l'institution d'une magistrature intermédiaire qui, sortie des rangs populaires, eût intérêt elle-même à les protéger contre l'immoralité des riches et des hauts fonctionnaires de l'État.

Ce principe si gênant pour l'autorité des consuls fut le véritable terrain de cette longue discussion entre la noblesse et le prolétariat, qui n'eut de fin qu'à l'avénement de la monarchie. C'est lui contre lequel s'élevait la voix d'Appius Claudius (1), ce hautain patricien qui, gêné dans l'exercice de son consulat par les réclamations du peuple, s'écriait en plein sénat : « Tout ce mal ne » vient que du droit d'appel ; car, dès qu'il est permis à » ceux qui ont failli d'en appeler à ceux qui ont failli » comme eux, il ne reste aux consuls que les menaces, » et leur pouvoir est anéanti. »

Cependant l'appel au peuple s'accréditait de plus en plus par l'usage et la nécessité. De malheureux citoyens, chargés de fers, pâles, défigurés, couverts de plaies, semblables à des ombres menaçantes, apparaissaient souvent aux yeux du peuple pour l'exciter à la vengeance, ainsi qu'à Hamlet le fantôme irrité de son père. Je rappellerai, sans oser la reproduire, cette scène de terreur si admirablement peinte par Tite-Live (2), et après lui par l'abbé Vertot, où un pauvre vieillard, vénérable victime de l'usure, vient montrer son corps tout sanglant à ses concitoyens, et faire compter sur son dos meurtri les

(1) Tit.-Liv. ii, c. 27.
(2) Tit.-Liv. i, c. 23. — Denys d'Halic., l. vi, p. 362.

traces du fouet de la servitude. On sait quelle fut l'issue de cette scène. Pour la première fois, le consulat ne fut plus un sanctuaire inviolable, et le nom d'Appius Claudius, voué à l'exécration publique, apprit au sénat étonné que le titre de consul ne couvrait plus l'homme, et que c'était à l'homme, au contraire, à faire aimer et respecter les hautes fonctions de la magistrature. Ces faits nouveaux furent une leçon pour le sénat, et lui apprirent à dissimuler.

Il fallait dissimuler en effet. Les dissensions intestines qui s'agitaient dans les murs de Rome étaient loin de se passer en famille, et cela lui était fatal. Les nations voisines, rivales du peuple romain, saisissaient toujours avec empressement, pour l'agression, le moment où ses divisions l'agitaient. A ces instants de crise, le peuple devenait indispensable. Le sénat sentait la nécessité de le flatter pour l'attirer à lui, et l'on conçoit que, lorsque l'honneur national était impuissant contre la haine populaire, il fallait que le gouvernement promît, et promît beaucoup.

L'invasion des Volsques mit bientôt le sénat dans l'obligation de transiger avec son orgueil. Déjà aux portes de Rome l'ennemi, se reposant pour la victoire sur la haine des deux partis, attendait patiemment l'issue de leur querelle. C'était pour les amis de la classe pauvre l'occasion de stipuler en sa faveur. P. Servilius (1), généreux patricien, se faisant de la nécessité une arme en faveur des débiteurs contre les partisans aveugles de l'égoïsme brutal de la noblesse, parvint à faire édicter un sénatus-consulte par lequel il fut défendu à tout créancier de retenir un citoyen enfermé et garrotté, et de l'empêcher de venir s'inscrire au rôle de l'armée. Le sénatus-consulte portait

_____
(1) Tit.-Liv. l. II, c. 24.

aussi que tant que durerait la campagne il ne serait permis à personne de saisir les biens des débiteurs, de vendre et de retenir leurs enfants.

Espérant des jours meilleurs, le peuple crédule courut à la victoire. A son retour, il retrouva la servitude, et apprit de la sorte que le sénat n'avait plus besoin de lui (1).

Une nouvelle guerre fut encore pour les plébéiens une occasion de résistance et de manifestations énergiques. Les Sabins, espérant un résultat plus heureux que les Volsques dans leur invasion, étaient venus à leur tour menacer l'aigle romaine. Le peuple refusa de marcher. Le sénat fut encore obligé de renouveler ses promesses ; mais, après avoir tant de fois trompé le peuple, il ne pouvait plus compter sur sa crédulité. Plusieurs généreux patriciens firent entendre en faveur des obérés des propositions bienveillantes. Marcus Valerius, entre autres, voulant concilier à la fois et les intérêts du riche et les intérêts du pauvre, proposa d'introduire en faveur de ce dernier la σεισαχθεια, loi que Solon avait donnée à Athènes, et qui arrivait à ce double résultat. Apius Claudius, cette personnification caractéristique de l'orgueil hautain et de la cruauté froide de la caste privilégiée, s'opposa à toute amélioration dans le sort des débiteurs, prétendant qu'agir ainsi ne ferait que changer la position de la question, sans modifier la nature de la question elle-même, puisque la remise des dettes, en apaisant les pauvres, soulèverait les riches, plus à craindre que les premiers (2).

D'autres avis moins absolus furent produits dans cette discussion. Les uns proposaient d'affecter au payement des dettes les biens et non le corps des débiteurs ; les

(1) Tit.-Liv. l. c.
(2) Tit.-Liv. 1, c. 27.

autres de prendre sur les fonds publics les capitaux nécessaires pour amortir les dettes, et justifiaient cette proposition en démontrant que l'État devait au peuple cette
récompense, puisque les débiteurs les plus obérés étaient
ceux qui avaient le plus longtemps et le mieux servi l'État.
D'autres étaient d'avis de libérer les gens engagés par le
nexum, et de délivrer à leur place aux créanciers des
esclaves de la république pris par elle pendant la guerre.
Mais le sénat, voulant encore différer une décision où
étaient compromis tant d'intérêts qu'il fallait ménager,
résolut de confier à un seul homme le soin de tirer le
meilleur parti possible d'une position difficile. Manius
Valerius (1), homme agréable au peuple, fut nommé
dictateur. Un ordre provisoire du sénat suspendit pendant la durée de la guerre toute poursuite contre les
débiteurs (2). Mais, la campagne une fois terminée avec
succès, le sénat, changeant d'avis après la victoire, refusa
encore de remplir les engagements qu'il avait pris.

Las de lutter en vain contre cet égoïsme cynique, le
peuple vit bien que toute communauté de vie avec le sénat
lui était désormais impossible. Il résolut donc d'abandonner aux riches le sol de la patrie, et d'aller chercher
ailleurs quelque chose de plus positif qu'une liberté
nominale.

Tel fut le motif de la retraite que fit le peuple au mont
Sacré (3).

Cette époque est remarquable dans l'histoire des dettes;
car, bien qu'elle ne soit pas celle de l'affranchissement
des esclaves de la dette, cependant elle se signale par des

______

(1) Tit.-Liv. I, c. 30. — Denys d'Halic., lib. VI, p. 371.
(2) Denys d'Halic., l. c.
(3) Denys d'Halic., l. VI, p. 374.

actes réitérés d'opposition naissante. Le sénat, forcé de sacrifier son orgueil à son salut, accorde enfin au peuple ces tribuns protecteurs réclamés à grands cris depuis trois années, et commence à trouver en ces nouveaux magistrats une censure sévère, ou plutôt une opposition systématique et passionnée (1). Cependant l'institution des tribuns n'eut pas pour le peuple tous les résultats heureux qu'il pouvait s'en promettre, et l'on peut dire que si le sort des obérés ne s'améliora pas notablement, ce fut la faute de ces magistrats, qui n'établirent pas bien, je crois, la position de la question des dettes. En effet, jusqu'à la retraite au mont Sacré, le peuple, dans son opposition, avait gardé une attitude digne et loyale, et avait eu sur la noblesse l'avantage de la bonne foi. Jusque-là il n'avait demandé qu'une chose : qu'on reconnût pour tout le monde le principe de l'inaliénabilité de la liberté, seul trésor du pauvre, et qu'on nommât des magistrats indépendants et désintéressés pour faire respecter ce principe. Là s'était arrêtée l'ambition populaire; mais bientôt il cessa d'en être ainsi. Les tribuns, à leur avénement, ne comprirent pas que Rome plébéienne était grande avec son malheur et sa loyauté, et qu'elle perdrait le droit de se plaindre alors qu'elle emploierait les armes de ses oppresseurs. Guidés par un sentiment de haine et d'envie contre les patriciens, plutôt que par l'amour de leurs frères, les tribuns déconsidérèrent le peuple par leurs réclamations exagérées et maladroites. Au lieu de demander un adoucissement progressif dans le sort des pauvres, ils voulurent du premier coup déjouer tous les calculs de l'égoïsme sénatorial par l'abolition des dettes, et, si je puis m'exprimer ainsi, bâtir

(1) Cicer. de Legib., l. III, c. 9.

en un seul jour une Rome nouvelle. C'était trop. Aussi,
en s'élevant tout d'abord à des demandes exagérées, n'ob-
tinrent-ils rien pour le peuple. D'un autre côté, les réclamations des tribuns tendaient à proscrire les calculs honteux de l'usure plutôt que les fatales conséquences du *nexum*.
La position désespérée des *nexi* était, il est vrai, l'occasion
de leurs déclamations, mais elle n'en était que le prétexte;
et au fond ce que voulaient les tribuns, c'était d'abord
l'abolition des dettes, et ensuite la prohibition des intérêts
usuraires, parce que leur politique intéressée, en créant
ainsi un obstacle à l'accroissement des richesses des patriciens, voyait là un moyen d'arriver plus aisément jusqu'à
eux. Ainsi le peuple était exploité par les uns et par les
autres; par ses oppresseurs et par ses défenseurs, qui,
méconnaissant leur mission paternelle, travaillaient au
profit de leurs propres passions. Voilà comment, aveuglés
par leurs spéculations orgueilleuses, ils laissèrent passer
sans obstacle l'odieuse loi décemvirale dont les dispositions ne peuvent se lire sans terreur.

Nous arrivons à l'examen de cette législation si remarquable, et qui monumenta si bien l'égoïsme de l'aristocratie romaine. J'abandonnerai un instant le cours de
l'histoire, pour en exposer le principe et la procédure;
mais, avant d'entrer dans cette appréciation, il est à propos
peut-être de fouiller dans le monde antique, et de lui
demander compte de l'origine de ce vieux droit de Rome
dont nous venons de tracer l'esquisse historique.

Lorsqu'un peuple qui naît s'essaye à vivre et à penser,
ses idées sont naïves comme lui; il pense tout haut, et
déduit loyalement toutes les conséquences du principe

qu'il adopte, sans se préoccuper de leur étrangeté. Entre
le bien et le mal il ne voit pas de moyen terme. Quand il
a proclamé qu'un acte est mal, il en conclut la nécessité
d'une punition; et comme pour lui tout mal est un, de
même aussi toute punition est une. Enfin, quand il a ap-
précié un préjudice causé, la nécessité d'une réparation
devient pour lui tellement impérieuse, qu'il n'éprouve
aucune répugnance à lui sacrifier la dignité et la liberté
d'un homme.

Ceci appartient à l'histoire de la législation romaine et
à celles des législations qui l'ont précédée. Toutes repro-
duiront ce principe, le sacrifice de l'homme à la chose, que
nous avons signalé déjà. Seulement nous trouverons quelques nuances dans la manière dont l'idée se reproduira.
Ainsi, là où dominera le pouvoir d'un seul, là où l'aristocratie ne sera que le second pouvoir de l'État, nous
trouverons les mœurs plus douces, les libertés civiles plus
protégées; là au contraire où, l'aristocratie étant le premier pouvoir de l'État, il y aura chez elle crainte d'être
débordée par la démocratie qui lui sert de contre-poids,
alors les libertés civiles seront sacrifiées aux ambitions
politiques. Pourquoi? Parce que chaque pouvoir, alors
qu'il lui sera permis de s'asseoir au banquet législatif, deviendra d'autant plus avide qu'il aura plus de difficultés
à s'y maintenir. Aussi la législation nous paraîtra-t-elle
aussi douce chez les Égyptiens et chez les Juifs, que sévère
chez les Grecs et chez les Romains.

Chez les Juifs, la loi était la loi de Dieu : « Quand un de
» tes frères sera pauvre au milieu de toi, dans le pays que
» l'Éternel ton Dieu te donne, dit Moïse à son peuple, tu
» n'endurciras point ton cœur, tu n'auras point ta main
» fermée pour ton frère qui est pauvre; mais tu ne man-

« queras pas de lui ouvrir la main ni de lui prêter sur
» gage autant qu'il aura besoin pour son indigence ;...
» tu ne manqueras point de lui donner, et ton cœur ne
» lui donnera point à regret (1). »

Cette puissante morale était incompatible avec l'idée qu'ont eue tous les peuples des rapports du créancier au débiteur insolvable : aussi, chez les Juifs, n'y avait-il pas, à proprement parler, de contrainte par corps. Cependant il ne faut pas croire non plus que la loi sacrifiait totalement l'intérêt privé à l'enseignement de la charité. Non ; l'esclavage de la dette n'était nullement inconnu en Judée. Le payement par le travail était non-seulement toléré, mais encore même autorisé par la loi ; seulement il l'était dans de sages limites.

En effet, si la loi de Dieu ne permettait pas au créancier d'attenter à la liberté de son débiteur, elle autorisait du moins celui-ci à faire momentanément, au profit du premier, le sacrifice de cette liberté, et à payer du travail de ses mains dans la servitude ce qu'il ne pouvait payer en deniers. Mais remarquons bien que c'était là un parti extrême qui ne pouvait être toléré qu'après la constatation définitive de l'insolvabilité du débiteur. Il fallait donc, avant toute chose, que la discussion préalable des biens meubles et immeubles n'eût laissé aucun doute ; puis, condition non moins importante, il était indispensable que le Juif obéré consentît à l'aliénation de sa liberté (2).

Telle était la règle générale. Mais la loi cessait d'être aussi favorable, alors qu'il s'agissait, non plus d'une dette civile, mais du payement d'une condamnation judiciaire

---

(1) Deutér., ch. XV, v. 7, 8, 10.
(2) Rois, IV, I. — Josèphe, Antiquités jud., IX, IV.

en matière criminelle (1). Ici la servitude était forcée. Le créancier devenait maître, et pouvait vendre le condamné comme esclave. Au surplus, cette pénalité ne s'appliquait pas même dans tous les cas ; car les femmes, par égard pour les mœurs publiques, ne pouvaient être vendues.

Cette législation était d'autant plus douce, que d'autres garanties encore étaient offertes par elle au débiteur. L'esclavage de la dette était limité. Au bout de sept années de service sous la tente du créancier, la dette était censée acquittée ; la servitude cessait, et le Juif obéré reprenait dans la vie civile l'exercice des droits attachés à l'ingénuité. Ainsi, dans la maison de Laban, le jeune Jacob achetait successivement, au prix de sept années de travail, la main de Lia, et sortait heureux et fier de la servitude avec la main de Rachel.

Certes il y a loin de ces institutions à celles de la loi romaine. Ici la servitude est volontaire ; chez les Romains elle est forcée. Ici la servitude est limitée ; chez les Romains elle ne l'est pas. Cependant, à part la différence entre les principes fondamentaux des deux législations, on ne peut nier quelques rapports dans les effets. Ainsi nous verrons plus loin, alors que nous nous occuperons plus spécialement de la loi romaine, un cas particulier où le *nexum* ressemble à plus d'un égard à la loi juive.

En Egypte, l'élément religieux, bien qu'il fût absurde dans sa manifestation par le culte, était profondément vital dans le cœur du peuple. Le pouvoir théocratique abusait sans doute, au profit de son agrandissement, de la tendance ultra-religieuse de la nation qu'il dominait; et cependant cet envahissement était heureux pour la nation, car le pouvoir s'exerçant sans obstacles n'avait pas besoin

(1) Exod., XXI, 2. — Deutér., XV, 12.

de persécutions pour se maintenir. Aussi les lois égyptiennes étaient-elles d'autant moins sévères que le gouvernement était plus absolu. Les lois relatives aux débiteurs étaient surtout empreintes d'une douceur qui semblait révéler chez ce peuple un pressentiment des âges chrétiens. Cependant il n'en fut pas ainsi dès les premiers temps de la nation égyptienne. A son origine, elle obéit à ce principe fondamental de toute société barbare qui soumet la liberté du plus faible à l'intérêt du plus fort, et reconnut l'esclavage de la dette. Mais cette institution s'effaça bientôt sous l'influence des mœurs et l'action civilisatrice du gouvernement. Sésostris (1), en délivrant des esclaves pour dettes, atteste ainsi l'impopularité de la loi qu'il enfreint, et par suite appelle des innovations. Plus tard, Bocchoris achève l'œuvre en sauvegardant la liberté du citoyen contre l'action du créancier. Dès lors le principe barbare s'effaça :
« Les biens, dit M. Pastoret, restèrent seuls garants du
» débiteur. Ces biens n'étaient qu'une propriété privée ;
» les hommes étaient une possession de la patrie. Dans
» la paix, dans la guerre, ils lui appartenaient, et l'on
» ne voulait pas que l'avarice d'un citoyen pût jamais
» prévaloir sur l'autorité de tous (2). »

Cependant ce principe éminemment national avait le défaut de toucher de trop près à l'impunité. Asychis, roi d'Égypte, offrit aux créanciers une garantie qui eût paru dérisoire chez un peuple moins religieux que le sien, mais qui chez lui touchait le but. En Égypte, comme chez les peuplades de l'Amérique du Nord, le respect des ancêtres était une religion ; leurs ossements faisaient partie du patrimoine qu'ils laissaient à leur famille. Être privé de

____

(1) Diodore, l. I, p. 2, ch. v. — Montesquieu, Esprit des Lois, XX, XV.
(2) M. Pastoret, Législation des Egyptiens, XII, p. 240.

la sépulture des aïeux, c'était pour le fils non-seulement le déshonneur, mais encore le néant, car à l'inviolabilité des sépultures était attachée l'idée d'avenir dans un monde meilleur. Asychis (1) comprit tout le parti qu'il pourrait tirer de cette croyance ; aussi publia-t-il une loi plutôt préventive que pénale, par laquelle il défendit de faire aucun emprunt sans avoir auparavant donné en gage à son créancier le cadavre de son père. Si, après l'échéance de la dette, le payement n'avait pas lieu, non-seulement le fils était à jamais déshérité des ossements de son père, mais encore il était privé des honneurs funèbres, et la terre elle-même se refusait à s'ouvrir pour le débiteur insolvable Ceci était, à vrai dire, l'excommunication de la religion égyptienne. Chez les Gaulois nous retrouverons la même idée. Enfin, nous la reconnaîtrons aussi, au moyen-âge, dans la loi canonique, qui donne au prêtre, par le droit d'excommunication, des moyens coercitifs contre le débiteur insolvable.

Passons à la législation grecque.

Si la loi romaine a puisé ses idées sur la contrainte par corps dans les législations antérieures, je croirais qu'elle se serait plutôt inspirée au génie des Grecs que partout ailleurs. Chez ces derniers, la servitude. Chaque jour, suivant Diodore de Sicile (2), le marché des esclaves servait de comptoir à la traite odieuse que les créanciers pratiquaient sur le corps de leurs débiteurs. La condition de ces derniers était même si insupportable, que les citoyens entraînés par la misère à contracter des emprunts onéreux cherchaient dans la fuite un salut qu'ils ne pouvaient

(1) Hérodote, II, c. 136.

(2) Diodore de Sicile, l. I. p. 72. — Plutarque, in vitâ Solonis. p. 30.

espérer trouver dans le cœur d'un créancier impitoyable. Aussi, de même que plus tard à Rome les plébéiens opprimés demandaient un allégement à l'oppression qu'ils subissaient, de même les pauvres à Athènes demandaient un nouveau partage des terres et l'abolition des dettes.

Cependant il faut croire que, chez les Grecs, les créanciers étaient plus consciencieux qu'à Rome ; car ils furent les premiers à consentir à l'arbitrage de Solon, et à confier à ce sage la solution de la question irritante qui divisait les pauvres et les riches.

Solon justifia l'attente de tous. Il trouva immoral le partage des terres, parce qu'il était attentatoire au droit de propriété ; aussi ne l'autorisa-t-il pas. Il trouva immorale l'exécution rigoureuse sur la personne (1), parce qu'elle était attentatoire à la liberté ; aussi la prohiba-t-il. Mais cette sage mesure n'avait pas seulement pour objet d'alléger les maux présents ; il disposa pour l'avenir, et défendit l'usage analogue au *nexum*, qui jusqu'alors avait été une clause dans les contrats, et qui faisait marchandise de la liberté d'un citoyen ; aussi prohiba-t-il les emprunts sous obligation de corps, επι τοις σωμασιν.

Mais, si grand qu'il fût, que pouvait un homme contre l'immoralité d'un peuple ? Le scandale de la servitude de Miltiade et du pieux Cimon nous démontre que la loi de Solon ne fut pas toujours appliquée, ou du moins qu'elle reçut des exceptions. Démosthènes nous apprend,

(1) Plutarque, *in vitâ Solonis.* — Esprit des Lois, l. XX, c. XV. — « *Deindè ex lege* σεισαχθειας *constituit ne creditori unquam corpora debitorum qui solvendo non erant in nexum et servitutem addicerentur, aut ut super his fœnerarentur, ut Plutarchus refert ; sed ut Cœlius et Alexander ab Alexandro referunt, more Ægiptiorum militum tantùm in bona horum mitterentur ac haberentur obœrati, non verò nexi.* » — Joachimus Stephanus, *de jurisdictione veterum Græcorum*, ch. XIV.

en effet, que le commerce et le fisc athéniens avaient, comme chez nous, leurs priviléges (1); et, chose étrange! c'est le défenseur des libertés privées, le protecteur des malheureux, l'avocat Démosthènes, qui se fait le champion le plus ardent de ces mesures attentatoires à la liberté des citoyens (2).

Ainsi, en Grèce, du moins depuis Solon, l'esclavage de la dette ne constituait point le droit commun, et n'avait lieu qu'exceptionnellement. On ne peut donc pas dire que les décemvirs aient rapporté d'Athènes le principe dominant de la législation grecque sur l'exécution forcée des obligations et des jugements, puisqu'à Rome l'esclavage de la dette est au contraire de droit commun, sauf exception. Il faut donc dire que, s'ils ont été chercher en Grèce les éléments de la loi dont nous allons nous occuper (3), les décemvirs ont pris l'exception pour la règle, et l'ont érigée chez eux en principe, en y ajoutant toutes les ingénieuses cruautés de détail que leur inspirait le caractère égoïste, avare et sordide transmis au peuple romain par ses pères les *Latins*.

SECTION II. — *Critique*.

§ Ier. — DU NEXUM ET DE L'ADDICTIO.

Avant d'en venir à l'examen des dispositions de la loi

(1) « *Mercatoribus et navigatoribus jubet lex actionem dari apud sex viros si qua injuria in mercatu afficiantur, sive hinc alio navigantes, sive aliundè hùc; et sontibus vincula mulctam statuit tantisper donec judicatum solvat ne quis temerè ullum mercatorem circumveniat.* »—Démosthènes contre Apaturion, exorde.—*V.* aussi Andoc, *de mysteriis*, Ps. I, p. 12, cité par Barthélemy.

(2) Démosth. contre Timocrate.

(3) Petrus Petitus, *de legib. att.* p. 412.

des XII Tables, qui organisent le droit de contrainte par corps et sa procédure, il est nécessaire de s'expliquer d'abord sur le *nexum* et l'*addictio*, termes sur lesquels j'ai passé trop brièvement tout à l'heure, pour qu'ils soient définis. Chacun d'eux indique une source différente où se puise le droit du créancier sur la personne du débiteur. L'une de ces sources, le *nexum*, consiste dans l'obligation ; l'autre, l'*addictio*, dans la sentence du magistrat.

Cependant, s'il est évident qu'il faut distinguer entre ces deux modes d'exécution sur la personne, il faut dire aussi qu'il est difficile de les différencier dans leur marche et leurs conséquences, et de tracer leur parallèle. L'*addictio* seule, grâce aux textes d'Aulu-Gelle, peut être appréciée dans sa procédure et dans ses effets. Mais le *nexum*, souvenir imparfait révélé par quelques textes obscurs, sans être défini par eux, prête un vaste champ à la controverse, parce qu'il laisse tout à la conjecture. Cela est si vrai, que le système qui, sur cette matière, passait il y a deux ans encore pour la vérité, commence à perdre aujourd'hui la plus grande partie de son crédit (1).

Ce système est celui de Nieburh et de Zimmern. Comme il est le plus considérable parmi toutes les solutions données à cette difficulté historique, nous allons le reproduire, sinon pour le combattre, du moins pour l'apprécier (2).

(1) *V.* la Dissertation de Savigny, *Ueber das Altræmische Schuldrecht*, p. 70 et suiv. — M. Pellat, Traité du droit de gage et d'hypothèque chez les Romains, p. 37. — Carolus Sell, *de juris romani nexo et mancipio*, p. 42 et suiv.

(2) Nieburh, *Ræm. Gesch.*, t. I, p. 638-643 (3ᵉ édit.). — Zimmern, *Gesch. des Ræm. privati.*, t. III, § 45.

Il y avait *nexum*, disent ces jurisconsultes, alors qu'un emprunteur, en échange de l'argent qu'il recevait de son créancier, lui transférait, par un acte solennel appelé mancipation, un droit réel sur sa personne, sur sa famille et sur sa fortune. Ce droit, ou si l'on veut ce gage, avait pour objet de faire entrer ces personnes et ces choses dans le *mancipium* du créancier.

Ce contrat pouvait intervenir dans deux circonstances : 1° au moment de l'emprunt, et ici l'acte par lequel le débiteur se mancipait à son créancier constituait un véritable gage ; 2° au moment de l'échéance d'une dette précédemment contractée, et ici la mancipation avait pour objet le payement de la dette par le travail volontaire de l'obéré.

En se *mancipant*, le débiteur éprouvait une *capitis diminutio* ; mais ce changement d'état devait être temporaire, et sa durée était subordonnée à une condition, celle du payement. Tel était l'objet d'une stipulation qui intervenait entre les deux parties au moment de la mancipation, et par laquelle le créancier s'obligeait à libérer le *nexus* après le payement intégral des deniers. Ce contrat s'appelait *pacte de fiducie*.

La *mancipation*, soit qu'elle accompagnât le contrat constitutif du prêt, soit qu'elle fût postérieure à l'échéance, entraînait immédiatement la *capitis diminutio* du débiteur, qui devenait *nexus* : car on ne pouvait à Rome être mancipé sous condition suspensive. Cependant, jusqu'au jour de l'échéance de la dette, le *nexus* était libre de droit et de fait, de sorte que jusque-là le créancier avait le *domaine* de la personne de son débiteur, sans toutefois en avoir la *possession*. Pour obtenir cette possession, il fallait donc nécessairement qu'il exerçât contre le *nexus* l'action en revendication, conséquence nécessaire du droit réel que ce dernier lui avait conféré sur sa personne. Ajoutons qu'il ne pouvait exercer cette action que dans le cas de non - payement à l'échéance.

Si le *nexus* payait au jour fixé, le créancier n'avait plus d'action pour revendiquer sa personne ; s'il payait après avoir été livré par le magistrat à son créancier, ce dernier était obligé de le mettre en liberté. Cependant, dans l'un et l'autre cas, le payement ne suffisait pas seul pour rompre les liens du débiteur ; il fallait encore que le créancier le libérât par la *manumission*. Cette manumission n'entraînait pas les mêmes conséquences que celle de l'esclavage ; cependant elle laissait des traces après elle, car le *nexus* libéré demeurait encore attaché au créancier par un lien analogue à celui de l'affranchi, celui du *quasi libertus*.

Ces choses se passaient alors que l'emprunt avait été contracté avec les solennités de la mancipation. Mais lorsqu'il s'agissait d'une dette d'argent où ce contrat n'était point intervenu, le créancier, n'ayant aucun droit réel sur la personne de son débiteur, ne pouvait par conséquent agir contre lui *per vindictionem*. Il n'avait à sa disposition qu'une action de la loi, appelée *manus injectio*, au moyen de laquelle il obtenait du magistrat la faculté sans limites de sévir sur le corps de son débiteur devenu *addictus*.

Voici maintenant comment les jurisconsultes dont nous résumons le système ont rapproché la condition des *nexi* de celle des *addicti*, afin d'en faire ressortir les différences. Prenant d'abord l'esclave pour terme de comparaison, ils ont dit :

L'esclave (1) n'était point une personne. Il ne figurait point dans la société romaine. Il n'avait ni loi, ni nom, ni patrie. Attaché au domaine du maître, il ne pouvait en sortir que par la volonté de ce dernier. La manumission seule pouvait lui valoir une liberté bâtarde, celle de l'affranchi.

Le *nexus* (2) était une personne libre qui avait le droit de cité, un nom, une loi, une patrie, mais qui n'était pas *sui juris*, et n'avait point de famille. L'acte humiliant par lequel il se mancipait en empruntant le mettait, sous le point de vue civil, dans une position intermédiaire entre l'esclave et le fils de famille. Ses biens ne lui appartenaient plus ; ils passaient avec lui dans le domaine du maître. Sa femme, si elle était *in manu mariti*, ses enfants, s'ils étaient encore sous la puissance paternelle, le suivaient *in mancipio creditoris*. Une fois dans les liens de ce *mancipium*, le *nexus* ne pouvait de lui-même reconquérir la possession de sa personne ; homme libre, il fallait cependant qu'en sollicitant la *manumission*, il mendiât la liberté. Enfin, pour continuer entre l'esclave et le *nexus* un humiliant parallèle, la loi faisait du *quasi libertus* le pendant de l'affranchi.

L'*addictus* (3) était une personne libre sur laquelle une contrainte légale était exercée, *imperio magistratûs*, à raison du non-payement d'une dette d'argent échue. Celui-là était, chez les Romains, le véritable contraint par corps ; il conservait la plénitude de ses droits au milieu des vio-

---

(1) Quintilien, Inst. or. VII, 3 : « *An addictus, quem lex servire donec solverit jubet, servus sit, etc.* » V, 10 : « *Aliud est servum esse, aliud servire qualis in addictis quæstio solet.* »

(2) Nieburh, Zimmern, *l. c.*

(3) Nieburh, t. II, p. 367-383. — Zimmern, *Gesch. des Röm. privat* t. III, § 49, trad. Etienne, p. 122.

lences légales dont il était l'objet. Ainsi, à la différence du *nexus*, il ne perdait point sa famille; ses enfants ne le suivaient point dans la prison privée; il conservait ses biens; et telle était dans Rome primitive l'excellence du droit de propriété, que de son cachot l'*addictus* conservait la liberté de disposer de sa fortune. Le payement de la dette pour laquelle il était détenu le libérait de plein droit, sans que la manumission fût nécessaire. Enfin, le *nexus*, en devenant *nexi solutus*, demeurait *quasi libertus*, tandis que l'*addictus*, en sortant de la prison privée, était complétement libéré.

Cette distinction, qui à elle seule contient tout un système, est-elle aussi vraie qu'elle est ingénieuse? Est-elle en harmonie avec les principes généraux sur lesquels reposait la société romaine? Est-elle basée sur quelque texte? — Donner une solution négative à ces questions, c'est démontrer l'invraisemblance du système qui les a fait naître.

Le principe constituant de la société romaine, c'était l'inviolabilité, je ne dirai pas des droits de l'homme, mais des droits du citoyen. Ces droits se rattachaient à l'idée de liberté, de cité, de famille.

Cependant, si sacrés qu'ils fussent, la volonté nationale pouvait les anéantir dans la personne du citoyen qui en avait démérité (1).

Mais ce pouvoir n'appartenait qu'à la nation, et ne pouvait être exercé que par ses représentants, soit dans la cité, soit dans la famille. En dehors de la volonté nationale, nulle puissance ne pouvait arracher un citoyen à

---

(1) Inst. 1. 12, § 3. — D. 48, 19. 11. § 3, f. Marci., et 29, f. Gaius. — D. 48, 19, 17, f. Marc. — *Ibid.* f. 10, § 1, Macer. — *Ibid.* f. 2, § 1, Ulp. — D. 25. 3, 6. § 1. f. Modest. — Ulp. reg. 10. § 3. — Cic. p. *Domo.* c. 29 et 30.

son état d'homme libre , de citoyen, ou de père, de fils et d'époux. Lui-même ne pouvait abdiquer ses droits, car ils étaient corrélatifs d'obligations envers la société; et d'ailleurs était-il possible que, chez un peuple libre, l'état d'un citoyen pût devenir l'objet d'une transaction particulière (1)?

Cependant, pour obéir à certaines nécessités sociales, le législateur romain consentit à restreindre ce principe dans ce qu'il avait de trop absolu. Créer une famille nouvelle par l'émancipation, donner de la séve à un tronc flétri par l'adrogation ou l'adoption, rendre plus imposante l'autorité conjugale en y joignant l'autorité paternelle, certes ces choses étaient bonnes à faire. Mais, en autorisant la transmission de l'autorité paternelle, la nation se reconnut partie intéressée partout où l'état d'un citoyen serait mis en question. Elle se réserva donc, dans ces circonstances, deux modes d'intervention : le premier comme *témoin*, alors que le père, usant du pouvoir que la loi lui donnait dans l'émancipation, l'adoption ou la coemption, transférait à autrui la puissance paternelle ; le second comme *partie*, alors qu'un chef de famille consentait à changer d'état en entrant comme fils dans la famille d'autrui. Je dis qu'alors la nation était *partie*, car le chef de famille ne relevant d'aucun autre pouvoir que de la volonté nationale, et ne pouvant lui-même aliéner sa liberté, la nation seule avait le droit de consentir cette aliénation (2).

(1) L. 10, C. *de liber. causa* (7, 16) Diocl. et Max. Straton: *Liberos privatis pactis vel actu quocunque administrationis non posse mutatâ conditione servos fieri, certi juris est.* — L. 37, D. cod. (40. 12): *Conventio privata, neque servum quemdam, neque libertum alicujus facere potest.* Cf. Cic. pro Cæc. c. 33. § 96, verb. *si libertas adimi nullo modo possit.*

(2) Gaius 1. 99. — Cic., pro Flacc., 20.

Ce principe recevait pourtant une exception en ce qui concernait la femme. Une femme *sui juris* pouvait se mettre sous la puissance de son tuteur (1) ; destinée à une minorité perpétuelle, elle trouvait ainsi, non pas une tutelle temporaire, mais une protection sans limites.

Cette exception est la seule que nous révèlent les textes. Nul monument ne déroge au principe qui interdit au citoyen le droit d'aliéner son état au profit d'autrui; et non-seulement les fragments historiques qui nous révèlent la condition des débiteurs à Rome ne parlent point de diminution de tête en la personne du *nexus*, mais encore il est impossible de procéder par analogie pour suppléer à l'insuffisance des textes. En effet l'intérêt seul de la personne qui voulait ainsi changer d'état avait pu déterminer le législateur à autoriser, dans un cas spécial, ces aliénations volontaires. Ainsi la femme qui se mettait sous la puissance de son tuteur y était autorisée, parce que, suivant les idées qu'on avait à Rome sur l'aptitude de la femme aux affaires, elle y était intéressée. Mais que l'on ait permis à un citoyen, non plus dans son intérêt, mais dans celui d'un tiers, d'abdiquer son état entre les mains de ce tiers, voilà ce qui nous paraîtra toujours incroyable, jusqu'à ce que la présence d'un texte nous ait démontré le contraire.

En voilà assez sur l'impossibilité de concilier le système de Nieburh avec les principes généraux de la législation romaine. Mais ce n'est pas seulement par sa base qu'il est vicieux ; ses déductions sont aussi très-souvent forcées. Il nous suffira, pour le démontrer, d'établir que cette question historique peut recevoir une autre solution qui, pour

(1) Gaius, 1, § 162.

se plier aux exigences des principes, n'aura besoin de torturer le sens d'aucun texte.

— Il y avait à Rome un mode particulier de constitution de gage, qu'on appelait *nexum* (1). Ce terme embrassait généralement toutes obligations contractées *per æs et libram*, en vertu desquelles un emprunteur remettait, comme garantie, une chose qui lui appartenait entre les mains de celui qui lui prêtait. Il se passait là une vente fictive, dont la chose livrée en gage était l'objet, et l'argent prêté le prix. Je dis que c'était là une vente fictive ; car elle était accompagnée d'un contrat appelé *de fiducie*, en vertu duquel le créancier était obligé de *rémanciper* la chose donnée en gage par le débiteur, si celui-ci payait à l'échéance ; de sorte que, bien qu'il entrât dans le *mancipium* du créancier, cet objet ne devenait point *sien*, *nec suum*, combinaison de mots d'où, s'il faut en croire les étymologistes, on aurait formé le mot *nexum* (2). Au surplus, comme la chose donnée en gage devait tomber dans le *mancipium* du créancier, elle devait être *mancipi*, condition sans laquelle il ne pouvait y avoir *nexum*.

Cependant, lorsque l'emprunteur n'avait rien qui fût susceptible d'entrer dans le *mancipium* d'un autre, quel moyen de crédit pouvait-il employer ? Offrir sa personne en garantie ? Sans doute. Mais dans quelles limites ?

Valère Maxime et Varron définissent de la manière suivante le débiteur qui, à défaut d'autre garantie, engage sa personne par le *nexum* :

(1) Paul. Sent. 11, 13, § 1-7.—Isidore, orig. v, 25.—Pellat, Traité du droit de gage et d'hyp. chez les Romains, § 204, n° 1.—Car. Sell. *de jur. rom. nexo et mancipio*, p. 2, n° 1.

(2) Hugo, lehrbuch der Geschichte des Rœmischen rechts IIte Ausg. p. 282 : *nexus, us, und nexum...* mit des abscheulichen Herleitung von, *nec suum*, etc.—Varro, *de leg.. nex. quod suum fit, inde nexum dictum.*

« *Propter domesticam ruinam et grave æs alienum C. Plotio nexum se dare coactus...* (1). »

» *Liber qui* suas operas *in servitutem pro pecuniâ quam debebat dabat*, dum solveret, nexus vocatus (2). »

Ces textes seuls pouvant nous donner la mesure du *nexum*, demandons-nous quel en est le sens.

Expriment-ils cette idée qu'un citoyen pût, en entrant dans le *mancipium* d'autrui, se faire esclave ? Non ; c'était à Rome une chose impossible (3). Serait-ce encore qu'un citoyen pût aliéner d'une manière absolue, sinon les droits de l'homme libre, du moins l'exercice de ces droits? Non ; c'était encore une chose impossible. Mais vendre temporairement ses œuvres serviles, *suas operas*, à une autre personne, en retour d'une somme d'argent que l'on en reçoit, cela n'est pas plus étonnant que l'acte par lequel l'homme du texte de Paul (4) loue ses services à un autre, et cela n'entraîne pas davantage cette conséquence que le débiteur devienne *alieni juris* et tombe dans le *mancipium* du créancier. En effet, aliéner ses services pour un certain temps, ce n'est aliéner ni sa personne, ni son état, ni sa liberté (5). Peu importe même que ce temps soit ou ne soit pas déterminé. La durée des services peut être subordonnée à une condition aussi bien qu'à un terme ; or, dans le *nexum*, la durée de la prestation des œuvres ser-

---

(1) Val. Maxim. VI, 1, n° 9.

(2) Varro de l. l, VII, 5, (p. 100, bip. p. 58, Gothof.).

(3) L. 10, C. *de liber. caus.* (7, 16); Diocl. et Max. Straton ; l. 37, D. eod. (40, 12) Cicer. *pro. Cæc.,* c. 33, § 96, verb. *si libertas adimi nullo modo possit.*

(4) Paul. S. R. II, 18, 1 : « *Homo liber qui statum suum in potestate habet, et pejorare eum et meliorem facere potest, atque ideo operas suas diurnas nocturnasque locat.* »

(5) Cette condition contenue dans le *nexum* peut, au premier abord

viles était soumise à l'accomplissement d'une condition,
le payement de l'argent prêté (1). Il ne faut pas croire,
en effet, qu'un citoyen pût aliéner ses services d'une manière générale par la *mancipation*. Suivant les principes
du droit romain, les choses ne pouvaient être mancipées
valablement qu'alors qu'elles étaient susceptibles d'une
désignation ou appréciation individuelle. Ainsi on pouvait bien manciper à une personne une partie des fruits
de son travail, autant qu'il en fallait pour représenter
une certaine somme d'argent, mais on ne pouvait manciper ses œuvres serviles d'une manière générale, parce
qu'alors il n'y avait plus d'appréciation possible en argent
de l'objet de la mancipation.

Ainsi l'interprétation la plus naturelle du texte de
Varron est celle-ci : le *nexus* était le débiteur qui conférait à son créancier *un droit réel sur ses services*. Ce droit,
qui emportait nécessairement avec lui la faculté de contraindre le débiteur par la détention de sa personne, ne
pouvait commencer à s'exercer qu'à partir du jour de
l'échéance (*die servato*) (2), et à défaut de payement. Par
contre-coup, ce droit ne pouvait plus s'exercer alors que les
fruits du travail du *nexus*, recueillis par le créancier,

paraître en opposition avec les principes du droit romain, qui n'admettaient pas dans les actes légitimes, et en particulier dans la mancipation,
la stipulation d'un terme et d'une condition. Mais il faut bien remarquer
que si le principe du droit romain n'admet pas la stipulation expresse
d'une condition, il tolère une condition tacite. Papinien nous en donne
la preuve, alors qu'il déclare que quelquefois les actes légitimes reçoivent
tacitement des conditions qui, si elles étaient expresses, les entacheraient
d'un vice radical. L. 77, *de R. j.* Papin.

(1) Consult. vet. icti VI (*Corp. juris Antej. bonn. fasc.* 1, p. 400-
401.)

(2) *Servare diem*, Tit. Liv., 1. 50.

représentaient entre ses mains un chiffre égal à celui de l'argent prêté.

Il faut donc distinguer dans le *nexum* deux époques bien distinctes : l'une pendant laquelle, suivant l'expression de Tite-Live, le *nexum tantùm initum erat* ; l'autre partant du jour *quò debitor nexum se dabat* (1). Jusqu'au jour de l'échéance, le débiteur est libre ; passé ce jour, il est *nexus* et obligé de mettre son créancier à même de recueillir les fruits de son travail. Alors, de deux choses l'une : ou il consent à satisfaire à son engagement, ou il s'y refuse (2). S'il consent, il doit toutefois entrer dans la maison du créancier, afin que celui-ci trouve, dans une surveillance de chaque instant, une garantie contre tout détournement frauduleux, de la part du *nexus*, des fruits de son travail. Si le *nexus* refuse, le magistrat intervient et livre le récalcitrant à son adversaire, afin que celui-ci puisse obtenir, par la contrainte, la prestation des œuvres serviles qui lui sont dues. Mais de ce qu'il retient le *nexus* captif, ce n'est pas à dire pour cela que ce dernier soit dans son *mancipium*. Le créancier n'a de droit réel que sur le travail qui lui a été mancipé, et ce n'est qu'indirectement qu'il exerce un droit rigoureux sur la personne qui lui est redevable de ce travail ; car, s'il n'était pas autorisé à violenter ainsi cette personne, il lui serait matériellement impossible de jouir du droit qui lui a été conféré par la *mancipation*.

Cependant le lien qui unissait le *nexus* au créancier n'était pas tellement personnel, que ses services pussent seuls remplir l'objet de l'obligation. Ainsi, si le créancier

____

(1) Tit.-Liv. II, 23 et 27 ; VI, 34 ; VII, 19 et 28. — Val. Max. VI, 1, n° 9.

(2) Tit.-Liv. VIII, 28. — Val. Max. VI, 1, n° 9. — Tit.-Liv. II, 23 et 27.

y consentait, le *nexus* pouvait, à défaut de payement au jour de l'échéance, livrer à sa place une autre personne de sa famille, afin que les services de cette personne payassent la dette. Tite-Live (1), qui donne un exemple de ces sortes de transactions, prouve ainsi qu'elles se reproduisaient, sinon fréquemment, du moins quelquefois. Or comment supposer, en face de cet exemple, que le *nexus* entraînât avec lui, dans le *mancipium* de son créancier, ses biens et sa famille, lorsque nous voyons au contraire qu'un père pouvait rester libre, ainsi que les autres personnes soumises à sa puissance, en donnant seulement un de ses enfants comme garantie du payement de sa dette?

La condition du *nexus* était loin de la servitude. La privation temporaire de la liberté qui lui était imposée n'était point absolue, mais seulement relative. Il n'était soumis à une contrainte qu'en ce qui constituait pour lui l'obligation de faire; mais nul texte ne prouve qu'il pût être violenté, en vertu du *nexum*, dans ses droits de citoyen, de propriétaire et de membre de la famille. De ce silence des textes, il résulte donc pour nous qu'en dehors des produits de son travail, il pouvait acquérir soit par lui (2), soit par les personnes qui étaient en sa puissance. Sous ce rapport, sa situation avait quelque ressemblance avec celle de l'esclave livré par son maître à un créancier jusqu'à l'amortissement de la dette par les fruits du travail. Quoiqu'en possession d'un autre, cet esclave n'en appartenait pas moins à son maître, et pouvait acquérir pour ce dernier tout ce qui n'était pas le produit de ses services. Il en était de même du *nexus*, à cela près qu'étant

(1) Tit.-Liv. *l. c.*

(2) Gaius, II, 91, 94; III, 164. — Car. Sell. *de jur. rom. nexo et mancipio*, p. 49.

sui juris, il acquérait pour lui, et non pour un autre. Ce rapprochement suffit pour démontrer que Nieburh et Zimmern se sont trompés en soutenant que le *nexus* entrait corps et biens dans le domaine du créancier.

Ceci dit sur la nature et les conséquences du *nexum*, un mot sur la manière dont s'opérait sa dissolution. — Nous avons dit que, lorsque le fruit du travail était devenu suffisant pour représenter le chiffre de la dette, le créancier était tenu de libérer le *nexus* (1). Pour que cette libération s'opérât, il suffisait qu'il le mit de fait en liberté (2) sans aucune solennité. Cependant il faut apporter une exception à cette règle. Quelquefois il arrivait que la dette était payée, soit par le *nexus*, soit par un tiers, avant la prestation complète des œuvres serviles aliénées par la *mancipation*. Dans ce cas une solennité devait accompagner la libération du *nexus*, celle de la *rémancipation* (3), faite par le créancier, soit à lui, soit à son *vindex*, des services non encore perçus, mais exigibles en vertu du droit conféré par le *nexum*. Ce mode de libération, qui délie par la *rémancipation* ce qui a été lié par la *mancipation*, est attesté par un texte de Tite-Live, qui, racontant la délivrance par Manlius d'un débiteur chargé de fers, ajoute que ce débiteur fut libéré *par la balance et par l'airain* (4).

Si le *nexum* était la contrainte par corps conventionnelle, par opposition nous pouvons appeler l'*addictio* la contrainte par corps judiciaire. Dans le *nexum*, le débi-

---

(1) Paul. S. R. II, 13, 2 ; Coll. ll. mosaïc. et rom. II, 2, 3.

(2) Coll. ll. mos. et rom. II, 2, 3 : « *Cùm tota sors debiti operis præstitis erat consumpta, nuda emissio à creditore sufficiebat.* »

(3) L. 35, de R. J. : « *Nihil tàm naturale est, quàm eo genere quidquam dissolvere, quo colligatum est.* » — Gaius, I, 132 et 137. — Ulpien. x. 1. — Paul, II, 25, § 2. — Tit.-Liv VIII 28.

(4) Tit.-Liv. VI, 14.

teur, par la mancipation, conférait à son créancier, pour un certain temps, un droit réel sur ses services. Dans l'*addictio*, le créancier n'avait d'autre droit de contrainte que celui que lui donnait le magistrat. Dans le *nexum*, le créancier ayant transféré au débiteur, comme prix des services mancipés, la propriété des deniers prêtés, il n'avait d'action que pour revendiquer l'objet de la vente, c'est-à-dire les services du *nexus*, mais non le prix de ladite vente, lequel était devenu la chose de ce dernier. Lorsqu'au contraire un débiteur n'avait pris d'autre engagement que le remboursement au terme convenu, sans se soumettre à d'autres obligations, le créancier, n'ayant droit qu'au payement d'une somme d'argent, ne pouvait obtenir du magistrat rien autre chose, sinon la faculté de contraindre son débiteur à payer cette somme d'argent.

De cette différence de principes il est aisé de déduire les différences dans les conséquences. Lorsqu'en vertu des conventions réciproques du contrat, le *nexus* entrait dans la maison de la personne à laquelle il avait mancipé ses services, la loi ne pouvait accorder à celui-ci le droit de sévir au delà des rigueurs nécessaires pour la perception desdits services. Mais, lorsqu'au contraire le magistrat avait prononcé l'*addictio* contre le débiteur non *nexus* d'une *certa pecunia*, les rigueurs devenaient illimitées; car le créancier n'ayant droit qu'au payement d'une somme d'argent, et ne pouvant se désintéresser sur aucun gage, l'*addictio* compensait la faiblesse du droit de ce dernier par l'absolutisme de ses pouvoirs, en lui permettant, sans restriction, d'employer la torture pour forcer le débiteur à se procurer de l'argent.

Si la condition du *nexus* était différente de celle de l'*addictus*, il faut s'en prendre à l'importance que les

Romains attachaient à l'observation de la foi jurée. En
effet, le *nexus* conférant à son créancier toutes les garanties qu'il pouvait lui transmettre, il y avait en sa faveur
présomption de bonne foi, et sa condition s'en trouvait
meilleure. L'*addictus*, au contraire, ne payant pas et ne
présentant aucune garantie, il y avait contre lui présomption de mauvaise foi. Or c'était précisément cette mauvaise foi que la loi frappait en la personne de l'*addictus*, en
lui ôtant, au bout d'un certain temps de captivité sans
résultat, son honneur, son *caput*, ses biens, sa liberté,
et quelquefois sa vie.

Cela est si vrai, qu'avant d'autoriser les rigueurs, la loi
accordait à l'*addictus* les moyens de repousser la présomption de mauvaise foi, en donnant la preuve du contraire. Nous verrons au paragraphe suivant un texte de la
loi des XII Tables qui nous apprend que pendant sa
captivité l'*addictus* pouvait entrer en arrangement avec
son créancier (1). Or, quel pouvait être cet arrangement?
Evidemment une transaction par laquelle l'*addictus* consentait à devenir *nexus*, en mancipant à son créancier une
quantité de ses services suffisante pour représenter le
chiffre de sa dette. Cette possibilité de transiger avec les
rigueurs de l'*addictio* semble les justifier d'avance; car
évidemment il était coupable de mauvaise foi, le débiteur
qui ne consentait pas à payer son créancier du travail de
ses mains.

Telles sont, je le crois, les seules différences que l'on
puisse reconnaître entre le *nexum* et l'*addictio*. Certes
elles sont assez tranchées pour ne pas confondre ces deux
institutions. Mais donner au *nexum* d'autres caractères

____

(1) « *Ni cum eo pacit, etc.* » Aulu-Gelle. *Noct. att.* XX, 10.

encore, c'est sortir de la réalité des textes pour entrer dans le domaine des suppositions.

§ II. — DE L'EXÉCUTION FORCÉE DES JUGEMENTS SUR LA PERSONNE, D'APRÈS LA LOI DES XII TABLES.

L'*addictio*, ainsi que nous l'avons dit plus haut, était l'exécution forcée des jugements prononçant une condamnation pécuniaire, soit en matière civile, soit en matière criminelle, alors que le débiteur ne s'était point mis ou ne voulait point se mettre dans le domaine de son créancier. Cette contrainte par corps, qui remonte aux premiers jours de Rome, était d'autant plus rigoureuse, qu'elle n'avait, à proprement parler, ni mesure, ni procédure, et que la personne du débiteur était entièrement abandonnée à la discrétion du créancier.

La loi des XII Tables eut pour objet de faire cesser cet état de choses. Donner au débiteur des garanties qu'il n'avait point, ajouter en même temps à celles que le créancier avait déjà, telle fut l'œuvre de la loi décemvirale. Aussi, malgré les rigueurs nouvelles qu'elle introduisit, n'en fut-elle pas moins un bienfait eu égard aux mœurs dont elle était l'interprète, puisqu'en traçant les règles d'une procédure, elle fit intervenir le magistrat entre les deux parties, et donna ainsi à la liberté des garanties contre l'arbitraire.

Ceci dit sur l'effet général de ses dispositions, passons à l'examen de ses détails.

A l'échéance de la dette, le créancier avait le droit d'appeler son débiteur en justice, et même de le forcer à comparaître en personne devant le magistrat. Là, le débiteur niait ou confessait sa dette. S'il en faisait l'aveu judiciaire, il était condamné à payer la somme qui faisait l'objet du procès ; s'il niait, le magistrat décidait pour ou contre ses dénégations, et, dans ce dernier cas, le condamnait encore à payer sa dette. Le demandeur, s'il gagnait sa cause (1), avait alors pour faire exécuter le jugement l'*actio judicati*, qu'il exerçait au moyen de la *manûs injectio*, une des cinq actions de la loi. Mais, avant de parler des formalités et des délais qu'il fallait observer pour l'exercice de cette action, un mot d'abord sur ce qu'il faut entendre par ces mots *manûs injectio*.

La *manûs injectio*, dont le nom indique suffisamment l'appréhension d'une personne sur laquelle on suppose l'existence d'un droit, était dans l'usage et dans la loi romaine comme fait extrajudiciaire, avant de s'y trouver comme action. Le droit d'appréhension extrajudiciaire était inhérent à la qualité de maître (2), de père, de patron (3), et s'exerçait sur les personnes qui voulaient se soustraire à l'autorité qui dérivait de ces diverses qualités. Il appartenait même au maître qui avait vendu son esclave sous certaines conditions, alors que ces conditions n'avaient pas été remplies par l'acheteur. Enfin, la faculté de mettre la main sur la personne de quelqu'un était accordée par la loi même en dehors des relations de famille ; car il était un cas où le citoyen pouvait de sa propre autorité mettre la main sur un citoyen libre et indépendant, celui où, dans la *vocatio in jus*, le demandeur forçait à comparaître devant le magistrat le défendeur qui se refusait à le suivre (4).

Il est aisé de comprendre pourquoi, dans ces diverses

---

(1) « *Æris confessi rebus q. jure judicatis.* » Aul. l. c.
(2) Tit.-Liv., III, 44.
(3) Quintilien, Inst. orat., VII
(4) Hugo, p. 278.

circonstances, la *manûs injectio* était extrajudiciaire. D'après la manière dont la famille était constituée à Rome, il est évident qu'un maître, un père, un patron, alors qu'ils forçaient un esclave, un fils, un affranchi à rentrer dans les devoirs de leur condition, exerçaient une sorte de magistrature. Le chef de la famille était, dans sa sphère, ce que le chef de l'État était dans la sienne. Si donc il avait sur les membres qui composaient son *microdème* la même autorité que celle que les chefs de l'État avaient sur le peuple romain tout entier, cette autorité ne pouvait pas être respectée, si elle ne comprenait pas le pouvoir exécutif représenté par la *manûs injectio*. D'ailleurs, en exerçant cette faculté, le père de famille n'attentait point à une individualité indépendante, et n'attaquait l'état de personne. Il sanctionnait au contraire un droit acquis sur une volonté qui lui était subordonnée par la constitution.

Mais, lorsqu'on examine la portée de la *manûs injectio* comme moyen d'obtenir l'exécution par corps d'un jugement prononcé contre un homme *libre* et *sui juris*, on conçoit pourquoi la loi a dû donner un caractère sacramentel à cet acte jusque-là extrajudiciaire. Ici le drame de la *manûs injectio* ne se passe plus sur le théâtre restreint de la famille, mais bien sur le grand théâtre social. Ici la nation tout entière est intéressée, car il s'agit de violenter la liberté d'un citoyen. Intéressée, elle a donc le droit d'intervenir, représentée par l'autorité judiciaire.

L'action de la loi dont nous nous occupons ne doit donc pas être confondue avec les diverses espèces de *manûs injectio* extrajudiciaires qui étaient en usage à Rome. Elle avait pour objet, non pas, comme ces dernières, l'appréhension d'une personne sur laquelle nous

avons un droit acquis, mais bien au contraire l'appréhension (1) d'une personne sur laquelle le magistrat doit
nous conférer un droit nouveau. Cette différence dans les
effets suffit pour démontrer la différence dans les principes.

— Le créancier qui avait obtenu contre son débiteur
une condamnation, la partie civile envers laquelle le
condamné était tenu à une réparation pécuniaire, avaient
donc à leur disposition, pour faire exécuter le jugement
de condamnation, l'action de la *manûs injectio*, qui, pour
cette raison, était appelée *judicati*. Pour qu'ils pussent
exercer cette action, il fallait deux choses : d'abord, que la
condamnation eût pour objet le *dare* d'un *certum*, et
nommément d'une *certa pecunia*, et ensuite que le créancier eût observé un certain délai pour l'exercice de son
action.

Tel est l'objet des dispositions de la loi des **XII** Tables
dont voici le texte :

« *Æris confessi debitique jure judicatis trigenta dies
sunto ; post deindè manûs injectio esto ; in jus ducito, ni
judicatum facit, aut qui endò em jure vindicit secùm ducito ; vincito aut nervo aut compedibus quindecim pondo ne
majore, aut si volet minore vincito ; si volet, suo vivito ;
ni suo vivit qui em vinctum habebit libras farris endo dies
dato, si volet plus dato* (2). »

On voit, d'après ce texte, que le créancier était obligé,
à partir du *judicatum* ou de la *confessio in jure*, d'observer
un délai avant de procéder à l'exercice de son action. Le
débiteur avait *trente jours* appelés *justes* (3), pour con-

---

(1) Gaius, IV, 21 : *Qui agebat, sic dicebat, etc., et simul aliquam
partem corporis ejus prendebat.*

(2) Aulu-Gelle, *Noct. att.*, XX, 10.

(3) Festus, v° *justi.* — Macrob. Sat. 1, 16.

sulter ses facultés, faire appel à l'obligeance de ses amis et réunir les capitaux nécessaires. Mais si, après l'expiration de ce délai, il se trouvait dans l'impossibilité de s'acquitter , le créancier l'appelait *in jus*, non pour revendiquer ses services, puisqu'ils ne lui avaient pas été mancipés, mais pour se le faire adjuger lui-même comme prisonnier. Puis il procédait à la *manûs injectio*, en s'exprimant en ces termes :

« *Quòd tu judicatus sive damnatus es sestertium decem millia , quæ dolo malo non solvisti , ob eam rem ego tibi sestertium decem millia judicati manus injicio* (1). »

Ces paroles étaient accompagnées d'un geste expressif par lequel le créancier saisissait son adversaire. Ce dernier, frappé d'inertie par la loi, devait subir son sort sans résistance, et ne pouvait se défendre lui-même contre cette agression légale. Il n'avait alors d'autre espoir que dans l'assistance de quelque généreux citoyen qui, se proclamant son *vindex* (2) ou *expromissor*, consentit à se charger de son affaire contre le créancier, et à devenir le *dominus litis*. Mais, si le malheureux obéré ne pouvait éveiller en sa faveur un écho dans la charité publique, le magistrat ne pouvait se refuser à prononcer l'*addictio* (3).

Cependant il faut rendre cette justice au législateur des XII Tables, qu'après cette solennité tout n'était pas terminé. Pendant sa captivité, l'*addictus* pouvait encore traiter avec son créancier. Un délai de soixante jours lui était accordé pour entrer en arrangement avec lui. Nous avons déjà vu de quelle nature pouvaient être ces arran-

(1) Gaius , IV, 21.

(2) Gaius, IV, 21. — Aulu-Gelle, XX , 10. — Sénèque, *de beneficiis* , lib. III , c. 8. — Festus, au mot *vindex*.

(3) Tit.-Liv., lib. VI , c. 11 et 14. — Plaute, *in Bacchide*, act. V , sc. 2. — Térence, *in Phormione*, act. II , sc. 1.

gements : s'il voulait manciper ses services à son créancier par le *nexum*, les effets de l'addiction n'étaient plus à craindre pour lui. Ces sortes de transactions se reproduisaient fréquemment, car les conséquences de l'addiction étaient horribles, et inspiraient un juste effroi aux débiteurs insolvables. On peut juger, d'après le texte suivant, si leur terreur était fondée :

« *Ni cum eo pacit, sexaginta dies endo vinculis retineto interibi trinis nundinis continuis in comitium procitato ærisque æstimiam judicati prædicato. Ast si pluribus erunt rei, tertiis nundinis partes secanto. Si plus minus ve secuerint se fraude esto* (1). »

Ainsi, pendant soixante jours, le débiteur était retenu dans la prison privée de son créancier (2). Dans cet intervalle, à trois jours de marchés consécutifs, *nundinis continuis*, on l'en retirait pour le conduire au *comice*, c'est-à-dire à la partie du *forum* où se tenaient les assemblées du peuple, et où se rendait la justice (3). Là, le crieur public, appelé *præco*, désignant le débiteur, proclamait la valeur de la dette (4) pour laquelle il était enchaîné, afin que quelqu'un, touché de son malheur, eût la charité de la payer. Quelquefois, et surtout lorsque des ambitieux cherchaient à se rendre populaires, le débiteur trouvait sa délivrance dans une charité souvent intéressée. Tite-Live (5), dans le récit de cette scène tumultueuse où l'ambitieux Manlius brise les fers d'un centurion traîné par

(1) Aulu-Gelle, xx, 10.
(2) Plaute, *in Mænechmis*, act. i, sc. 1.
(3) Tit.-Liv., lib. i, c. 36.
(4) Cicero, *de Orator.*, lib. ii, c. 63.—Sénèque, *in ludo de morte Claud. Cæsaris*.
(5) Tit-Liv., VI, 14.

ses créanciers sur la place publique, nous apprend que cet acte de bienfaisance se manifestait par le même geste que l'action du créancier lui-même. Mais ici la *manûs injectio* n'était plus la manifestation d'un droit rigoureux ayant pour but l'esclavage, mais un acte de protection calculée ayant pour objet la *clientèle*.

Si, au contraire, les soixante jours s'écoulaient sans que le débiteur eût trouvé un *vindex*, ou fût entré en arrangement avec son créancier, alors se déployait toute la barbarie de la loi décemvirale.

Cette loi distinguait deux cas : celui où l'*addictio* n'avait eu lieu qu'au profit d'un seul créancier, et celui où plusieurs créanciers se trouvaient intéressés. Dans le premier cas, le débiteur, au choix de son créancier, perdait la vie ou la liberté. S'il optait pour la perte de la liberté, le créancier devait exporter l'*addictus* (*peregrè trans Tiberim*), et là le vendre comme esclave. Cette précaution avait pour objet de rendre à jamais désespéré le retour de ce malheureux à la vie civile et au titre de citoyen romain. Dans le second cas, c'est-à-dire alors qu'il y avait plusieurs créanciers, comme il était impossible d'adjuger en entier le débiteur à chacun d'entre eux, la loi des XII Tables, avec une cruauté qui rappelle le jugement de Salomon, moins la sagesse, ordonnait la section du corps du débiteur en autant de morceaux qu'il y avait de parties intéressées; mais, appréciant pour chacun des créanciers la difficulté de couper sa portion congrue sans empiéter sur les droits d'un autre (*plus minusve secuerit*), elle proclamait hautement l'impunité du boucher malhabile qui se serait fait une part plus grosse que celle qui devait lui revenir (*se fraude esto*) (1).

(1) Aulu-Gelle, *Noct. att.* XX, 10.

Tel est le dernier mot de la loi des **XII** Tables. L'horreur qu'il inspire a fait naître le doute sur la réalité de ces dispositions. Plusieurs écrivains modernes ont cherché dans la discussion des explications moins immorales d'un texte dont ils ont cru la barbarie seulement apparente. J'examinerai dans un instant les commentaires dont ce texte a été l'objet ; mais, avant d'entrer dans cet examen, j'ai quelque chose à dire encore sur les conséquences de l'*addictio*, et en particulier sur les obligations qu'elle impose au créancier vis-à-vis l'*addictus*, après l'incarcération.

§ III. — DES OBLIGATIONS DU CRÉANCIER ENVERS LE DÉBITEUR ADDICTUS.

On vient de voir que le pouvoir conféré par l'*addictio* au créancier sur le débiteur insolvable était pour ainsi dire absolu. Cependant quelques restrictions y étaient apportées ; car la loi des **XII** Tables elle-même avait ses répugnances et sa délicatesse ; et, bien qu'elle permît au créancier d'accabler le débiteur sous les tortures de l'esclavage pendant la durée de l'*addictio*, cependant elle ne voulait pas que ces tortures allassent au delà de ce que la nature de l'homme peut supporter. La loi des décemvirs avait donc réglementé le poids des fers, la quantité de la nourriture et sa qualité.

Après l'*addictio*, sur le lieu même où le magistrat l'avait prononcée, le créancier chargeait de chaînes son débiteur pour le traîner dans sa prison privée. Là, traité plus durement encore qu'un esclave, il devait porter le *nervum* (1)

____

(1) Plaute, fragment *ex amissis, amisso etiam comediæ nomine*, v. 15 ; *in Aululariâ*, act. IV, sc. 10.—Térence, *in Andrian.*, act. V, sc. 2 ; *in Phormione*, act. II, sc. 2. et *in Eunuch.*, act. IV, sc. 4.

et les *compedes* (1). Le *nervum*, genre de supplice que les Romains avaient emprunté aux Grecs, était, suivant Festus, Isidore et Tertullien (2), un cercle de fer qui tenait à la gêne le cou, les jambes et les pieds. Les *compedes*, qui sans doute avaient pour objet de réduire à l'impuissance le corps du débiteur en cas de résistance, étaient d'étroits liens destinés à comprimer son corps. Cependant cet appareil de la vengeance du créancier avait un poids déterminé qui ne pouvait excéder quinze livres. La loi abandonnait à sa générosité le droit d'alléger, si bon lui semblait, le poids de ces instruments de torture.

Le créancier devait aussi fournir des aliments à son débiteur, s'il ne pouvait ou s'il ne voulait se nourrir lui-même : « *Si volet, suo vivito ; ni suo vivit, qui em vinctum habebit libras farris endo dies dato, si volet, plus dato.* » Au surplus, la loi exigeait si peu du créancier sous ce rapport, que les frais ne devaient pas être considérables. La nourriture donnée au débiteur, qui n'était autre chose que le *diarium* des esclaves, consistait en une livre de farine, toute faculté laissée au créancier d'en augmenter, mais non d'en diminuer la quantité (3). Cet aliment était délivré tantôt sous la forme de pain cuit, tantôt sous celle de bouillie faite avec de la farine, de l'eau et du sel, et même quelquefois du lait et du miel. Telle était en effet dans ces temps de mœurs frugales, suivant Varron, Pline et Juvénal (4), la nourriture habituelle des Romains. Cette

(1) Horace, *Epodon*, ode IV, v. 4.—Juvénal, sat. 2, v. 80.—Stace, Sylvar., l. I, carm. 6.

(2) Festus, au mot *nervum*.—Isidore, Origin., lib. V, c. 27. — Tertullien *ad Martyr.*, c. 2.

(3) Horace, Sat. 1-5.

(4) Varro, *de ling. lat.*, IV, c. 22.—Valère Max., l. II, c. 5. — Pline, *Natural. histor.*, l. XVIII, c. 8. — Juvénal, Satyr. 14, v. 70.

sage frugalité leur a même valu les railleries de Plaute, qui, semblable à tous les peintres de mœurs qui se rient de tout, même de la sagesse, leur donne plaisamment le surnom de *Pultiphagos barbaros* (1).

Telles étaient, pendant la captivité du débiteur, les obligations du créancier à l'égard de son prisonnier. Nous verrons que bientôt l'humanité rendit à cet égard la loi plus exigeante, et qu'un rescrit de l'empereur Théodose porta à deux et même trois livres les aliments quotidiens de chaque débiteur incarcéré (2).

§ IV. — SUR LES COMMENTATEURS DE LA LOI DES XII TABLES.

La rigueur de la loi des XII Tables est si contradictoire avec l'idée qu'on se fait d'un peuple libre, que plusieurs écrivains modernes, enthousiastes du droit romain, craignirent de perdre leurs illusions en acceptant les textes avec trop de confiance. Aussi, fermant les yeux à l'évidence, firent-ils tous leurs efforts pour moraliser un texte inhumain en le dénaturant.

Parmi ces champions de la réhabilitation de la loi des XII Tables, Bynkershoeck est un des plus ardents. Salmasius (3), Héraldus, Anne Robert, Hoffmann, cherchent aussi à couvrir d'hypothèses la nudité du texte. Je vais exposer leurs systèmes et les réfuter.

Après l'énonciation des soixante jours de délai, la loi des XII Tables, s'occupant du cas où l'*addictio* n'a eu lieu qu'au profit d'un seul créancier, s'exprime ainsi : « *Capite pœnas sumito, vel peregrè trans Tiberim venum dato.* »

La traduction à peu près littérale de ce texte est celle-

---

(1) Plaute, *Mostellaria*, act. III, sc. 2 ; et *in Pœnuli prologo*, v. 54.
(2) C. Théodosien, l. 1, *de cust. reorum*.
(3) Cl. Salmasius, *Observ. ad jus att. et roman.*, c. XI.

ci : « Le débiteur subira la peine capitale, ou sera transporté au delà du Tibre pour être vendu. » Mais Bynkershoeck, n'appréciant une traduction qu'autant qu'elle est une œuvre originale, a prétendu donner à ce texte le sens suivant : « Si, après le premier délai de trente jours et l'addiction, le débiteur était dans l'impossibilité de payer, alors pendant les soixante jours d'armistice il était tenu, à chacun des trois jours de marché où il était conduit, de compter à son créancier les intérêts moratoires. » Telle est, suivant ce jurisconsulte, la traduction la plus satisfaisante des mots *capite pœnas sumito*, et surtout du mot *pœnas*, qui, dans plusieurs textes de Tacite (1) et de Cicéron (2), est employé dans le sens d'*usure*.

A part tout ce que cette explication a d'hypothétique, et en supposant même qu'elle ne soit pas un contre-sens, il est évident du moins qu'elle ne satisfait pas la raison. Voilà en effet, pour le débiteur, une échelle de pénalités bien graduée, et dans ses tortures une progression vraiment effrayante! Pendant trente jours il a subi toutes les angoisses du désespoir; après ces trente jours, la honte de l'*addictio*; après cette *addictio*, soixante jours de torture, l'humidité des cachots, l'insuffisance de la nourriture, le poids des fers, les flagellations et l'injure; et voilà qu'au bout de tout cela, comme complément de toutes ses douleurs, la loi le condamne à payer les intérêts moratoires. Certes ce serait beaucoup de bruit pour peu de chose.

Et puis il est très-vraisemblable aussi que la loi fasse subir une condamnation pécuniaire à un homme qui n'est soumis à sa rigueur que précisément parce qu'il est in-

(1) Bynkershoeck, obs. 1, 1.
2) Tacite, Annales, l. 3. — Cicéron, *de Orator.*, l. 1, c. 195.

solvable. Comment veut-on que la loi atteigne son but évidemment pénal, en augmentant d'une modeste somme le chiffre de la dette? Le débiteur se rirait de la peine; car l'accroissement du capital ne peut augmenter les rigueurs ni aggraver les conséquences de sa captivité.

Enfin, comment faire cadrer cette interprétation avec la disposition suivante : « *Vel peregrè trans Tiberim venum dato?* » Voilà, en effet, une singulière alternative! Le créancier peut choisir : ou bien il fera condamner son débiteur à un payement d'intérêts, payement qu'il est bien sûr de ne point voir s'effectuer; ou bien il le traînera au delà du Tibre, le vendra comme une bête de somme, et se payera sur le prix. Évidemment l'option du créancier n'est point douteuse; il choisira dans tous les cas la vente à l'étranger, et de la sorte le *capite pœnas sumito* sera de trop dans la loi, puisque sa valeur pénale sera trop faible pour servir de contre-poids à celle de l'autre partie de l'alternative.

Ainsi Bynkershoeck s'est trompé.

Hoffmann (1) explique cette même disposition par la perte de la liberté. Il se fonde sur ce que les textes de la loi romaine désignent souvent la liberté par le mot *caput*, et sur ce que cette expression est employée dans le même sens par Cicéron, Sénèque et plusieurs poëtes (2). Pendant les soixante jours de délai, dit-il, le débiteur est libre encore, quoique dans les fers; mais, après ce délai fatal, s'il ne trouve aucun défenseur pour payer sa dette, il perdra sa liberté. Or, à cette heure suprême, les créan-

---

(1) Hoff. dissecando, Cantabrig. 1742, dans Fellemberg, thes., t. I, no 10.

(2) Tit.-Liv., VI, c. 35.—Horace, l. I, Satyr. 2, v. 14.—Plaute, *in Pseudolo*, act. I, s. 2, v. 88. — Cicéron, l. III *de Officiis*, c. 29. —Sénèque, Epist. 80, lib. II, *de beneficiis*, c. 21. —Ovide, lib. I *amorum*, eleg. 8.

ciers peuvent choisir : ou bien ils conserveront le débiteur comme esclave, ou bien ils le vendront à l'étranger. — Cette hypothèse est plus vraisemblable que la première ; mais cette vraisemblance n'est qu'à la surface ; car, si l'on y réfléchit bien, on verra que la seconde partie de cette alternative tue la première. En effet, pourquoi vendre le débiteur à l'étranger? De deux choses l'une : ou un citoyen romain peut devenir l'esclave d'un citoyen romain, ou il ne le peut pas! S'il le peut, pourquoi la loi ordonne-t-elle que la vente de l'*addictus* soit faite au delà du Tibre, c'est-à-dire à l'étranger, puisqu'elle pourrait aussi bien se faire à Rome? Si, au contraire, il ne le peut pas, comment admettre la première partie de l'hypothèse d'Hoffman, c'est-à-dire que le créancier pourra conserver l'*addictus*, non plus *servi loco*, mais comme esclave de droit et de fait? Ainsi, quelle que soit la manière dont on envisage l'alternative de ce commentateur, elle pèche tantôt par l'une, tantôt par l'autre de ses parties ; contradiction qui ne se retrouve plus alors qu'on traduit littéralement le texte par ces mots : « Le créancier peut tuer son débiteur, ou, s'il le préfère, le transporter à l'étranger pour le vendre comme esclave. »

Voici les deux explications données à ce texte par les commentateurs. Mais la susceptibilité de ces derniers s'est encore bien plus exaltée dans l'appréciation du paragraphe relatif au concours de plusieurs créanciers.

Bynkershoeck (1), s'élevant avec indignation contre le sens littéral du texte, se hasarde jusqu'à proclamer ineptes (*inepti*) les décemvirs, s'ils ont réellement édicté cette disposition sanguinaire. Aussi, rendant justice à l'intelli-

______
(1) Bynkersh., obs. i, i

gence du législateur, qu'il ne prétend pas mettre en cause,
il se refuse à donner à ce texte la portée des expressions
qu'il renferme. Il fonde sérieusement son opinion sur ce
qu'il n'a jamais entendu dire que les anciens Romains
fussent des *anthropophages* (ανθρωποφαγους), et sur ce qu'il
n'est pas arrivé à sa connaissance qu'ils aient jamais eu
soif (*sitiisse*) du sang de leurs débiteurs. Or, comme après
tout il faut trouver un intérêt quelconque à une disposition pénale, et comme, le goût des Romains pour la chair
humaine étant très-contestable, cet intérêt ne pourrait
être justifié à ses yeux, il en conclut que le texte n'est
autre chose qu'une métaphore, et fait pour le prouver
d'ingénieux efforts.

Selon lui, il faudrait entendre par les mots *partes secanto*, la vente de la personne du débiteur. Cette vente
devrait être publique, parce que, dit-il, elle présente
ainsi aux créanciers plus de garanties contre la fraude.
Viendrait ensuite, entre les créanciers, le partage du prix
de cette vente. — Mais nous ne devons pas oublier que
l'alternative offerte à un seul créancier l'est également à
plusieurs. En regard du *partes secanto*, comme en regard
du *capite pœnas sumito*, il y a aussi le *trans Tiberim
peregrè venum danto* (1). Or où sera l'option, si l'on traduit *partes secanto* par la vente publique du débiteur? Le
vendre à Rome ou le vendre à l'étranger pour partager le
prix de cette vente, ne serait-ce pas la même chose? Je
le répète, où serait l'option? L'argumentation que nous
avons ci-dessus opposée à Hoffmann nous servira donc

(1) « *Tertiis nundinis partes secanto*, *si plus minusve secuerint se
fraude esto*, » d'après Gell. xx, 1. Ce passage était probablement suivi de
ces mots: « *Si volent trans Tiberim venum danto.* » *V.* Pithou, J.
Goth. et Dirksen, p. 261 et suiv.

encore ici pour répondre à l'hypothèse de Bynkershoek.

Anne Robert (1) soutient un autre système. Selon lui, il faudrait voir dans les termes de la loi des XII Tables, non pas une section corporelle, mais une section civile, consistant en une vente à l'encan des biens de l'*addictus*. Le mot *sectio* (2), assimilé à l'expression *auctio*, n'aurait alors d'autre sens que celui d'une vente à l'encan, dont le résultat serait une note d'infamie attachée au nom du débiteur. Il invoque à l'appui de son opinion l'autorité de Scaliger, qui, dans sa *Scaligeriana*, définit la *sectio civilis* en disant qu'elle n'est autre chose que la vente des biens d'un homme condamné.

Certes, pour l'honneur du nom romain, je voudrais pouvoir croire à cette explication favorable, mais les textes sont là pour en démontrer l'erreur. Comment en effet concilier notre texte ainsi commenté avec celui qui le suit, ainsi conçu : « *Si plùs minùsve secuerunt, se fraude esto?* » On conçoit en effet, quelque répugnant qu'il soit d'entrer dans ces détails, que le magistrat ne puisse exiger assez de précision dans la section corporelle pour rendre le créancier responsable du plus ou moins d'épaisseur du morceau de chair qu'il a coupé pour sa part, et de la sorte la loi s'explique. Mais si, au contraire, il s'agit d'une section civile, comment supposer le législateur assez inique pour couvrir du manteau de l'impunité le créancier qui s'adjugerait arbitrairement, dans la distribution du prix de la vente des biens, une part plus considérable que celle qui doit lui revenir? Ici la loi ne s'expliquerait plus.

(1) Anne Robert. *Rer. judic.*, l. II, c. 6.
(2) Cicero. *pro Sext. Rosc.* — Varron, *de re rusticâ*, II, 10.

Didier Hérald (1) prétend qu'il s'agit ici du partage entre les créanciers des services du débiteur comme esclave ; mais cette explication a moins de valeur encore, à mes yeux, que celle qui traduit la *sectio corporis* par la vente publique du débiteur. En effet, quelque contradictoire qu'il soit avec les principes qu'un citoyen romain puisse être vendu comme esclave au sein même de la cité, cette supposition est du moins spécieuse, parce que le partage qu'elle signale est possible. Mais lorsqu'au contraire il s'agit de partager entre créanciers les services, c'est-à-dire le fait de l'*addictus* comme esclave, je dis que la raison est méconnue aussi bien que la loi, parce que ce partage est impossible. Que des créanciers se distribuent les services d'un débiteur, alors que celui-ci aura mis ses services dans le *mancipium* de l'un d'eux, afin de substituer son travail à la somme qu'il n'a pas, je le conçois ; ici le fait du débiteur, bien qu'il ne constitue encore qu'une chose indéterminée, a le caractère de la certitude ; mais que l'on puisse procéder à un semblable partage alors qu'il y a, non plus exécution volontaire, mais exécution forcée, je dis que ce partage est impossible, parce qu'il repose sur un fait qui est refusé par le débiteur, et qui cependant ne peut exister sans sa volonté.

Enfin, la *sectio corporis* avait paru à Hugo signifier le partage des actions. Nous ne discuterons pas la valeur de cette opinion, il l'a jugée lui-même en y renonçant (2).

Voici bien des systèmes pour deux mots qui ne peuvent plus avoir qu'une valeur historique. Cependant ils ont eu pour résultat d'apprendre à combien d'inconséquences on s'expose, alors qu'on se fait une opinion en

(1) Herald., *de rer. judic. auct.* II, 25, § 6.
(2) Hugo, p. 311. — Hasselt., p. 81 et suiv.

dehors du sens littéral des textes et de la tradition.
En effet, les écrivains que nous avons cités n'avaient
pas seulement à combattre la lettre de la loi, il leur
fallait encore récuser le témoignage de Tertullien, d'Aulu-
Gelle, de Quintilien, qui affirment la barbarie de la loi des
XII Tables. Il est vrai que dans un chapitre des *Nuits
attiques* (1), le philosophe Cécilius, qui dans sa discussion
animée avec Favorin révèle le plus aveugle optimisme,
déclare qu'aucun fait postérieur à la loi des XII Tables ne
prouve que sa disposition horrible ait été mise à exécution. Mais la non-application d'une loi n'est point la
négation de son existence ; Aulu-Gelle le démontre de la
manière la plus satisfaisante. Ainsi Cécilius ajoute que la
disposition de la *sectio corporis* était plutôt préventive que
pénale, et qu'elle avait seulement pour objet de rappeler
les débiteurs, par la présence incessante de cet horrible
épouvantail, au sentiment de leur devoir et à la pratique
des enseignements de la vieille probité romaine.

Aulu-Gelle a raison ; la loi des XII Tables a son côté
moral. C'est l'expression du sentiment du juste poussé
jusqu'à la férocité ; c'est la maxime *qui non habet in œre
luat in cute*, appliquée dans toute son horrible ingénuité.
Pour forcer le débiteur condamné, à remplir son engagement, elle suit une marche assez logique dans la progression de ses moyens de contrainte, et n'en vient à une
pénalité qu'alors que, ces moyens ayant été inutilement
essayés, l'*addictus* a donné la preuve de sa mauvaise foi.
Suivons la marche de sa procédure après la condamnation
au payement. Pendant les trente jours de délai accordés
au débiteur pour réunir les capitaux nécessaires, la loi ne

____

(1) Aulu-Gelle, *Noct. att.* XX, 1.

permet que les moyens d'intimidation. Après ces trente jours, la *manûs injectio*; puis l'*addictio*, qui autorise le créancier à employer, pendant soixante jours, les moyens de contrainte matérielle, et à mettre ainsi l'*addictus* en demeure de payer en espèces, ou d'offrir des garanties pour le payement. Ici la bonne foi de ce dernier est mise à l'épreuve. S'il veut réellement payer, il le peut, en consentant à mettre, par la mancipation, à la disposition du créancier, son travail, celui de sa famille et ses biens. Si au contraire il se refuse à cette transaction, c'est qu'il est de mauvaise foi, c'est qu'il ne veut pas payer. Ici donc, la contrainte devenant inutile, la loi y substitue une peine, en légalisant l'assassinat du débiteur. Cela se conçoit. Au point de vue où nous nous plaçons, deux parties sont intéressées : le créancier, qui est lésé dans ses intérêts; la société, qui est outragée dans la probité d'un de ses membres, et qui punit. Quelle peine sera donc assez grande pour ces deux vengeances? la captivité? Non, car l'*addictus* a subi déjà l'incarcération la plus douloureuse. Ce sera donc la mort? Eh bien! le créancier satisfait à la fois la *vindicte* privée et la *vindicte* publique, quel que soit le parti qu'il prenne contre son débiteur : car s'il le tue, il y a mort naturelle; s'il le vend comme esclave *trans Tiberim*, il y a mort civile.

Telle est, suivant moi, l'explication du *capitis pœnas sumito* et de la *sectio corporis*. La barbarie de ces institutions est d'autant plus effrayante, que leur législateur austère semble les avoir justifiées d'avance en n'en faisant en réalité que le développement monstrueux d'un respect religieux pour la foi gardée.

Les commentateurs dont nous avons exposé les systèmes se sont donc égarés pour avoir voulu trop bien faire, et ont oublié que s'il est bon de moraliser les contemporains, il est au moins inutile de moraliser le passé. Laissons aux mœurs romaines leur coloris et leur originalité barbares, et craignons de nous gâter le monde antique en l'arrangeant au goût des modernes. Chaque siècle a son cachet qu'il faut respecter ; si l'on y touche, ses couleurs s'effacent : adieu les mœurs ! adieu l'histoire ! Si donc les textes nous présentent une loi sanguinaire, plaignons le siècle qu'elle a marqué de son empreinte, mais n'en disons pas moins : « *dura lex , sed lex !* »

DEUXIÈME ÉPOQUE.

DE LA LOI DES XII TABLES A LA LOI JULIA DE DATIONE IN SOLUTUM.

SECTION PREMIÈRE. — *Histoire.*

La loi des XII Tables, dernier triomphe de la caste privilégiée, présageait l'amoindrissement de l'aristocratie. En effet cette loi, du moins sous le point de vue qui nous occupe, était un excès : or tout excès présage la chute du pouvoir qui s'y livre. D'ailleurs les temps étaient mûrs. Depuis la retraite au mont Sacré, l'opposition était devenue la cause populaire. Les gens de bon sens avaient commencé à comprendre toute la vanité d'un mot vide de sens, la liberté, alors qu'un pouvoir indépendant et suprême ne le couvre pas de son égide. Obéissant à cette conviction, nous avons vu le peuple mettre toute son espérance dans le *veto* de ses tribuns. Plus tard il se dégoûtera des demi-moyens, et nous le verrons éveiller dans son tombeau la monarchie, pour la faire revivre sous le casque de Jules-César. Mais d'ici là, que de luttes entre ces deux éléments de toute société, la pauvreté et la richesse ! Au prix de quelle corruption la civilisation romaine achètera-t-elle le progrès des idées? Egaré par la dévorante jalousie de ses tribuns, le peuple ne perdra-t-il pas sa noble attitude, et en trouvant la tyrannie n'oubliera-t-il pas qu'il cherchait la liberté?...

Mais, avant de reprendre le récit des événements, il faut en finir avec la loi des XII Tables, et réconcilier l'opinion avec elle. Ses rigueurs étaient grandes sans doute ; mais elles n'étaient pas sans compensations, car des mesures étaient prises pour que les cas d'application en fussent peu fréquents. Je veux parler du frein qu'elle imposa à l'usure par la fixation d'un taux légal. Ce taux était, il est vrai, fort élevé : douze pour cent par année (1); mais enfin il était encore tolérable alors, eu égard à la rareté du numéraire et aux scandales monstrueux du taux conventionnel. Cette concession des capitalistes aux emprunteurs avait deux objets : 1° satisfaire aux réclamations que les tribuns avaient jusque-là dirigées contre l'usure ; 2° compenser la sévérité des institutions nouvelles par la rareté de leur application, en facilitant aux débiteurs les moyens de se libérer.

Quoique fort sage, ceci fut inutile. Les annales judiciaires de Rome ne rappellent pas le bienfait de la loi des XII Tables plus que son extrême rigueur. En voici le motif : c'est que, dans leur prétoire, les magistrats (2) ne pouvaient oublier qu'ils étaient riches et patriciens dans leurs maisons. Appliquer la loi contre leurs amis politiques, c'était préparer une jurisprudence contre euxmêmes ; de telle sorte qu'ils se faisaient juges prévaricateurs, de peur de manquer à l'esprit de corps. Il en arriva que l'impunité encouragea l'usure, et la rendit si insolente, qu'à l'époque de la loi Licinia, l'anatocisme était en vigueur (3).

Mais ce n'étaient pas seulement les usuriers qui exploitaient la misère du peuple. Des ambitieux, feignant la

____

(1) Tacite, Annal., VI, 16. — Montesquieu, Esp. des Lois, l. 22, c. 2.

(2) Gronov., *de pec. veter.*, lib. III, c. 18.

(3) Cicer., *de offic.*, II, 25, et Philipp., V, VI, VII. — Horat., *Epist.*, I, 1, v. 53. — *Id.*, Sermon., lib. I ; Sat. 3, v. 86. — *Id.*, Epod. II, v. 67. — Tite-Live, VI, 38.

compassion , jouaient le rôle hypocrite de défenseurs désintéressés , alors qu'ils faisaient de leur protection un
capital placé à gros intérêts. Aussi voit-on fréquemment
dans l'histoire de la république romaine des scènes de
dévoûment systématique, qui sont autant d'occasions pour
un jeune ambitieux de se poser en défenseur du peuple ,
de rappeler ses hauts faits, de reprocher au sénat ses services, et de grossir sa *caterva* d'un plus grand nombre de
partisans. Ainsi Manlius accourant sur la place publique
avec ses satellites, étendant la main sur un noble centurion enchaîné , et brisant ses fers, ne se fait pas l'écho
de l'infortune qu'il soulage. Non, ce n'est pas de l'outrage
fait au captif qu'il s'indigne; mais c'est, dit-il, de la honte
qu'il y a de voir au sein de cette Rome, dont *lui*, Manlius,
a de son bras sauvé le Capitole, un de ses glorieux compagnons d'armes chargé de fers comme un captif des
Gaulois (1).

De semblables scènes se renouvelaient toutes les fois
qu'un ambitieux voulait se mettre sur des tréteaux. Alors
des séditions, des mouvements tumultueux dans le peuple,
qui, obéissant à chaque main qui le poussait, se démora-
lisait, s'habituait au désordre, à l'anarchie, et posait
ainsi, en face du monument de la tyrannie des grands,
la première pierre du monument de la tyrannie populaire.

(1) Tit.-Liv., VI, 14 : « *Centurionem nobilem militaribus factis, judicatum pecuniæ quum duci vidisset, medio foro cum catervâ suâ ac-
currit , et manum injecit; vociferaturque de superbia patrum, ac
crudelitate fœneratorum, et miseriis plebis, virtutibusque ejus viri,
fortunâque : tum verò, inquit, necquicquam hâc dextrâ Capitolium,
arcemque servaverim, si civem, commilitonemque meum, tanquam
Gallis victoribus captum, in servitutem ac vincula duci videam.* »

Ces désordres et les exigences des tribuns qui se portaient toujours sur le taux des intérêts eurent cependant un résultat fâcheux pour les pauvres, celui de refroidir la confiance publique. La loi *Duilia Mænia* (1), qui réduisait l'usure à un pour cent, et la loi *Licinia* (2) arrêtèrent subitement le mouvement des capitaux. Cette dernière loi, provoquée par les réclamations des tribuns Sextus et Licinius, ordonnait sur le capital de la dette la réduction de tout ce qui avait été payé à titre d'intérêt, et l'acquittement de ce qui resterait dû dans l'espace de trois ans, en trois payements. Le résultat de ces dispositions, mal calculées par les tribuns, fut de rendre plus vive encore la plaie de la misère publique. Les riches, ne voyant plus ni avantages ni sécurité dans le placement de leurs deniers, fermèrent leurs bourses et refusèrent de prêter. D'un autre côté, ces concessions arrachées au sénat irritèrent les riches, qui se vengèrent sur les malheureux qu'ils retenaient en leurs prisons de leur impuissance à opprimer la masse.

Un semblable état de choses appelait une réforme. Les grands eux-mêmes, dont le bras était las de frapper, le comprirent, et se montrèrent disposés à concourir avec le peuple à une législation plus douce. Un fait d'une immoralité flagrante mit d'ailleurs le sénat dans l'impossibilité de reculer après tant de promesses, et provoqua l'abolition partielle du *nexum*, contenue dans la loi *Petelia Papiria*. Voici à quelle occasion :

(1) Tit-Liv., VII, 16.

(2) Tit.-Liv., VI, 35 : « *Ut deducto eo de capite quod usuris pernumeratum esset, id quod superesset, triennio æquis portionibus persolveretur.* » Ce même Licinius fut pourtant le premier condamné à l'amende pour avoir violé la loi Licinia.

Un jeune homme (1), nommé C. Publilius, s'était donné
par le *nexum* à un usurier nommé Papirius, pour sûreté
de ce que lui devait son père. Or Papirius n'était pas seulement un usurier, c'était encore un infâme. Ses sens s'é-
murent à la vue de la beauté de son prisonnier. Indigné
des honteux désirs de cet homme, passé aux verges pour
y avoir résisté, Publilius fait un effort, brise ses chaines,
et tout sanglant s'élance au milieu du forum, implorant à
grands cris la justice du peuple. A ce spectacle révoltant,
le peuple indigné se soulève, le tumulte éclate dans la
ville ; le sénat prend une grande résolution. Les consuls
Pételius Visolus et Papirius, par un sénatus-consulte
connu sous le nom de loi Petelia Papiria, proclament solennellement l'abolition du *nexum*, du moins pour la *credita
pecunia*. Cette loi portait en outre que nul, excepté celui
qui aurait encouru la contrainte par corps par son délit
(*noxâ*), ne pourrait être tenu enchaîné *in nervo*, et que
désormais un débiteur ne pourrait plus engager son corps,
mais seulement ses biens.

Cette disposition, improvisée en un seul jour sous l'in-
spiration d'un mouvement d'indignation, devait se res-
sentir de la rapidité avec laquelle elle avait été conçue.
Aussi eut-elle le sort de toutes les conceptions incomplètes
qui, bien qu'elles sèment pour l'avenir, ne sont pas de
nature à produire immédiatement des fruits. Elle faisait
tomber avec le *nexum* la contrainte par corps conventionnelle ; mais, sous le nom d'*addictio*, restait la contrainte
par corps judiciaire. On voit en effet dans Aulu-Gelle et
dans Sénèque que l'usage de mettre les débiteurs en
prison, de les charger de fers, et de les employer aux

____

(1) Tit.-Liv. VIII, 28.—Varro, *de ling. lat.* lib. VI.—Tertullien, *Apo-
loget.*, c. 4. — Cicer. *de rep.* II, 34.

travaux de la campagne , subsistait encore de leur temps (1).

Cependant la loi Petelia Papiria avait donné l'élan. Le *nexum* venait de mourir de ses propres scandales ; l'*addictio* devait mourir de ses inutiles cruautés. Les magistrats finirent par comprendre qu'il y avait avantage, et pour le créancier et pour le débiteur, à substituer le partage des biens au partage de la personne, la *sectio bonorum* à la *sectio corporis*. Peu à peu cette idée domina leur jurisprudence, et, grâce à l'édit prétorien, l'expropriation forcée du débiteur en matière de dette privée fut permise sous le nom de *bonorum proscriptio* (2).

L'édit prétorien venait de faire beaucoup ; mais, malgré ses innovations heureuses , il était empreint de ce mépris hautain que la vieille Rome prodiguait au débiteur impuissant à remplir ses engagements avec exactitude. Il sauvegardait la personne matérielle, mais il notait d'infamie (3), sans distinction entre la bonne et la mauvaise foi. Il ne répondait donc qu'à demi aux besoins de son époque, car depuis longtemps le peuple avait conscience non-seulement de sa force et de ses droits, mais encore de sa dignité. La jurisprudence nouvelle ne fit donc point taire les réclamations.

Mais le peuple, qui avait raison de réclamer contre l'impuissance des lois qu'on avait faites pour lui, était loin de se maintenir toujours dans les limites de son droit. Exaspéré par les insinuations de meneurs ambitieux qui , pour arriver au pouvoir à l'aide du désordre, exagéraient à ses yeux la tyrannie des patriciens, il s'imaginait que

(1) Aulu-Gelle, *Noct. att.* XX, 1.
(2) Gaius, IV , 35.
(3) Tertullien. *Apol.* c. 4.

tout moyen était bon, même le dol, pour se faire une position meilleure. Les débiteurs commencèrent donc à répondre les armes à la main à leurs créanciers, et à se signer des quittances avec la pointe de leur épée. Plusieurs voix s'élevèrent pour réclamer, au nom de la masse, l'abolition des dettes. L'émeute prit sa place au banquet législatif : des lois injustes en sortirent (1), pour aller échouer devant l'inflexibilité de la magistrature. Quelquefois pourtant un magistrat consciencieux avait le courage d'appliquer les lois favorables au peuple, sans se préoccuper de leur origine ou de leur esprit. Mais le poignard des grands l'attendait à sa sortie du prétoire. Telle fut la cause de la mort du préteur Sempronius Asellion, assassiné par les riches au milieu du *forum*, pour avoir voulu rappeler aux lois contre l'usure et frustrer les créanciers de leur gain illégitime.

Mais c'est surtout alors que les guerres civiles ouvrirent la lice à tous les désordres, que les prétentions des obérés grandirent dans des proportions effrayantes. Les gens perdus de dettes et de débauche, n'ayant à risquer dans l'émeute qu'une vie chargée de turpitudes, vendaient au chef de parti le bras du soldat au prix de l'abolition des dettes. C'est ainsi que, dans la guerre civile de Marius et Sylla, Marius étant mort, Valerius Flaccus, son successeur, acheta le suffrage de la populace en réduisant le capital des dettes existantes à 25 p. 0⁄0. Velleius Paterculus (2) traite de honteuse cette condescendance. Un critique moins con-

---

(1) *Lex de fœnore semiunciario.*—Tit.-Liv. VII, 27. — Tacite, Annal., VI, 16. — *Lex Genucia de usurâ non faciendâ.* —Tit.-Liv. VII, 42. — Tacite, Annal., VI, 16. — *Lex Gabinia.*— Cicer., *Epist. ad. Attic.* V, 21, *ferè sub fin.*— Ascon. *ad Cic. pro Cornelio.*

(2) Velleius Pat., l. II, c. 23.

sciencieux eût appelé cela de la bonne politique, car c'était payer la popularité sans bourse délier.

Un autre exemple de l'immoralité des obérés et de la complaisance de leurs ambitieux protecteurs se retrouve dans la conspiration de Catilina. Les débiteurs de mauvaise foi, bercés de l'espoir de voir revivre la loi de Valérius Flaccus, se jetèrent à corps perdu dans cette conspiration aventureuse. Catilina caressait leur chimère. Salluste (1) nous apprend que Mallius, âme damnée de ce grand coupable, rappelait avec complaisance aux conjurés ce souvenir, qu'on avait fait plusieurs lois pour libérer le peuple de ses dettes, et en particulier celle dont nous venons de parler, en vertu de laquelle *l'argent avait été payé en cuivre.*

Ces lois d'un jour, faites pour la populace et non pour le peuple, n'étaient autre chose qu'une proie jetée à l'émeute pour l'apaiser alors qu'on n'en avait plus besoin. Elles répondaient aux exigences présentes en paralysant momentanément l'action des lois; mais elles n'apportaient aucun tempérament aux rigueurs morales de l'édit prétorien. Sylla seul ouvrit la lice aux innovations. Introduire un délai en faveur du débiteur qui affirme par serment son insolvabilité, et forcer, dans certains cas, ses créanciers à accepter l'abandon de ses biens, tel fut le bénéfice introduit par Sylla. C'était là une idée heureuse, car en créant un bénéfice au profit de la bonne foi, Sylla établissait entre les débiteurs une juste distinction, et complétait ainsi l'œuvre d'humanité inachevée par le droit prétorien (2).

(1) Salluste, *Bell. Cat.* c. 33.

(2) Varro, ll. VII, V : « *Hoc C. Popilio rogante, Syllâ dictatore sublatum ne fieret et omnes qui bonam copiam jurarunt, ne essent nexi, dissoluti.* » Plusieurs écrivains, en changeant le mot *Popilio*, et en

Cette innovation était l'idée mère de la législation qui vint après; mais elle n'établissait point d'une manière permanente le bénéfice accordé aux débiteurs de bonne foi. Aussi, loin de faire taire la voix populaire, cette concession ne fit-elle que la rendre plus impérieuse. Ce ne fut plus une garantie pour leur personne que demandèrent les obérés, ce fut une quittance qu'il leur fallut. Forts de la faiblesse de leurs élus, ils en arrivèrent à réclamer, sous le nom de *Novas Tabulas* (1), l'abolition des dettes et la faculté d'emprunter sans être tenus de rembourser.

Les choses en étaient là, lorsque Jules-César arriva au pouvoir, et devint roi par le fait sous le nom de dictateur perpétuel. Une situation si nouvelle imposa au gouvernement nouveau l'obligation de favoriser le développement des libertés du peuple ; car, je l'ai dit, la monarchie et le peuple sont deux pouvoirs impuissants isolément contre les empiétements aristocratiques, mais forts contre eux lorsqu'ils s'unissent en un seul pouvoir. César comprit son rôle. La noblesse, dont la haine aiguisa le poignard de Brutus, le redoutait et le haïssait ; il lui fallait le peuple pour lutter contre elle. D'ailleurs, pour être conséquent avec le principe qu'il représentait, c'est-à-dire l'unité monarchique, le dictateur perpétuel devait favoriser la population plébéienne, qui voulait l'égalité civile et politique, et réprimer au contraire les prétentions de

supprimant les mots *Syllâ dictatore*, ont prétendu attribuer ce passage à la loi *Petelia Papiria*. V. Hérald. *de rer. jud. auct.* II, 25, § 2.— Mazochi, *ad tab. Heracl.*, p. 431 sq. — D'autres ont rejeté ces changements du texte de Varron; tels sont: Dabelow, *Conc.* p. 107-112, et Dirksen, *ad tab. Heracl.* p. 109.

(1) Sénèque, *de benef.* I, 4, *in fin.* — Suétone, *C. Jul. Cæs.* c. 42.— Quintilien, *Decl.* 336. — Tite-Live, XXXII, 38. —Sigonius, *de auct. jur. civ. rom.* I, 6, p. 96.

la caste nobiliaire, qui, faisant deux camps dans la nation, la divisait en deux peuples, l'un de souverains, et l'autre de sujets. Ce n'était donc plus une loi de circonstance, édictée dans une émeute, qu'il fallait, mais une loi durable, œuvre de réflexion et de sagesse, et à laquelle d'ailleurs un homme comme César pût attacher son nom.

Ces considérations me portent à penser que la loi *Julia de datione in solutum* (1) n'eut pas seulement pour objet de satisfaire aux besoins momentanés de la population pauvre, en anéantissant le quart de ses dettes, mais aussi de pourvoir aux besoins à venir par l'introduction de la *cessio bonorum.*

Cette loi Julia contenait plusieurs dispositions. La première avait pour objet de raffermir le crédit public, en rassurant les capitalistes sur l'appréhension de l'abolition des dettes. Cela était urgent. Au milieu des guerres civiles, le désordre servait aux débiteurs de manteau. Pour mieux dire, personne, y compris César lui-même (2), ne payait ses dettes. De là, dans le crédit public, une immense perturbation. César, pour ramener la confiance, résolut de donner aux créanciers, sur les biens de leurs débiteurs, des garanties qu'ils ne trouvaient plus sur leurs personnes. En conséquence, il ordonna par la loi Julia qu'on établirait des arbitres pour faire l'estimation des biens, suivant la valeur qu'ils avaient avant la guerre, et qu'on les donnerait en payement aux créanciers. Cela s'appela la *datio in solutum.* D'un autre côté, pour faciliter d'une manière

____

(1) On n'est pas d'accord sur la question de savoir si la loi qui introduit la cession de biens doit être attribuée à César ou à Auguste.—Dabelow, p. 112 et suiv. — C.-G. Ulbricht, *de cess. bonor. sec. jus rom. et sax.* Lips. 1826, 4, § 1. — Heineccius, lib. III, tit. XXIX, § 8.

(2) Suétone, C. Jul. Cés. c.

plus immédiate la libération des obérés, la loi Julia ordonnait en outre la déduction sur le capital de tout ce qui aurait été payé ou porté en compte à titre d'intérêt, arrangement qui, suivant Suétone, eut pour effet d'anéantir le quart des dettes (1).

Enfin, tout porte à croire, ainsi que je le disais tout à l'heure, que c'est encore à cette loi Julia qu'il faut attribuer l'introduction du bénéfice de cession de biens. Ce bénéfice, qui opéra dans l'histoire des dettes une si grande révolution, permettait au débiteur hors d'état de satisfaire ses créanciers d'éviter la prison en faisant cession de tout ce qu'il possédait. Pour avoir droit à ce bénéfice, il suffisait qu'il fût de bonne foi et qu'il y consentît. Si ces conditions n'étaient pas réunies, il retombait sous l'application des lois de rigueur. Enfin, si ses biens étaient insuffisants pour payer la totalité de la dette, il demeurait débiteur, pour le surplus, jusqu'à ce que la fortune lui permît de se libérer complétement.

Telle fut l'œuvre de sept siècles de luttes, œuvre pour l'accomplissement de laquelle Servius Tullius, Sylla et César avaient si audacieusement jeté leur défi à la superbe aristocratique. Cet essai du pouvoir d'un seul fit penser le peuple. Il comprit qu'un despote valait mieux que mille tyrans, et résolut de se donner un chef. Tout cela se fit malgré le poignard que l'aristocratie mit dans la main de Brutus; et bientôt le trône des Augustes, s'élevant sur le tombeau de César, apprit au peuple que la liberté, les sciences et les arts sont plus protégés par un gouvernement monarchique que par un gouvernement républicain.

(1) Suétone, C. Jul. Cés. c. 42. — César, *de bel. civ.* III, 1.

Section II. — *Critique.*

Loi Petelia Papiria. — Édit prétorien. — Bonorum proscriptio. — Manùs
injectio pro judicato. — Manùs injectio pura.

La loi des XII Tables, en donnant une procédure à l'exécution forcée sur la personne, l'avait rendue judiciaire. Cependant la contrainte par corps conventionnelle subsista, sous la dénomination de *nexum*, jusqu'au moment où la loi *Petelia Papiria* la fit tomber aux battements de mains de toute la population plébéienne.

Le *nexum* aboli, restait l'*addictio*. La loi Petelia Papiria (1) n'avait proscrit que la contrainte par corps conventionnelle. J'insiste sur ce point, car, plusieurs écrivains lui ayant attribué la substitution du principe de l'expropriation forcée à celui de la contrainte par corps, il est important de démontrer que c'est une erreur historique (2).

En effet, quel pouvait être, dans les circonstances où elle fut édictée, le but de la loi Petelia Papiria? — Apporter un remède à un mal moral, en frappant dans sa

(1) Tite-Live, VIII, 28 : « *Eo anno plebi romanæ velut aliud initium libertatis factum est, quod* necti *desierunt; mutatum autem jus ob unius fæneratoris simul libidinem, simul crudelitatem insignem. L. Papirius is fuit, cui cum se C. Publilius ob æs alienum paternum nexum dedisset, etc. — Victum eo die ob impotentem injuriam unius ingens vinculum fidei; jussique consules ferre ad populum* ne quis nisi qui noxam meruisset, donec pœnam lueret, in compedibus aut in nervo teneretur : pecuniæ creditæ bona debitoris, non corpus obnoxium esset. *Ita nexi soluti, cautumque in posterum ne necterentur.* » — La loi Petelia Papiria fut portée l'an de Rome 428. — Tite-Live, l. c. Cic. *de rep.* II, 33, 34. Denys d'Hal., Frag. XVI, 9.

(2) Herald., *de rer. judic. auct.* II, 25, § 2, dans Otto, Thes. t. II, p. 1283. — Bach. h. j. p. 143. — Mazochi, *ad tab. Heracl.*, p. 431. — Dirksen, tab. Heracl., p. 108.

5

cause le scandale des prisons privées qui venait de se révéler. — Quelle était la cause de ce mal? — Le *nexum*, car il éveillait un juste sentiment de défiance que l'*addictio* n'inspirait pas. — Le *nexum* rendait les prisons privées permanentes, en laissant le débiteur entre les mains du créancier pendant un temps indéterminé et souvent considérable; — l'*addictio* ôtait à la prison privée une grande partie de ses dangers, en limitant à soixante jours la détention préalable. La loi Petelia Papiria atteignait donc son but éminemment moral, en abolissant le *nexum* sans porter atteinte à l'*addictio*.

D'un autre côté, les principes rigoureux du droit civil ne permettaient pas que l'*addictio* pût être suppléée par l'expropriation forcée. En effet, la propriété jouait à Rome un rôle trop important dans l'ordre social et politique, pour ne pas être investie du caractère d'inviolabilité qui s'attachait à tout ce qui intéressait la constitution nationale. Aussi le droit civil en avait-il fait entre les mains du propriétaire quelque chose de sacré. Le maître seul pouvait abdiquer son caractère et le transmettre. On pouvait violenter le citoyen dans sa liberté, dans son existence; mais on ne pouvait le dépouiller, à moins qu'il n'y consentît, de son titre indélébile de propriétaire. En présence de principes si absolus, il était donc impossible d'admettre en faveur d'un créancier le droit d'expropriation forcée, à moins que son débiteur ne lui eût précédemment transmis par la *mancipation* un droit réel sur sa chose.

La loi Petelia Papiria, ne pouvant substituer en principe le payement forcé sur les biens au payement forcé sur le corps, n'eut donc point pour objet de réformer l'*addictio* (1). Son seul but fut de prohiber l'affectation con-

(1) Niebuhr, t. 2, p. 378, note 490. — Carolus Sell. *de jur. rom. nex.*

ventionnelle du corps à la dette comme gage, et de ne permettre le contrat *per æs et libram*, d'où naissait le *nexum*, qu'alors que les biens du débiteur seraient l'objet de cette vente fictive. Je dis que la loi Petelia Papiria ne put faire rien de plus, car, à l'époque où elle fut édictée, les préteurs n'avaient pas encore appris l'art d'éluder les rigueurs du droit civil.

Ce que cette loi n'avait pas fait, les préteurs le firent peu à peu. Il était absurde de livrer un homme aux tortures du cachot, alors que le produit de ses biens pouvait désintéresser ses créanciers. Cette vérité, signalée à la raison publique par la magistrature, fit comprendre la nécessité d'une transaction avec les principes. Les *envois en possession* (1), sorte de mine souterraine ruinant sourdement dans sa base la propriété quiritaire, furent le résultat de cette transaction, et réparèrent les injustices du vieux droit.

Cependant le droit prétorien n'innova pas complétement. Son œuvre n'était pas sans précédents. Bien avant qu'on eût songé à l'expropriation forcée en matière de dettes privées, la *sectio bonorum* s'était établie dans le droit

et manc., p. 58.—Herald., l. c., p. 1284, pense que depuis la loi Petelia Papiria il n'y eut plus que le *carcer publicus.* — Dabelow, p. 84, pense que la loi Petelia Papiria n'ôtait point à un débiteur la faculté de s'obliger par le *nexum.* — Schrader, dans le Magaz. de Hugo, t. 5, p. 184, prétend que cette loi n'a eu pour but que d'adoucir les rigueurs de l'*addictio.* — De Savigny, üeber das Altrœmische Schuldrecht, et Mühlenbruch, *Obs. jur. rom.* c. I, § 1, soutiennent la même opinion. — Hasselt pense que la loi Petelia Papiria ordonnait indifféremment la relaxation de tous les débiteurs présentement *nexi* et *addicti*, mais ne défendait pour l'avenir que le *nectere*, et non l'*addicere.* — Ceci est confirmé par Denys d'Hal. Fr. xvi, 9.

(1) Jos. Casp. Heimburg, *de origine proscrip. bonor. ap. Roman.* 42. 5); C. *de bonis auct. jud. poss. seu renundandis* (7, 72).

civil (1), au profit de l'État, contre les *damnati* et les *proscripti*. Leurs biens, assimilés à une succession ouverte, étaient vendus en leur nom *publicè* et en masse à des *sectores* (2) qui en devenaient officiellement héritiers à titre universel, et revendaient en détail les biens meubles et immeubles de cette succession.

Il était ingénieux d'assimiler, sous ce point de vue, l'intérêt privé à l'intérêt public, et d'établir au profit de l'un ce qui existait déjà au profit de l'autre. Tel fut l'objet de l'édit prétorien. Mais cet édit ne changea rien pour cela au système de la loi des XII Tables. La procédure de l'*addictio* resta avec ses trente jours de délai, sa *manûs injectio*, son *duci jubere*, ses soixante jours de prison. Seulement les conséquences de l'*addictio* furent changées, en ce sens que la *sectio bonorum* fut substituée à la *sectio corporis*.

Voici donc, d'après l'édit prétorien, la marche que dut suivre l'expropriation forcée (3) :

Le *judicatus* avait, conformément à la loi des XII Tables, un délai de trente jours pour payer. Après ce délai et les avertissements préalables, les créanciers exerçaient l'action *per manûs injectionem*, à l'effet d'obtenir du magistrat le *duci jubere* (4). Mais ce n'était là qu'une partie de leurs conclusions. Ils demandaient en outre, par mesure

(1) Varro, *de R. R.* II, 10.

(2) Ascon. *ad Cic. Verr.*, 1, 20; 1, 23. —Cicer. *pro Rosc. Am.* c. 29, 31, 33, 36, 43, 51, 59; *Philipp.* II, 26, 29, 59.— Gaius, IV, 146. —Stieber, p. 3-6. — Tit.-Liv. XXXVIII, 60.— Cicer. Verr. 1, 20. — Dirksen, Beytrœge, p. 202, 203 et suiv.

(3) Le premier essai du système introduit par le droit prétorien fut fait par un préteur appelé *Publilius Rutilius*, probablement le *Publilius Rutilius Rufus* qui fut consul en 649. — Gaius, IV, 35.

(4) Pugge, Rhein. Mus. l. jurispr. II, 1, p. 87.

conservatoire, *rei servandæ causâ*, leur envoi en possession des biens du prisonnier. Le magistrat, après avoir
pris connaissance de la cause, *causâ cognitâ*, leur accordait cet envoi en possession par un seul et même décret (1) qui autorisait en même temps la publication de
la vente. Cette publication (2), appelée *proscriptio*, se faisait par affiches appelées *libellus* (3), *titulus* (4), *album* (5).
La possession (6) durait trente jours. Passé ce délai,
le préteur autorisait les créanciers à choisir un syndic,
appelé *magister* (7), qui devait procéder à la vente des
biens, après avoir prêté serment de remplir fidèlement sa
mission. Cette vente devait être faite conformément à la
lex bonorum vendendorum, sorte de cahier des charges
dont les créanciers convenaient entre eux préalablement,
et qui devait être rendu public (8). Trente autres jours
qui, réunis au premier délai, composaient celui de la loi
des XII Tables, devaient s'écouler encore. Ils étaient destinés à donner aux enchères toute la publicité possible
par l'intermédiaire des *præcones* (9). Enfin, ce délai expiré,

(1) Gaius, III, 79 : *Jubet ea prætor per dies continuos* XXX *possideri
et proscribi.* — Cic. *pro Quinct.* c. 6 : « *Postulat à* Burrieno *prætore*
Nævius *ut ex edicto bona possidere liceat.* »—« *Jussit bona proscribi.* »
Stieber, p. 58 et s.

(2) Brisson, v° *proscribere*, et select. antiquit. III, 8.—L. Gallia Cisal-
pina, c. 22.

(3) Cic. *pro Quinct.* c. 6 : « *Libellos procurator Quintii dejicit.* » C.
19, c. 20. — Sénèq. *Benef.* IV, 12.

(4) Pline, *Epist.* VII, 27.

(5) Table d'Héracl., I, v. 15, 18. — Mazochi, p. 309.

(6) Savigny, De la possession, 5ᵉ édit., p. 283.

(7) L. 14, D. *de pactis* (42, 3); l. 57, D. *de v. s.* —Gaius, III, 79. —
Cicer. *pro Quinct.* c. 15. — Cicer. *ad Att.* I, 1; VI, 1.—Quinct. I, 0 ;
VI, 3, § 51.

(8) Theoph. III, 12, pr. — Cicer. *pro Quinct.* c. 15.

(9) Cicer. l. c.

le préteur prononçait l'adjudication au plus offrant et dernier enchérisseur (1).

Les effets de cette vente étaient de faire considérer l'acheteur comme successeur universel de celui dont les biens avaient été vendus. Cependant, comme ce n'était pas d'après le droit civil, mais seulement d'après le droit prétorien qu'il succédait (2), il n'avait que le domaine *bonitaire* des biens achetés, et par suite ne pouvait exercer au nom du débiteur que des *actions utiles*. Par la même raison, les créanciers ne pouvaient l'actionner autrement qu'*utiliter*, et n'avaient d'ailleurs le droit d'exiger de lui autre chose que des dividendes au marc le franc, l'acheteur n'étant tenu à leur égard que *pro ratâ* (3).

Quant au débiteur (4), la *bonorum proscriptio* avait pour résultat l'infamie et la déchéance d'état. En adoucissant l'*addictio* dans ses effets matériels, l'édit prétorien ne l'avait nullement modifiée dans ses effets civils. De même que la section corporelle, la section civile frappait encore le débiteur dans son honneur et dans son *caput*.

La *proscriptio bonorum* avait d'autres conséquences encore. Les actes intermédiaires du débiteur entre le jour de la condamnation et celui de la vente des biens étaient frappés de stérilité. Ils ne produisaient d'effets civils ni à

---

(1) Gaius et Theoph. ll. cc.

(2) Gaius, III, 77 sq.; IV, 15. — Theoph. *ad pr. I. de success. subl.* — Savigny, Zeits. t. 2, p. 375. — C.-G.-E. Heimbach, *de sacror. privator. mortui continuandor. ap. Roman. necessitate.* Lips. 1827, 8, p. 12 sq. — Gaius, IV, 80. — Etienne, Des actions chez les Romains, trad. de Zimmern, p. 232.

(3) Gaius, III, 80, 81 ; IV, 35. — Théoph., l. c.

(4) Tertull. Apol. c. 4 : « *In pudoris notam capitis pœna conversa est, bonorum adhibitâ proscriptione.* » — Cic. *pro Quinct.* c. 8, 9, 13, 15. — Gaius, III, 24. — Table d'Héracl. II, l. 41-43.

son profit, ni contre lui (1). Enfin, il n'était libéré qu'à demi; car, s'il acquérait de nouveaux biens, ses créanciers pouvaient encore les faire vendre en vertu d'un *postulare*, sans avoir besoin pour cela d'obtenir contre lui un nouveau jugement (2).

D'un autre côté, ainsi que nous l'avons dit plus haut, la vente des biens n'empêchait pas l'emprisonnement préalable du débiteur. Cet emprisonnement (3), qui durait autant de temps que les préliminaires de la vente, c'est-à-dire soixante jours, s'obtenait, comme par le passé, au moyen de la *manûs injectio*. Pendant la période qui nous occupe, cette action de la loi prit même une extension qu'elle n'avait pas dans l'origine. Comme elle est essentiellement liée à la matière que nous traitons, il est indispensable de dire ici quelques mots de ses modifications successives.

Dans l'origine, l'action *per manûs injectionem* était celle au moyen de laquelle un créancier obtenait l'*addictio* d'un débiteur *judicatus*, de telle sorte que son application était restreinte au cas où il y avait eu *judicatum*. Plus tard, ce cercle ne parut pas assez large; en conséquence, on procéda par analogie, en permettant dans d'autres cas encore la faculté de se servir de cette action de la loi. Les *manûs injectiones* qui résultèrent de cette assimilation s'appelèrent *manûs injectio pro judicato* et *manûs injectio pura*.

La *manûs injectio pro judicato*, qu'on pourrait appeler *manûs injectio judic. utile*, fut introduite par plusieurs

(1) L. 40, D. *de op. libert.* (38, 1); l. 4, *de cur. bon. dand.* (42, 7). l. ult. C. *quæ in fr. credit.* (42, 8). — Mühlenbruch, Observ. p. 15, 18. — Schweppe, Rq. § 592.

(2) Gaius, II, 155. — L. ult. § 7, D. l. c.

(3) Aulu-Gelle, XX, 1, *sub. fin.* — Licin. Rufinus, l. 34, D. *de re judic.*

lois (1) parmi lesquelles il faut signaler la loi *Pu-blilia* et la loi *Furia de sponsu*. — La loi *Publilia* autorisait l'exercice de cette action dans le cas où un débiteur principal, ayant été cautionné par un *sponsor*, ne lui remboursait pas dans les six mois les sommes qu'il avait payées pour lui. — La loi *Furia* donnait la même action au *sponsor* contre le créancier qui l'avait forcé à payer au delà de sa portion virile.

Cette *manûs injectio*, ainsi que celle dite *judicati*, avait cela de particulier, que le débiteur appréhendé ne pouvait se dégager de l'étreinte de celui qui s'était légalement emparé de sa personne. La *manûs injectio pura* fut imaginée dans le but d'arracher le débiteur à ce droit de rigueur, en lui permettant de se dégager et de plaider lui-même sa cause (2). — Elle était accordée par la loi *Furia* (3) contre celui qui avait reçu à titre de legs plus de mille as, sans être dans un des cas d'exception. — La loi *Marcia* (4) l'accordait aussi contre les usuriers pour la répétition des intérêts indûment perçus. Enfin, une loi illisible dans le manuscrit de Gaius, mais que M. de Savigny suppose être la loi *Aquilia*, généralisa l'application de la *manûs injectio pura*, en établissant en principe la faculté pour tout débiteur appréhendé de se dégager et de se défendre. Deux cas seulement étaient exceptés, c'étaient ceux où la *manûs injectio* s'exerçait à raison des actions *judicati* ou *depensi* (5).

Telles furent les modifications successives de la *manûs*

---

(1) Gaius, IV, 22.
(2) *Ibid.*, IV, 22-25.
(3) *Ibid.*, 24, *in fin.*
(4) *Ibid.*, IV, 23-24, *init.*
(5) *Ibid.*, IV, 25.

injectio, jusqu'à l'époque où la loi *Æbutia* émancipa la procédure, et la dégagea des langes du formalisme. Cependant il faut dire que, malgré la déchéance des actions de la loi, la *manûs injectio* se survécut à elle-même, puisqu'elle était en usage encore du temps de Cicéron, et qu'elle ne cessa tout à fait dans la pratique que sous Jules-César ou sous Auguste.

Lorsque le système formulaire fut substitué complétement à celui des actions de la loi, la procédure changea nécessairement et pour la contrainte par corps et pour l'expropriation forcée. Ce ne fut plus *per manûs injectionem*, mais *per formulum*, que le créancier put exercer l'action *judicati*, et le *ducere* du débiteur ne put plus se pratiquer qu'*extra ordinem*. Dès lors, enlevé par le droit prétorien au formalisme des actions de la loi, le débiteur fut admis à se défendre lui-même sans l'intervention d'un *vindex* (1). Le délai de trente jours, appelé *legitimum tempus judicati*, put être prorogé ou diminué suivant les besoins de la cause (2). Enfin, la procédure devint assez élastique pour que le droit de défense pût s'exercer sans entraves.

Cependant, s'il y avait progrès sous ce point de vue, si la personne matérielle était protégée, si le droit de défense avait ses garanties, il faut dire que le débiteur payait encore cher ces avantages. L'infamie et la déchéance d'état n'avaient point disparu. Une seule et même flétrissure stigmatisait indifféremment les débiteurs, sans distinction entre le malheur et l'inconduite (3). Ce mal moral appelait

---

(1) Pourvu qu'au moment de la *litis contestatio*, il donnât la caution *judicatum solvi*. Gaius, IV, 25.

(2) L. un. C. Th. *de usur. rei jud.* (4, 19). — L. 2, D. *de re judicat.*

(3) Sénèq. *de benef.* VII, 16 : « *Quid tu tam imprudentes judicas*

un remède. Ce remède fut la cession de biens. Grâce à cette innovation, la bonne foi eut ses priviléges et son droit d'exception. Dès lors il y eut deux classes de débiteurs : ceux qui méritaient d'être admis à la cession de biens, et ceux qui ne le méritaient pas. Ce régime nouveau prit sous les empereurs un développement considérable. D'autres bénéfices analogues lui furent adjoints. Mais nous n'en entreprendrons pas ici l'exposé ; pour procéder avec ordre, nous le placerons dans la division de ce travail qui traite spécialement de la législation impériale.

» *majores nostros fuisse, ut non intelligerent iniquissimum esse eodem* » *loco haberi eum qui pecuniam quam à creditore acceperat, libidine* » *et aleâ absumpsit, et eum qui incendio aut latrocinio, aut aliquo casu* » *tristiore aliena cum suis perdidit?* » L. 1, C. Th. *de cess. bon.* — Aulu-Gelle, xx, 1 : « *Addici nunc et vinciri multos videmus, quia vinculorum pœnam deterrimi homines contemnunt.* » Les débiteurs prodigues et dissipateurs, appelés *decoctores*, parce que, comme les alchimistes, ils réduisaient les métaux en fumée, étaient placés par la loi Roscia dans une position exceptionnelle et dégradante. V. Cicér. Phill. II, 18. — Suéton. Octav. 40. — Spart. Hadr. 18. — Otto, *Comm. ad Instit.* IV, 6, *fin.* — Dirksen, *Obs. ad leg.* — Gall. Cis. p. 54.

TROISIÈME ÉPOQUE.

SECTION PREMIÈRE. — *Histoire.*

Exposer l'histoire des dettes sous la république romaine, c'est faire apprécier la valeur morale de cette république elle-même. D'une part une aristocratie tyrannique, de l'autre une populace démoralisée et corrompue ; au milieu de cette tourbe, quelques grands hommes qui s'élèvent et qui brillent de leur propre éclat : voilà Rome républicaine.

Examinons maintenant si le gouvernement impérial fut plus favorable au développement des libertés civiles.

Un mot sur le gouvernement impérial lui-même.

Créé par la volonté de l'armée plutôt que par le vœu national, le gouvernement impérial de Rome reposait en apparence sur un principe républicain, et ne pouvait en réalité se soutenir que par la tyrannie militaire. Illimité dans ses pouvoirs, et pourtant sans attributions bien précises, l'empereur était tout, car sa couronne était une dictature ; et cependant il n'était rien, car, en principe, le pouvoir législatif résidait dans le peuple et le sénat. Fort par le glaive, grâce à ses cohortes, l'empire ne l'était pas par le droit, car il n'était pas héréditaire ; et si l'empereur pouvait tout pour le présent, il ne pouvait rien pour l'avenir, car il lui manquait une dynastie pour continuer sa pensée. De là, dans les constitutions impériales, suivant le plus ou moins d'énergie des princes, tantôt des lois libérales dues aux Antonin, aux Titus, aux Marc-Aurèle ; tantôt des lois monstrueuses dues aux Néron, aux

Caligula, aux Valentinien 1ᵉʳ. Tout cela se succède confusément et sans ordre, car il est rare qu'un empereur épouse l'idée de son prédécesseur. De là, défaut d'unité dans la législation, et par suite, indécision dans la condition des citoyens. — Cependant, si cette réflexion est fondée lorsqu'il s'agit de l'ensemble des lois, il est juste de dire que, sous le point de vue spécial de la matière que nous avons à traiter, les progrès que l'empire a fait faire à la législation sont immenses. L'introduction des bénéfices de cession et de répit, l'institution de la *distractio bonorum* (1) s'élevant en face de la *bonorum proscriptio*, l'abolition des prisons privées, l'adoucissement progressif des rigueurs de l'incarcération, l'affranchissement complet des esclaves, telle fut l'œuvre de l'empire.

Il est vrai que le législateur avait de bons guides pour le conduire et l'éclairer. Sortis de ce mouvement social qui reportait sur les intérêts civils le besoin de polémique que les Romains avaient satisfait jusque-là aux dépens de la politique, les jurisconsultes avaient ouvert à la législation une voie nouvelle. Détrônant le culte de la forme, pour mettre à la place celui de la raison, ils avaient forcé les textes à se plier aux exigences de l'équité naturelle. Enfin, ils avaient élevé si haut la jurisprudence, que les esprits d'élite, las du culte des faux dieux, en avaient fait leur seule et véritable religion.

A la philosophie stoïcienne, qui avait tant fait pour la science du droit, succéda le spiritualisme chrétien, qui fit plus encore pour la moralisation des lois. L'ère de l'amour commença. On comprit que la raison seule était impuissante à régler les rapports des hommes qui de concitoyens

(1) D. *de curat. bon. dand.*

allaient devenir des frères, et que les lois devaient se purifier de l'égoïsme humain en passant au foyer de la charité. Le signe de la rédemption brilla au frontispice des constitutions impériales. L'Évangile fut proclamé la loi-modèle, et l'amour et la charité cessèrent d'être à Rome des divinités païennes.

Dès lors, avec l'élément social, changea la condition des individus dans la société. Les lois consacrèrent, dans l'ordre matériel aussi bien que dans l'ordre moral, l'inviolabilité de l'homme. La prison ne dut plus s'ouvrir que pour les coupables (1); et l'humanité, imposant silence aux exigences de l'intérêt privé, proscrivit l'esclavage de la dette.

Cependant, si la révolution opérée à Rome par l'action du christianisme fit quelque bien, il faut ajouter qu'elle fut loin d'être complète. L'Évangile n'avait pu faire oublier aux Romains leur antique devise : « *Adversùs hostem æterna auctoritas.* » L'esclavage de la dette n'existait plus, mais l'esclavage de la guerre persistait encore, et si la loi nouvelle reconnaissait les droits de l'humanité, elle le faisait au profit du *citoyen*, et non au profit de l'*homme*. Le langage pompeusement dévot des empereurs couvrait bien des nudités révoltantes ; et telles lois étaient écrites au nom de Dieu, qui n'étaient pas dans l'esprit de l'Évangile.

Cependant les prisons s'élargissaient, et les fers des débiteurs tombaient à la voix des Pères de l'Église. Tertullien (2), cet apôtre-jurisconsulte, se fait le vengeur de l'humanité outragée par les lois païennes. Rappelant les horreurs de la loi des XII Tables, non plus pour les excu-

(1) L. 2, C. *de cust. reor.* — Calpurn. *Declam.* 4.
(2) Tertul. *Apolog.*, c. 4.

ser, comme Aulu-Gelle, mais pour les flétrir, il ne retrace aux Romains la tache originelle de leur législation antique que pour la leur faire laver au baptême de la charité chrétienne. Animés d'une éloquence moins sévère, St Chrysostôme, St Ambroise (1), St Grégoire (2), St Augustin (3), élèvent à leur tour une voix suppliante, et réclament du fort pitié pour le faible. « Délivrez vos débiteurs, dit le » père de l'éloquence chrétienne, et demandez à Dieu la » récompense d'une si grande magnanimité. *Tant qu'ils* » *seront vos débiteurs, Dieu ne vous devra rien;* mais » donnez-leur la liberté, et vous pourrez réclamer auprès » de Dieu le prix d'une si grande sagesse (4). »

Mais pourtant ce n'était pas aux dépens de la justice que ces hommes de foi demandaient merci pour le malheur (5). Depuis l'introduction du bénéfice de cession, qui faisait la part du débiteur de bonne foi, et le mettait à l'abri de toute entreprise sur sa personne, l'emprisonnement pour dettes était devenu un acte de justice, car il ne frappait que sur le débiteur de mauvaise foi. Ce n'était donc pas la contrainte par corps que voulaient proscrire les orateurs chrétiens, mais bien le régime odieux des prisons privées. En demandant la suppression des rigueurs inutiles, et un régime uniforme dans les prisons pour dettes, ils ne prétendaient point soustraire le citoyen à

(1) S. Ambrosii *Epist.*, cl. 1, ep. 206.
(2) Greg. Nyss. *Orat.* 3 *de resurrect. Dom.*
(3) S. Aug., s. 3, *in Martyr.*
(4) S. Joh. Chrysost., *in Mat. homilia* 15, *in fin.*
(5) St Augustin jette même un blâme sévère aux débiteurs de mauvaise foi, en traçant ainsi leur portrait : « *Cùm quæris cui des undè crescat* » *pecunia tua, hominem quæris. Quandò accipit, gaudet; quandò* » *reddit, plorat; ut accipiat, precatur : ne reddat, calumniatur.* » Serm. 3, *in Martyr.*

l'empire des lois qui régissent l'intérêt privé : ils voulaient seulement que la dignité de l'homme fût respectée ; et, véritables disciples du Christ, avant de chercher dans un débiteur l'imprudent ou le coupable, ils ne voyaient en lui que le malheureux.

Les chefs de l'État répondirent à ces appels énergiques. Les empereurs païens eux-mêmes, obéissant malgré eux à la main qui entraînait le monde vers ses destinées nouvelles, rendent à la religion chrétienne, dans leurs lois, un culte qu'ils lui refusent dans le temple. Il semble même que les ennemis mortels des chrétiens soient choisis par Dieu pour instruments de ses volontés ; car c'est au farouche Dioclétien (1) qu'il est donné d'abolir l'esclavage de la dette, cet usage odieux que la loi *Petelia Papiria* avait proscrit, sans le faire entièrement disparaître.

Les empereurs chrétiens firent plus encore. L'emprisonnement pour dettes n'était point soumis à un régime uniforme. Les prisons privées et les prisons publiques s'ouvraient indifféremment pour les débiteurs, qui d'ailleurs n'étaient pas mieux traités que les malfaiteurs dont ils partageaient la captivité. Constantin signale le règne du premier empereur chrétien, en convertissant en une simple garde, ainsi, dit-il, qu'il convient à des hommes, les rigueurs de l'emprisonnement (2). Zénon s'élève contre l'usage encore en vigueur des prisons privées, et déclare coupable de lèse-majesté quiconque osera usurper les droits du souverain en se rendant ainsi justice à soi-même (3). Valens, Valentinien, Gratien et Théodose font des jours fériés des jours de paix pour les malheureux

---

(1) « *Ob æs alienum servire liberos creditoribus non patiuntur.* »

(2) L. 2, C. *de exact. tribut.*

(3) L. 2, C. *de privat. carcer. inhib.*

débiteurs (1). Enfin Justinien achève ou plutôt dépasse l'œuvre, et pousse à un tel degré l'indulgence, qu'il vaut presque autant, sous son règne, être débiteur que créancier.

Cependant, si les bienfaits de la loi nouvelle font l'éloge du gouvernement impérial de Rome, il faut ajouter que ce travail de tant de siècles fut souvent interrompu. La législation des empereurs ressemblait à l'ouvrage de Pénélope : l'œuvre du jour était détruite par l'empereur du lendemain ; de telle sorte que, si heureuse que fût une conception, elle ne fournissait pas toujours sa carrière. Pour ne citer qu'un exemple de ces vicissitudes, parlerai-je de l'étonnante rapidité avec laquelle la loi cruelle de Valentinien Ier fait rétrograder les mœurs vers les siècles barbares? Ce tyran, dont la férocité se révèle dans le choix des compagnons qu'il se donnait, et dans les horribles repas dont il se plaisait à leur voir savourer les délices (2), n'émettait dans cette loi qu'une conception digne de lui. Un écrivain grave (3) rapporte qu'elle punissait de mort le débiteur insolvable. Heureusement cette loi, dans l'histoire du droit impérial, ne fut qu'un horrible épisode.

L'abolition des prisons privées, la suppression des rigueurs inutiles, l'introduction ou l'extension de certains

---

(1) C. Théod., l. 9, tit. 28, *de indulg. crim.*

(2) Deux ours féroces et énormes, l'un connu sous le nom de l'Innocence, et l'autre de Miette-d'Or, étaient placés dans des cages près de sa chambre à coucher ; et l'on assure qu'il se plaisait à leur voir dévorer les membres palpitants des malheureux qu'on leur abandonnait. Michault, *Biog. Univ.*, t. 47, v° Valentinien Ier.

(3) Ammian. Marcell., lib. 27 : « *Aliud audiebatur horrendum quod ubi debitorum aliquem egestate obstrictum nihil reddere posse dicebatur, interfici debere pronuntiabat.* »

priviléges contre l'emprisonnement, telle fut l'œuvre de la législation impériale. Quelquefois trop sévères, souvent trop indulgentes, les lois sur la contrainte par corps furent presque toujours extrêmes. Justinien surtout, en multipliant les sauvegardes au profit des débiteurs, ne maintint pas toujours l'équilibre qui doit exister entre le respect dû aux droits acquis, et celui que réclame l'infortune. Indulgent pour les fautes d'autrui, parce que la morale de son siècle était trop relâchée, Justinien n'exagéra peut-être la charité que parce qu'il ne la comprenait pas.

Section II. — *Critique.*

§ Ier. — BÉNÉFICE DE CESSION. — BONORUM DISTRACTIO. — DATIO IN SOLUTUM. — BÉNÉFICE D'INSOLVABILITÉ. — INDUCIÆ.

En introduisant le bénéfice de cession, la loi *Julia* avait obéi à la voix populaire qui depuis si longtemps réclamait, dans le droit d'appel, une distinction entre le malheur et la mauvaise foi. Elle sauvegardait désormais contre l'emprisonnement et l'infamie le débiteur dont la conduite avait été irréprochable, et qui consentait à l'abandon de ses biens à ses créanciers.

C'était là, pour le peuple, une grande victoire remportée sur le parti conservateur; mais ce n'était pas l'abrogation des lois qui faisaient de la contrainte par corps une règle générale. La loi *Julia* ne stipulait que pour une certaine classe de débiteurs; car, pour que la cession de biens pût soustraire quelqu'un à l'empire du droit commun, il fallait non-seulement qu'on invoquât ce bénéfice, mais encore qu'on fût en droit de l'invoquer.

Lorsque, après l'échéance, un créancier avait obtenu un

jugement de condamnation au payement, le débiteur devait, pendant les trente justes jours qui précédaient l'*addictio*, ou payer sa dette, ou faire l'abandon de ses biens à ses créanciers. Si les trente jours s'écoulaient sans qu'il eût pris une détermination, l'*addictio* était prononcée ; puis venaient les soixante jours pendant lesquels l'*addictus* se trouvait dans cette alternative : subir les rigueurs de la loi, ou s'y soustraire à la faveur du bénéfice de cession.

Examinons maintenant comment les choses se passaient, suivant le parti que prenait le débiteur.

Si le débiteur n'optait point pour la cession, ou si sa bonne foi n'était pas suffisamment démontrée pour qu'il parût digne d'être soustrait à l'infamie, les règles de l'*édit prétorien* étaient suivies. Après les soixante jours d'emprisonnement et l'envoi en possession préalable des biens, la vente en masse était opérée conformément aux règles que nous avons exposées ci-dessus. Cette vente entraînait pour le débiteur la perte de son *caput*, et le notait d'infamie.

Cependant il arrivait quelquefois, alors même que le débiteur ne s'était pas placé dans la position favorable qui résulte de la cession, que, par égard pour son rang ou pour sa famille, on procédât à la vente de ses biens de manière à ce qu'elle ne fût pas infamante. La *distractio bonorum* (1), ou vente des biens en détail, introduite par un sénatus-consulte dont parlent Gaius (2) et Nératius, sauvait de l'infamie les débiteurs de distinction, *claræ personæ* (3). Cette vente était opérée par un curateur donné aux biens par le préteur. Une fois mobilisé, on

(1) D. *de curat. bon. dand.*
(2) Gaius, Inst. II.
(3) L. 5, D. *de curat. fur.*

examinait si l'actif excédait le passif, ou lui était inférieur. Si le passif l'emportait, les créanciers se partageaient le prix de vente *pro rata*. Si l'actif était plus considérable, ils prélevaient ce qui leur était dû, et le *reliquat* appartenait au débiteur. Ajoutons que, dans le cas où les créanciers se seraient autorisés à faire un partage là où il ne devait y avoir qu'un prélèvement, le débiteur aurait eu contre eux une action pour les forcer à la restitution de ce qui aurait été indûment perçu (1).

Cette *bonorum distractio*, qui d'abord n'avait eu pour objet que de couvrir d'un privilége l'honneur des familles distinguées, prit bientôt une place plus étendue dans la procédure. Envahissant peu à peu les cas de la *bonorum emptio*, elle finit même par la remplacer tout à fait, alors que tomba la procédure formulaire (2).

Je viens de dire comment se passaient les choses lorsque le débiteur n'était pas admis à la cession de biens. Examinons actuellement quelle était sa situation s'il invoquait ce bénéfice.

Lorsque le débiteur condamné, ou *confessus* (3), avait déclaré solennellement qu'il abandonnait ses biens à son créancier, on procédait à la vente. Cependant, jusque-là, le débiteur demeurait propriétaire de ses biens, et par suite pouvait paralyser les effets d'une parole imprudemment prononcée, en renonçant au bénéfice de cession. C'est ainsi qu'il pouvait faire suspendre la vente, alors qu'étant prêt à se défendre contre l'action de ses créanciers, il réclamait cette suspension (4).

(1) L. 6 , pr. D. *de reb. auct. jud.;* l. 45 , § 12 , D. *de jur. fisc.;* l. 10 , § 1 , C. *de bon. auct. jud.*
(2) Inst. Just., l. II , tit. 19 , § 1.
(3) L. 8 , D. *de cess. bon.*
(4) Ulpien , l. 6 , *ad edict.* — L. 2 , C. *qui bon. ced. poss*

Si la cession de biens présentait au débiteur une puissante garantie en lui laissant ainsi jusqu'à la vente le libre exercice de sa volonté, les avantages qu'elle lui offrait pour l'avenir n'étaient pas moins considérables. Ils ne consistaient pas seulement dans la sauvegarde donnée à la personne contre l'emprisonnement, la déchéance d'état et l'ignominie; le bénéfice de cession faisait naitre encore au profit (1) de l'insolvable l'exception *nisi bonis cesserit*, au moyen de laquelle il pouvait repousser les actions non-seulement des créanciers au profit desquels l'abandon avait été fait, mais encore des créanciers antérieurs à cet abandon, qui n'avaient point été appelés à toucher des dividendes sur le prix de vente (2). Ainsi la cession de biens garantissait à la fois la personne, l'honneur et le repos de l'insolvable.

Cependant il ne faut pas croire que le débiteur fût favorisé jusqu'à l'injustice. S'il était moral que le malheur et la bonne foi fussent garantis contre les rigueurs inutiles, il était juste aussi que, si les créanciers n'étaient pas intégralement payés, l'insolvable demeurât leur obligé. Aussi la loi voulait-elle qu'ils pussent l'actionner, dans le cas où il viendrait à acquérir des biens plus que suffisants pour l'entretien de sa famille. Seulement elle n'autorisait les créanciers à poursuivre la vente des biens nouvellement acquis que jusqu'à concurrence de ce dont le débiteur pourrait se dépouiller à leur profit sans porter atteinte à ses besoins essentiels (3).

(1) L. 1, C. *qui bon. ced. poss.* — L. 11, C. *ex quib. caus. infam. irrog.*

(2) L. 4, § 1, D. *de cess. bon.* — L. 3, C. *de bonis auct. jud.* — L. 17, pr. D. *de recept.* (4, 8).

(3) Ulpien, f. 6, 1. 54, *ad edict.* — Instit. Justin., lib. IV, tit. 6, § 40.

Les effets de la cession de biens étaient trop favorables à l'insolvabilité pour que tous les débiteurs fussent admis indistinctement à jouir de ce bénéfice. Aussi la loi procédait-elle par exclusion à l'égard de plusieurs d'entre eux qui ne méritaient point sa protection. Cette exclusion pouvait avoir deux causes principales : la première, le refus du débiteur; car, la cession étant un bénéfice, celui en faveur duquel il était admis pouvait y renoncer; la seconde, son fait; car il pouvait s'être placé, soit par son dol, soit par son imprudence, en dehors du bienfait de la loi.

Le dol du débiteur était contre la cession de biens une fin de non-recevoir inexpugnable, car la loi rendait le fraudateur passible d'une *coercition extraordinaire*. Ainsi, le tuteur (1) coupable de mal-gestion et insolvable, le dépositaire infidèle (2), le stellionataire (3), ne pouvaient être admis à faire cession. Une raison de haute moralité avait aussi fait exclure le débiteur qui réclamait le bénéfice à raison d'une dignité ou d'une charge publique (4). On n'admettait pas non plus ceux qui demandaient à faire l'abandon de leurs biens avant d'avoir reconnu la dette, d'avoir été condamnés à la payer ou de l'avoir avouée en jugement (5). Enfin, une constitution de Gratien et de Valentinien, qui ne fut point admise par Justinien dans son Code, assimilait les débiteurs du fisc aux débiteurs de mauvaise foi, et leur refusait le droit de faire cession (6).

(1) L. *ob fœnus*, D. *de adm. tut.* — L. *quamvis*, D. *de rebus. cor.*
(2) L. 29 *si sacculum*, D. *depos. vel contra.* — L. 3, C. *depos. vel cont.*
(3) LL. 3 et 4, D. *stellionatus.*
(4) L. 5, C. *qui bon. ced. poss.*
(5) L. 8, Ulpien, *ad edict.*
(6) L. 1, C. Theod., *qui bon. ced. poss.*

J'ai dit plus haut que, pour faire cession, le débiteur devait procéder par une déclaration solennelle. En effet, dans le principe, cet acte dut être accompagné de certaines formes emblématiques. Ces solennités, qui peut-être étaient celles de la *cessio in jure*, sont inconnues, car les textes gardent sur elles le silence le plus complet. Mais plus tard, lorsque les formes antiques tombèrent en désuétude, le consentement se dégagea de l'enveloppe matérielle dont on l'avait entouré. Théodose n'exigea rien de plus, pour valider la cession, que la simple déclaration du débiteur, pourvu qu'elle fût faite judiciairement (1). Enfin, Justinien réduisit les formes à leur expression la plus simple, en disposant que pour faire cession il suffirait de la manifestation même extrajudiciaire de la volonté par lettres, par messager, par procureur (2).

Au bénéfice de cession, si favorable, et que pourtant Justinien appelle un *flebile auxilium*, il en ajouta plusieurs autres qui portèrent de nouvelles atteintes aux droits des tiers. Je veux parler de la *datio in solutum*, et du *bénéfice d'insolvabilité*.

La *datio in solutum*, bénéfice introduit temporairement par César, et que Justinien fit revivre dans la novelle 4, permettait au débiteur d'une somme d'argent d'abandonner en payement une certaine quantité de ses biens. Si ses valeurs mobilières étaient suffisantes, les créanciers ne pouvaient être forcés à accepter en payement des immeubles. Ils n'étaient obligés de s'en contenter qu'à défaut de meubles et dans le cas où l'on ne trouvait point d'acheteurs. Le magistrat faisait alors l'estimation des

(1) L. 2, C. Theod., h. t.
(2) L. ult., D. *de cess. bon*

immeubles abandonnés en payement. S'ils étaient insuffisants, le débiteur payait le surplus en argent; si leur
valeur dépassait le chiffre de la dette, le créancier devait
un retour pour l'excédant (1).

Le bénéfice d'insolvabilité est un emprunt fait par Justinien à Sylla (2). Introduit à l'occasion des infortunes
d'un Mysien que ses créanciers poursuivaient avec rigueur,
ce bénéfice fut un hommage rendu au malheur plutôt
qu'à la justice. En effet, je ne crois pas que Justinien
laissât aux créanciers les garanties qu'ils ont le droit
d'exiger, en autorisant un débiteur à se libérer par un serment attestant son insolvabilité, et par la remise entre
leurs mains de ses droits et actions contre ses propres
débiteurs (3). La parole d'un homme honnête est sans
doute d'une grande valeur dans les rapports ordinaires ;
mais, en affaires d'intérêt, le serment par lequel la partie
intéressée atteste sa propre insolvabilité est une garantie
trop faible pour qu'il soit juste de forcer les créanciers à
l'accepter.

Indépendamment de ces dispositions qu'il appelle *re-
mèdes*, Justinien introduisit encore de nouvelles faveurs
au profit des débiteurs, en étendant les délais judiciaires.
Il porta de deux à quatre mois le *tempus judicati* (4), et
créa en outre un nouveau bénéfice, appelé *induciæ*, et qui
dans notre ancien droit a pris le nom de *répit*. Les *induciæ* consistaient dans un délai ou armistice de cinq ans
accordé par lettres du prince. Pendant ce délai, le débi-

(1) Nov. 4 , c. 3.
(2) Varro , l. VII , 5.
(3) Nov. 135.
(4) LL. 2 et 3 . C. *de us. rei jud.*

teur ne pouvait être inquiété pour sa dette, qui n'était exigible par corps qu'après l'expiration des cinq années (1).

Cependant ce bénéfice ne pouvait être imposé aux créanciers ; le débiteur n'avait le droit de l'invoquer que de leur consentement. Mais ils étaient forcés de prendre un parti. Justinien les mettait dans cette alternative : *les induciæ*, ou *la cession de biens*. C'était la majorité qui décidait. En cas de partage, le préteur devait prononcer. Sa décision était toujours en faveur des *induciæ* (2) ; mais elle ne présentait aucun danger, car pendant le délai le débiteur ne pouvait prescrire.

§ II. — DES PERSONNES QUI NE POUVAIENT ÊTRE SOUMISES A LA CONTRAINTE PAR CORPS.

J'ai dit tout à l'heure quels étaient les cas où, les bénéfices de la loi n'étant pas admis, la contrainte par corps était prononcée. Cependant il ne faut pas croire qu'alors même que l'insolvabilité du débiteur provenait de son dol ou de son imprudence, il pût être soumis aux voies rigoureuses d'exécution. Certains priviléges, tels que ceux de l'âge, du sexe ou de la profession, le protégeaient contre la sévérité de la loi. L'exposé de ces priviléges est l'objet de ce paragraphe.

N° 1. *Du mineur. — De la femme.*

La minorité, même dans les premiers temps de Rome, fut entourée de la faveur que réclame la faiblesse. Cependant, par une singulière anomalie, ces droits si sacrés pouvaient être compromis sans l'assentiment du mineur

(1) L. 8, C. *qui bonis ced. poss.*
(2) *Ibid.*

lui-même. Les droits exorbitants conférés au père par la loi de Romulus, et qui lui permettaient non-seulement d'engager les services de son enfant, mais encore de le vendre pour payer ses dettes, étaient si profondément enracinés dans la constitution nationale, qu'ils se perpétuèrent jusqu'à Justinien (1). Aussi la minorité ne pouvait-elle être une garantie contre l'emprisonnement pour dettes qu'alors que les mineurs étaient *sui juris*.

De son côté, si elle se trouvait sous la puissance paternelle, la femme pouvait être livrée comme gage de la dette de son père. Elle pouvait sans doute l'être aussi pour la dette de son mari, alors qu'étant tombée *in manu*, elle était devenue sa fille (2). Mais si la femme *alieni juris* pouvait être ainsi compromise par le fait d'autrui, la femme *sui juris* ne pouvait l'être par son propre fait. Ceci résultait de l'impossibilité dans laquelle elle était de s'obliger. Prenant la faiblesse matérielle de la femme pour mesure de sa force morale, le législateur avait assimilé son intelligence à celle des mineurs. Aussi être femme constituait à Rome une minorité permanente. C'est ce que rapporte Cicéron dans le discours *pro Murenâ*, où il parle de la tutelle spéciale que les majeurs avaient imaginée pour la femme. Dans Tite-Live (3), le sage Caton, défendant la loi Appienne, dit gravement, suivant la traduction très-libre de Charondas (4), « que les anciens Romains, pour » refréner la trop volage et indomptable nature des » femmes, voulurent les assujettir sous la main de leurs

(1) Ambros. in Tobiam, c. 8 : « *Vidi ego miserabile spectaculum, liberos pro paterno debito in auctionem deduci...* » L. 12, C. de O. et A. — Nov. 134, c. 7.

(2) Gaius 1, § 115, *in fin.*, et § 118 ; 11, § 139.

(3) Tit.-Liv. XXXIV, 2 ; XXXIX, 19.

(4) Charondas. Commentaire sur l'édit des secondes noces.

» parents, frères et maris, afin qu'elles ne s'entretinssent
» d'aucune affaire appartenant à l'autorité de l'homme,
» et ne traitassent sans tuteurs aucune chose mêmement
» privée. » Ulpien (1), moins brutal que Caton dans son
orgueil masculin, mais historien aussi véridique, rapporte
que la loi Attilienne ordonnait que les préteurs et la plus
grande partie des tribuns pourvussent de tuteurs les
femmes et les pupilles qui n'en avaient point. Enfin, l'incapacité la plus complète était tellement inhérente au sexe,
même sous l'empire d'Auguste, qu'il fit octroyer comme
un grand honneur, par le sénat, à Octavie et à Livie, le
droit d'administrer leurs biens sans la surveillance d'un
tuteur (2). Cette impossibilité pour la femme de s'obliger
ne pouvait donc permettre contre elle l'exercice de la contrainte par corps, qui ne peut naître que d'une obligation.

Telle fut, sous ce rapport, la condition de la femme
sous l'empire de l'ancienne législation. Mais, lorsque l'usage
de lui donner un tuteur fut tombé en désuétude, et qu'on
lui reconnut une intelligence suffisante pour l'administration de ses affaires, le doute dut s'élever, et s'éleva en effet,
sur la question de savoir si, l'incapacité cessant, le privilége
pouvait encore subsister.

Le principe générateur d'une législation favorable à la
femme, sous le point de vue de la contrainte par corps, ne
put donc plus être le même que par le passé. La femme
n'était plus traitée avec l'orgueilleux dédain que lui prodiguait Caton. Elle était la compagne d'un mari, et non
plus la servante d'un maître. Des femmes cultivaient les
lettres et les sciences, des femmes avaient de fait, sinon de

<hr>

(1) Ulpien, f. XI, 25, 27.
(2) Dio Cass. LV, 2.

droit, tenu les rênes de l'empire. Une femme venait de
donner un dieu au monde, et régnait dans les cieux. La
puissance morale des femmes était constatée ; on ne pouvait donc plus leur accorder de priviléges à raison de leur
faiblesse intellectuelle. Pour les mettre à l'abri de l'emprisonnement pour dettes, il fallait chercher un autre
prétexte, et ce fut de la part du législateur une idée
heureuse que de le trouver dans leur pudeur et leur mo-
destie (1).

Plusieurs constitutions des princes, inspirées par cette
idée, témoignent de l'empire que les grâces et la vertu
commençaient à conquérir sur l'esprit, et non plus sur la
matière. Un rescrit de Constantin, entre autres, rend hommage à la dignité de la femme, en défendant au magistrat
de faire traîner de sa maison une *matrem-familiâs* devant
le tribunal à raison des dettes contractées par elle. Cependant, quelque favorable que soit la cause de la femme,
on recule devant l'horrible conséquence que donne l'empereur à l'inobservation de cette règle de pudeur publique : « *Eum qui in publicum matrem-familiâs pro-*
» *trahendam putarit, inter maximos reos citra ullam*
» *indulgentiam capitali pœnâ plecti debere* (2). »

Justinien continua cette œuvre pieuse, et l'étendit même
au delà des justes bornes qu'elle devait atteindre. Trop indulgent pour les femmes, l'époux de Théodora oublia que
le crime n'a pas de sexe, et proclama leur impunité, sans
songer que la société a des droits qui sont respectables
aussi. Il défendit l'emprisonnement des femmes non-seulement en matière civile, mais encore en matière crimi-

(1) Nov. 134.
(2) L. 1, C. de off. divers. jud.

nelle, et cela, dit-il, « *propter muliebrem pudicitiam et reverentiam cui parcitur* (1). »

Cependant l'empereur fut assez sage pour ne pas donner à ce principe une application absolue. Il établit dans l'échelle des criminalités une division, et mit en dehors de son bénéfice les crimes qui attiraient sur eux trop immédiatement la vindicte publique pour qu'ils pussent attendre ni pitié ni merci. Seulement, craignant des rapprochements trop faciles entre des femmes perdues et des hommes également corrompus, il ne voulut pas que les personnes du sexe fussent détenues dans des prisons publiques avec des hommes. Ce fut dans un monastère et sous la garde de personnes de leur sexe que les femmes durent aller passer leur temps d'expiation (2).

Quant à l'emprisonnement pour dettes, la femme en était complétement affranchie, alors même qu'elle était coupable de stellionat. Peut-être cependant devrait-on admettre sur ce point une distinction, et décider avec les jurisconsultes que la mauvaise conduite de la femme ou la bassesse de sa profession constituaient contre elle une déchéance du bénéfice de la loi (3).

N° 2. Priviléges résultant de la profession du débiteur.

Les services rendus à l'État ne sauraient être un brevet d'impunité, mais ils peuvent devenir un titre à des priviléges. Aussi les Romains avaient-ils accordé aux fonc-

---

(1) L. *sed hodiè*, C. *de advoc. divers. judic.* — Auth. *hodiè nov. jure*, C. *de cust. reor.* — Nov. 134.

(2) Nov. 134. — L. *quoniam unum*, C. *de cust. reor.*, et Auth. *sed hodiè*, C. *de offic. divers. jud.* — Victor, lib. III. *de persecutione vandalicâ.*

(3) L. *quæ adulterium commisit*, C. *ad leg. Juliam de adult.*

tionnaires, soit dans l'ordre militaire, soit dans l'ordre civil, certains bénéfices qui les mettaient à l'abri des entreprises de leurs créanciers.

Le soldat de la milice romaine ne pouvait être contraint par corps. L'intérêt de l'État étant préférable à celui des citoyens, il n'était pas permis à un créancier de priver la république du bras d'un de ses défenseurs. Le militaire dont les services avaient mérité une récompense était plus favorisé encore : il ne pouvait être tenu pour dettes *ultrà vires*. La quotité de ses biens limitait les droits du créancier (1).

Le respect dû aux agents de la justice ou de l'autorité civile leur donnait vis-à-vis des citoyens un caractère tout paternel. L'inviolabilité de leur personne n'était que la consécration de ce respect. Aussi la loi défendait-elle d'appeler en justice un consul, un préteur, un préfet, un proconsul, et généralement tous les magistrats investis d'une autorité quelconque et du pouvoir exécutif (2).

N° 3. Priviléges de la parenté et du patronage.

L'inviolabilité de la personne du père, de la mère et des ascendants, est un droit trop sacré pour qu'on puisse l'appeler privilége. Cependant la loi, qui doit tout prévoir, supposant le cas où des enfants seraient assez dénaturés pour fermer leur cœur à la voix du sang, leur avait défendu non-seulement de requérir l'emprisonnement contre leurs parents, mais encore de les appeler en justice (3). Quelque déplorable que fût sa maternité, la mère du *vulgò*

---

(1) Ulpien, l. 6, *ad edict.*
(2) L. 1, D. *de in jus vocand.*
(3) L. 4, § 2, D. *de in jus voc.* — Ulpien, liv. LXIII, *ad edict.*

quæsitus (1) était admise à ce privilége. Il en était de même du père adoptif (2).

L'affranchi ne pouvait contraindre par corps son patron (3) : le bienfait de la manumission s'interposait entre eux. Comme le patronage était héréditaire, les enfants et les héritiers même externes du patron étaient admis à opposer à l'affranchi la même fin de non-recevoir (4).

Tels étaient les cas d'exception dans lesquels le débiteur était à l'abri des poursuites de son créancier, à raison des liens qui l'unissaient à lui. Au surplus, Modestin généralise l'application de ce privilége, en posant pour règle qu'il doit s'étendre à toutes les personnes à qui nous devons du respect (5).

§ III. — DE L'ARRESTATION SOUS LA LÉGISLATION IMPÉRIALE.

La *manùs injectio* était tombée à l'apparition des lois *Juliæ*. A ce mode solennel d'exécution sur la personne du débiteur par le créancier lui-même, succéda le *ducere extra ordinem*, c'est-à-dire l'arrestation du débiteur par un officier ministériel en vertu d'un exécutoire délivré par le magistrat.

L'arrestation pouvait avoir lieu non-seulement après une condamnation prononcée par le magistrat, mais quelquefois aussi avant le procès. Son objet, en ce dernier cas, était d'empêcher le débiteur de se soustraire par la fuite aux poursuites de son créancier, avant que ce dernier eût produit son obligation en justice. A défaut d'exécutoire,

(1) L. 6, D. h. t.
(2) LL. 7 et 8, D. h. t.
(3) L. 8, § 1, et l. 10, D. h. t.
(4) L. 10, § 5, D. h. t.
(5) L. 13, D. h. t.

l'arrestation s'opérait alors en vertu d'un mandat délivré par le magistrat à l'officier ministériel. Ce mandat ne devait être délivré qu'après examen de l'état des choses ; car le *ducere* ne pouvait être autorisé que si le débiteur était *en fuite* ou *suspect de fuite* (1). Cet examen était indispensable ; car autrement, en se prêtant avec trop de complaisance à des arrestations souvent tortionnaires, le magistrat eût couru le risque de se faire l'instrument de la haine des créanciers.

A part ces circonstances tout exceptionnelles, dans lesquelles l'emprisonnement était autorisé d'urgence, la loi, dans l'intérêt de la défense, interdisait toute arrestation intempestive, soit avant le procès, soit avant qu'il eût été vidé sur l'appel. Une constitution de Constance disposait que, si, dans une affaire civile, le condamné formait appel, le juge suspendrait l'exercice de la contrainte par corps contre l'appelant, du moment où ce dernier aurait présenté ses *libelles* d'appellation. Quant aux affaires criminelles, la loi de Constance était plus rigoureuse : l'appelant devait demeurer en prison, à moins qu'il ne fournît caution.

Cette législation, qui, sous plusieurs points de vue, a de l'analogie avec la nôtre, s'en rapproche encore à plus d'un autre égard. La loi romaine, comme la nôtre, proclamait l'inviolabilité du domicile : « *Nemo de domo suâ extrahitur* » (2). Ce privilége, consacré par plusieurs textes de loi, s'arrêtait à la porte de la maison, *vinea*. Le domicile momentané que l'on trouvait au bain ou au théâtre ne pouvait non plus protéger contre une arrestation : « *Sed*

____

(1) *Græca const.* Justin., C. *de cust. reor.*
(2) L. 18, D. *de in jus vocand.* — L. 4, § 5, D. *de damno.*

etiam à vineâ et balneo et theatro nemo dubitat in jus vocari licere (1). »

Lorsque le christianisme eut pris possession de l'empire romain, les jours fériés eurent aussi leurs priviléges. Constantin et plusieurs de ses successeurs défendent, les jours de dimanche et les jours de fête, tout acte d'exécution judiciaire. Valens, Valentinien et Gratien (2) interdisent aux juges, pendant les quarante jours du carême, *tempus paschale*, la connaissance de toute affaire criminelle. Valentinien, Théodose et Arcade ordonnent au fisc et aux créanciers de respecter la quinzaine de Pâques. En disposant ainsi, le législateur rendait à Dieu le culte qu'il aime; car il était vrai de dire alors que la fête du Seigneur était une fête pour tous.

Certaines circonstances particulières mettaient momentanément le débiteur à l'abri de l'arrestation. Ces prohibitions, qui tenaient à l'ordre public, étaient assez nombreuses. Voici les principales :

Ne pouvaient être traduits en justice : celui qui priait dans un lieu saint; c'eût été offenser Dieu; — celui qui, monté sur un cheval public, se rendait à une cause publique; — un nouveau marié le jour de ses noces; — un juge siégeant à son tribunal; — un plaideur devant le préteur; — un homme rendant les derniers devoirs à un cadavre, ou l'accompagnant à la sépulture (3).

Il n'est pas nécessaire d'ajouter que si ces circonstances ne permettaient pas un appel en justice, à plus forte raison étaient-elles incompatibles avec une arrestation.

(1) L. 20, D. *de in jus vocand.*
2) C. Theod., l. IX, tit. 28, *de indulgent crimin*
3) LL. 1 et 3, D. *de in jus vocand.*

§ IV. — DE L'EMPRISONNEMENT.

A l'esclavage de la dette avait été substitué, sous la république, l'emprisonnement temporaire dans la prison privée. A la prison privée, cet antre sacrilége où ne pénétrait point l'œil du magistrat, succéda, sous l'empire, la prison publique. Enfin, cette dernière elle-même fut remplacée, du moins sous Constantin, par une garde militaire. « Que » personne, dit l'empereur, ne redoute la prison, les » coups ou les tortures inventés par la dureté des juges » pour contraindre les débiteurs au payement. La prison » est une peine; la prison est pour les coupables... Que » les contribuables passent sans crainte auprès de l'*exac-* » *tor*. S'il en est néanmoins qui s'enhardissent par cette » indulgence jusqu'à devenir contumaces, qu'ils soient, » non renfermés, mais contenus, comme il convient à des » hommes, par une garde militaire. S'ils s'opiniâtrent, » que l'*exactor* devienne maitre de tous leurs biens, et les » emploie à payer leurs dettes (1). »

Cette disposition noble et chrétienne fut abrogée par Gratien et Valentinien (2). Dès lors la prison publique reprit, en matière civile, le crédit qu'elle avait avant Constantin.

Cependant, quoiqu'il y eût en apparence unité dans le système d'incarcération, bien des illégalités encore étaient couvertes du manteau de l'impunité. Si les prisons privées n'étaient plus dans les lois, elles étaient encore dans les mœurs, et se maintenaient effrontément en dépit des constitutions impériales.

Zénon s'indigna de ces abus. Il comprit qu'après tant

(1) L. 2, C. *de exact. tribut.*

(2) L. *Theod.,* l. 1, 4, 20, *qui bon. ced. poss.*

de tentatives infructueuses il fallait déployer une sévérité
exemplaire. Aussi, en défendant les prisons privées, dé-
clara-t-il coupable de lèse-majesté quiconque oserait enfreindre cette prohibition. Une sanction pénale y fut
attachée. Le créancier assez hardi pour se faire le geôlier
de son débiteur, quel que fût son rang et sa qualité, dut
être enfermé dans la prison publique, et y passer autant
de jours de détention qu'il en avait fait subir à son débiteur dans sa prison particulière; il dut en outre perdre son
action. — Zénon enjoignait au président et à l'évêque de la
province de tenir la main à l'observation de cette loi (1).

A partir de cette époque, il n'y eut plus de chartres
privées. Cependant il faut bien que quelques infractions
à la loi de Zénon aient encore attiré l'attention des princes,
puisque Justinien crut devoir appuyer cette loi de son
autorité (2) : « Nous défendons d'une manière absolue,
» dit l'empereur, que des prisons privées soient établies
» dans les villes ou dans les bourgs. »

Lorsque l'usage absolu des prisons publiques succéda
à celui des prisons privées, le crédit dut diminuer de toute
la faveur de ce nouvel état de choses. N'exerçant plus sur
son débiteur une surveillance immédiate, le créancier ne
trouvant plus la même sécurité dans les garanties offertes par l'emprisonnement, put craindre qu'elles ne
devinssent illusoires entre les mains des officiers préposés
à la garde des détenus pour dettes. Le législateur comprit
donc qu'il était important pour le crédit public de rassurer les capitalistes sur une garantie dont on avait déjà
tant limité l'importance. Aussi imposa-t-il au *commenta-*

(1) L. 2 , C. *de privat. carcer. inhib.*
(2) L. 23 , C. *de episc. audient.*

riensis (1) (le geôlier) et à son *adjutor* des obligations sanctionnées par des pénalités trop redoutables pour qu'ils ne missent pas tout le zèle possible à accomplir leurs fonctions (2).

Mais si le législateur s'était préoccupé des mesures nécessaires à la tranquillité des tiers, ce n'est pas à dire qu'il eût fermé l'oreille à la voix de l'humanité. Le débiteur, aussi lui, avait ses garanties. Par le fait de l'incarcération, le créancier contractait l'obligation de ne pas le laisser mourir de faim. L'inexécution de cette obligation entraînait le même effet que celle d'une condition résolutoire. Si le créancier se refusait à la consignation des aliments, son prisonnier était élargi. Nous avons vu quelle était, sous la loi des XII Tables, la mesure donnée à la faim du débiteur. Cette mesure s'était élargie sous l'empire. Théodose avait porté à trois livres les aliments du prisonnier pour dettes.

(1) Le *commentariensis* était ainsi nommé du nom d'un registre appelé *commentarium*, sur lequel il inscrivait le nom des détenus à leur arrivée; l'*adjutor* était son adjoint.

(2) L. 4, C. *de cust. reor.* — LL. 12 et 14, D. h. t.

DEUXIÈME PARTIE.

ANCIEN DROIT FRANÇAIS.

PREMIÈRE ÉPOQUE.

§ I.—PÉRIODE BARBARE.

Au jour va succéder la nuit ; à la civilisation de l'empire, les mœurs rudes et sauvages de peuples chasseurs et guerriers ; au jurisconsulte dont la logique saisissante et la douce philosophie faisaient briller l'esprit des lois au front des textes, le juge belliqueux qui, peu embarrassé des questions sociales, tranche le nœud gordien d'un coup d'épée. Éveillés de leur sommeil séculaire, le *nexum* et l'*addictio*, déjà si loin de nous, vont, sous une autre forme et sous un autre nom, revivre d'une vie nouvelle. Cela se passera au moment où la législation sur les dettes semblera avoir atteint sa perfection : comme si, lorsque l'humanité n'a plus rien à faire pour améliorer ses lois, il fallait qu'elle détruisît elle-même son œuvre, afin d'obéir, en la reconstruisant, à ce besoin d'action qui fait à la fois son tourment et sa force.

Cependant il ne faut pas croire que les temps de barbarie n'aient pas, eux aussi, leur mission civilisatrice. La civilisation ne consiste pas seulement dans le progrès des idées et des arts, elle repose aussi sur les mœurs. Or, dans le grand œuvre de la réhabilitation de l'humanité, la

société qui naît a pour mission de substituer la riche ver-
deur de sa séve aux forces languissantes de la société qui
vieillit. Des lois énergiques et absolues, expression de ses
mœurs incultes, mais aussi de sa sévère probité, doivent
amender l'excessive douceur des lois énervées qui ne suf-
fisent plus à la répression. Ainsi, dans le grand drame
humanitaire, l'état barbare jouera un rôle qu'il faut se
garder de dédaigner, celui de la moralisation.

Mais, si la réaction par la barbarie est un remède pro-
videntiel contre l'énervement des mœurs et des lois, il faut
dire aussi que ce remède ne peut agir que par la violence.
Le peuple régénérateur donnera à ses lois de rudes sanc-
tions pénales. Ses conceptions seront de fer, et, si je puis
m'exprimer ainsi, son code sera un monument taillé
à coups de hache dans un cœur de chène. Esclave de la
foi jurée, parce qu'il n'a d'autre contrat que sa parole,
il la considérera comme un sanctuaire que nul ne devra
profaner. Aussi, rien de plus juste à ses yeux, si le débiteur est insolvable, que la compensation par l'esclavage.
Certes cette rigidité naïve fait honneur à la foi barbare;
mais poussée à l'extrème elle révolte. Nous l'avons vue
portée à ses dernières limites sous la loi des XII Tables,
et nous avons rendu hommage à la morale en jetant notre
blàme à cette loi cruelle. Malheureusement pour des siècles
moins éloignés, nous pourrions en retrouver la trace dans
le droit norwégien et dans celui de diverses peuplades
allemandes (1). Nous la retrouverions aussi chez les
Turcs (2), qui, malgré la douceur de la loi du pro-

---

(1) V. Jac. Grimm. dans la Zeits. f. Gesch. Rw., t. 3, p. 125. — Du
même, Rechtsalterth. Gœth., 1828, p. 615 et suiv.

(2) « *Et othomanicus princeps detestatus legitur talem fœneratoris
Turcæ cum christiano debitore stipulationes, illumque ab hujus scin-*

phète (1), ne voient au bout de la discussion entre le créancier et le débiteur d'autre dénoûment que le cimeterre, et dont les annales judiciaires ont sans doute fourni à Shakespeare l'idée de son *Merchant of Venice* (2). Mais hâtons-nous de dire que ce n'est qu'exceptionnellement qu'il est possible de signaler dans l'histoire des temps barbares les traditions de la terrible loi décemvirale.

Chez nos ancêtres (je veux parler des Gaulois), un usage analogue au *nexum* existait même avant l'époque de la conquête des Gaules par les Romains, et remontait si haut, qu'il est possible qu'il fût contemporain du *nexum* de la loi romaine. On ne sait de cet usage que ce qu'en dit Jules César, qui passait trop rapidement dans les provinces conquises pour avoir le temps d'acquérir une connaissance parfaite des mœurs et des lois des peuples qu'il chassait devant lui. On lit dans ses Commentaires : « La » plupart des gens obérés par les dettes, les impôts ou les » exactions des grands, se donnent en servitude à des » nobles qui acquièrent sur eux tous les droits du maître » sur l'esclave (3). » — César nous apprend aussi que la théocratie gauloise joua un grand rôle dans les rapports du créancier au débiteur (4). On ne doit pas oublier en effet que la Gaule druidique est peut-être la nation dont

dendâ carnis uncià absteruisse : indicto capitali supplicio si plûs minùsve pactâ uncià secuisset. » Hist. Turc. — V. Volnay, Voyage en Syrie, p. 374 ; et M. Félix Beaujour, Tableaux du commerce de la Grèce, II, 176.

(1) « Si votre débiteur a de la peine à vous payer, donnez-lui du temps, ou, si vous voulez mieux faire, remettez-lui sa dette. » Coran, ch. II, v. 279.

(2) The Merchant of Venice, act. III, sc. 3.

(3) César, *Comm. de bel. Gall.*, c. VI.

(4) César, l. c. : « *Si quis autem privatus aut publicus aut populus eorum decreto non stetit, sacrificiis interdicantur.* »

le caractère religieux présente le plus de rapports avec celui des Égyptiens, et chez laquelle le sacerdoce ait eu dans la sphère civile et politique une influence aussi considérable.

Au surplus, ainsi qu'en Égypte, on prêtait dans les Gaules avec une excessive facilité. L'aumône avait même d'exquises délicatesses, et se déguisait chez nos pères sous la forme de prêt. Valerius Maximus nous apprend que les Gaulois (1) étaient dans l'usage de prêter souvent de l'argent, à titre de *mutuum*, à cette condition que la restitution ne pourrait en être exigée que dans l'autre monde. Celui qui prêtait ainsi ne savait peut-être pas qu'il disait vrai, et que dans l'autre monde, en effet, il se trouvait quelqu'un qui lui tiendrait compte de son aumône.

Cependant, conduite par César, l'aigle romaine prit possession du sol gaulois, apportant avec elle ses mœurs et ses lois. Dès lors la condition des débiteurs, dans la province conquise, fut régie par les lois qui, dans la métropole, substituaient le gage sur la chose au gage sur le corps. Seulement le nouveau bénéfice de *cession de biens* fut refusé aux débiteurs provinciaux, qui ne furent admis à l'invoquer que plus tard, sous le règne de Caracalla (2).

Préparé déjà pour la semence intellectuelle, le sol gaulois fit germer les éléments de civilisation qu'apporta la conquête. Les lettres et les sciences philosophiques s'acclimatèrent, le langage se polit, les mœurs s'adoucirent. Enfin les principales villes des Gaules étaient déjà autant de succursales de Rome, lorsque l'invasion vint faire éva-

----

(1) Val. Max., l. II, c. 1 : « *Gallos memoriæ proditum est mutuas dare pecunias quæ his apud inferos reddantur.* »

(2) L. 4, C. *de cess. bon.*

nouir, comme de beaux rêves, ces éclatants mais courts triomphes de la civilisation sur la barbarie.

Avec l'occupation romaine s'éclipsa la loi écrite, qui de droit des vainqueurs devint le droit des vaincus. A sa place trôna le droit du glaive, monumenté dans des statuts aussi nombreux qu'il y avait de peuplades, et pour ainsi dire d'individus. Chacun, en effet, apportait avec lui, dans la terre conquise, la loi de sa nation, et le droit d'être régi par elle ne pouvait lui être contesté que par une loi plus puissante encore, *la loi du plus fort.*

Au milieu de ces institutions confuses il paraît difficile de démêler un principe. Cependant il est vrai de dire qu'en général les codes primitifs se ressemblent à l'origine, et ne commencent à diverger que lorsque les besoins sociaux obligent le législateur à des développements de détail. Aussi la contrainte par corps se retrouve-t-elle toujours identique chez les peuples barbares. Tous admettent, sous le nom d'*obnoxiatio* (1), l'aliénation de la personne du débiteur à défaut de payement à l'échéance, et ramènent la législation sur les dettes au point où les Romains l'avaient prise.

L'*obnoxiatio* repose sur une base entièrement différente du principe fondamental de la société romaine. Chez les Romains, en théorie du moins, la liberté des citoyens était inaliénable ; chez les Francs, rien n'était moins inviolable. Non-seulement un citoyen pouvait se vendre comme esclave, mais encore sa liberté pouvait quelquefois être l'objet d'une vente dont il ne recueillait même pas les déplorables avantages.

Il est facile d'expliquer cette indifférence de l'homme

(1) Ducange, v° *obnoxiatio.*

libre pour son indépendance. Dans ces temps barbares, où, suivant l'expression d'un auteur récent (1), l'épée tenait lieu de code, la servitude protégeait mieux contre l'oppression que la liberté (2). Le serf se sentait fort sous l'égide du *duc* ou du *leude;* l'homme libre se sentait faible avec le seul secours de son bras. Aussi les petits achetaient-ils la paix au prix de leur liberté. Au viiie siècle, se vendre soi-même était de droit commun. Il n'était même pas nécessaire que celui qui se donnait un maître y fût forcé par le besoin, ou par les exigences d'un créancier. On ne lui demandait point compte du parti qu'il prenait; il pouvait de sa propre volonté, *spontaneâ voluntate*, se donner en servitude (3). Cependant cet usage si flétrissant pour la société barbare fut restreint à certaines limites par la censure de l'Église des Gaules. Le synode *Vermeriensis* (4) et l'édit *Pistense* (5) ne l'auto-

---

(1) M. Bayle-Mouillard, De l'emprisonnement pour dettes, p. 25.

(2) —Je m'oublierai moi-même, en effet, avant de t'oublier, mon fidèle camarade, dit Gurth; et si la liberté avait pu t'être avantageuse, le noble Cédric te l'aurait accordée avant de songer à moi. — Non, dit Wamba, je ne suis point encore assez fou pour te porter envie, mon ami Gurth; le serf est assis au coin du feu quand il faut que l'homme libre coure les champs et travaille. Et que dit Oldhem de Malmsbury?—Il vaut mieux être fou dans un festin que sage dans une mêlée.—Walter-Scott, *Ivanhoe*, c. 32.

(3) Loi des Frisons, t. II, § 1 : « *Si liber homo*, spontaneâ voluntate *vel forte necessitate ve coactus, nobili seu libero seu etiam lito in personam et servitium liti se susiderit...* » —Capitul. Theodor. Cantuar., c. 12. —Leges Henrici I, regis Angl., c. 76.—V. Ducange, vo *obnoxiatio*.

(4) Synode Vermeriensis (an 752): « *Nisi pro inopiâ, fame cogente se vendiderit.* »

(5) Edit Pistense : « *Quidam comites nostri nos consuluerunt de istis francis hominibus qui censum regium de su pite sed et de suis rescellis debebant, qui necessitate cogente seipsos ad servitium vendiderunt.* »

risèrent que dans le cas où le malheureux qui voudrait se vendre ne se déciderait à cet acte de désespoir que pour se soustraire à la misère et aux poursuites du fisc ou de ses créanciers (1).

La volonté d'un Franc pouvait le faire esclave ; mais la présence de cette volonté dans l'acte qui compromettait sa liberté n'était pas toujours nécessaire (2). La disposition de la loi romaine (3) qui permettait au père indigent de vendre ses enfants, et de s'approprier le prix de ce marché contre nature, se retrouve dans les sociétés barbares, où cependant la famille était loin d'être constituée aussi fortement que chez les Romains. Cependant une restriction était apportée à cette faculté pour le père de vendre sa chair en la personne de ses enfants. Une semblable vente ne pouvait avoir d'effet que pour sept années, après lesquelles une nouvelle aliénation n'était plus permise (4).

(1) Une autre condition était exigée. Il fallait que l'homme qui aliénait sa liberté fût majeur de 13 ans. « *Homo tredecim annorum potest se facere servum.* » Capit. Theodor. Cantuar.

(2) Cependant il fallait que le Franc qu'on vendait consentit à cette aliénation : « *Si quis liber liberum vendiderit revocet eum ad pristinam libertatem et cum XII solidos componat.* » Lex Allemanorum, tit. XLIX. La peine était même plus considérable contre le vendeur, si l'homme libre avait été transporté à l'étranger : « *Si quis liber liberum extrà terminos vendiderit, revocet eum infrà provinciam, et restituat eum libertati, et XL solidos componat.* » Lex Allemanorum, tit. XLVII. — Lex Boioariorum, c. X, t. un., § 1 ; c. XII, tit. III ; c. XX, tit. V.

(3) Nov. II Valentiniani. — L. 1, C. *de patrib. qui filios detraxerunt.* L. 1, C. *de his qui sanguin.* L. 2, C. *de aliment. quæ inop. parent.*

(4) Pœnitentiale Theod. Cantuar., c. 12 : « *Pater filium necessitate coactus potestatem habet tradere in servitium VII annos : deindè sine voluntate filii licentiam tradendi non habet.* » — Capit. ejusdem, c. 18. Exod., c. 21. S. Hieron. *in Vità Sti Paphnutii.* Gregor. m. l. IV, Epist. 33. — Coll. II. mosaïc., t. III. Aimon. lib. III *de Mirac. Sti Benedict.*, c. 20 — Edit Pistense, c. 34. — Lex Wisigoth., l. V, tit. III, § 10.

Mais ce n'était pas seulement au père qu'était conféré le droit d'engager la liberté d'un Franc. Un homme libre pouvait être vendu par une autre personne, sans lui être attaché par d'autres liens que ceux de la convention. On voit une preuve de cet usage dans un récit de Grégoire de Tours, où se trouve un singulier exemple de la libéralité de ce temps-là : « Viens avec moi, dit un homme » libre, et vends-moi dans la maison de ce barbare ; le » prix que tu retireras de cette vente sera pour toi (1). » Ces sortes de transactions se reproduisaient, à ce qu'il paraît, assez fréquemment ; car la loi des Wisigoths se préoccupe des moyens d'en atténuer les effets, en stipulant pour l'obnoxié la faculté de se libérer immédiatement par la restitution du prix de vente (2).

En résumé, la société barbare était constituée de telle sorte, que, loin de s'absorber, comme chez les Romains, dans la cité, et d'appartenir à l'unité nationale, les individualités se détachaient de la masse, vivaient de leur propre vie, et s'appartenaient à elles-mêmes. Le Romain attaché au sol de la patrie, à l'*ager* sacré, devait y naître, y vivre, y mourir. Le barbare, sans autres liens que ceux de la famille, ne connaissait d'autre patrie que le sol sur lequel il plantait sa lance et dressait sa tente pour un jour. A Rome, en paix comme en guerre, il n'y avait pas d'individus, il y avait des citoyens. Chez les Francs, le citoyen n'existait pas ; mais la peuplade se composait de

(1) Greg. Turon., l. III, c. 15 : « *Veni mecum et venunda me in domo barbari illius, sitque tibi lucrum pretium meum.* » — Anonymus, *de Miraculis Sti Bavonis*, l. II, c. 5 : « *Adolescens quidam familiæ sancti confessoris tempore famis coactus à quodam suâ sponte est venditus, ut posset habere necessaria victus.* »

(2) Lex Wisigoth., l. V, tit. IV, § 10.

guerriers libres qui se réunissaient dans un esprit de nationalité alors seulement que les nécessités de la guerre confondaient les intérêts particuliers dans l'intérêt général. Attaché au servage de la cité, le Romain ne pouvait aliéner son état. Maître de lui-même, le Franc pouvait rester homme libre, ou, s'il le préférait, soumettre au pouvoir d'autrui l'exercice de sa volonté.—Mais sortons des généralités. Il ne faut point oublier que c'est sous le point de vue des rapports qui naissent de la dette entre le débiteur et le créancier que nous avons à parler de la législation des barbares.

L'*obnoxiatio* ou remise de la personne du débiteur en la puissance du créancier pouvait, comme le *nexum*, intervenir dans deux circonstances : la première, lorsque, pour obtenir l'emprunt d'une somme d'argent, un homme subordonnait la perte de sa liberté au défaut de payement à l'échéance (1) ; la seconde, lorsque, ne pouvant payer le montant d'une dette précédemment contractée et échue, le débiteur préférait la condition de l'esclave à la misère de l'obéré (2).

(1) Voici la formule par laquelle le débiteur mettait ainsi sa liberté en gage : « *Domino mihi propitio illo ille — dùm et ad meam petitionem* » *et necessitatem supplendo vestra bonitas habuit ut libram de argento* » *de rebus vestris mihi ad beneficium præstitis, ideò per hunc vincu-* » *lum cautionis spondeo me kalendas illas proximas ipsum argentum* » *vestris partibus esse redditurum ; quod si non fecero, et dies placitus* » *mei præfinitus transierit pro duplum in crastinum me, aut heredes* » *meos vos aut heredes vestri, aut cui hanc cautionem dederitis exigen-* » *dam, teneatis obnoxium. Factâ cautione, ibi, sub die illo, anno* » *illo...* » Marculfe, lib. II, form. XXV.

(2) Formule par laquelle le débiteur s'obnoxiait à l'échéance, sans en avoir pris antérieurement l'engagement : « *Domino fratri, illo ille —* » *omnibus non habetur incognitum qualiter mihi gravis necessitas et*

L'*obnoxiatio* était un contrat. Ce contrat, dont toutes les clauses étaient contenues dans la formule que récitait l'*obnoxius*, était entièrement soumis à ce principe absolu de la loi barbare, que tout homme libre est en droit de disposer à son gré de sa personne et de sa liberté. De là il résultait que l'*obnoxius* pouvait conférer des droits plus ou moins absolus sur cette personne et sur cette liberté; de telle sorte que, dans l'acte par lequel il se faisait esclave, il était en droit de stipuler des réserves, et par conséquent des conditions résolutoires. Il suffit, pour s'en convaincre, de consulter le recueil des formules conservées par Marculfe, moine jurisconsulte, qui vivait du temps de Clovis II. On y verra que les actes individuels par lesquels un débiteur s'obnoxiait ne se ressemblaient pas tous dans leurs termes et dans leur portée. Ici (1) la formule conférait au maître non-seulement le droit de se servir de l'*obnoxius* comme d'un esclave (*jus utendi*), mais encore celui de le vendre et de l'échanger, *vendendi et commutandi*, ce qui constitue au suprème degré le droit de propriété, c'est-à-dire le

» *notas pessimas mihi oppresserunt, et minimè habeo undè vivere vel*
» *vestiri debeam. Proptereà ad petitionem meam mihi non denegâsti*
» *nisi ut in summâ necessitate meâ argentum vel acto tuo valente solidos*
» *tot in manu meâ mihi dedisti; et ego minimè habeo undè ipsos so-*
» *lidos tuos reddere debeam. Proptereà obnoxiationem de capud inge-*
» *nuitatis meæ in te fieri et adfirmare* rogavi *ut quidquid de mancipia*
» *tua originalia vestra facitis tam vendendi, commutandi et discipli-*
» *nam imponendi, ità et de me ab hodierno die liberam et firmis-*
» *siman in omnibus potestatem faciendi habeas.... Actum illo...* »
Marculfe, Appendice, form. XVI.

(1) Marculfe, l. II, form. XXV : « ... *Me aut heredes meos vos aut heredes vestri aut* cui hanc cautionem dederitis exigendam, teneatis obnoxium. » *Id.* form. XXVIII : « ... *Licentiam habeatis... me venundare aut quod vobis placuerit de me facere...* » *Id.* Append. form. XVI : « ... *Tam vendendi, commutandi, disciplinam imponendi...* »

jus abutendi. Là (1), au contraire, la formule était silencieuse sur cette clause, ce qui interdisait nécessairement au maître le *jus vendendi et commutandi;* car la formule contenait toujours la mesure des droits de la personne au profit de laquelle avait été consentie l'*obnoxiatio*. Ainsi, d'après les principes de la loi barbare, le débiteur devenait plus ou moins esclave, suivant l'étendue des concessions qu'il avait faites dans sa formule.

Tout ceci rappelle, à plus d'un égard, les premiers temps de la législation romaine. Cependant, si l'*obnoxiatio* présente quelques points de ressemblance avec le *nexum* (2), il faut ajouter qu'elle n'avait aucun rapport, du moins en matière civile, avec l'*addictio* ou exécution par corps (3). Non-seulement on ne pouvait forcer le débiteur à insérer dans le contrat de servitude telle ou telle clause qui lui répugnait, mais encore on ne pouvait même l'obliger à réciter une formule, quels qu'en fussent les termes, si cette formule tendait à l'aliénation totale ou partielle de sa li-

(1) Formules dans lesquelles le *jus vendendi et commutandi* n'est pas concédé. — Marculfe, l. ii, form. 26 et 27.—Autre formule conservée par Ducange, v° *obnoxiatio.*

(2) Je dis quelques points de ressemblance. — En effet, la différence des principes sociaux auxquels étaient subordonnées ces deux institutions devait nécessairement réagir sur le caractère de chacune d'elles. — C'est ainsi que le *nexum* (*v.* ci-dessus, p. 28) n'engageait au profit du créancier que les services du *nexus*, et n'attentait point à son ingénuité; tandis que l'*obnoxius* était au contraire tout à fait libre de renoncer à son *capud ingenuitatis*, et de conférer à son créancier les droits les plus absolus sur la personne. — *V.* note 1re de la p. 109.

(3) Cependant la loi salique semble poser la même alternative que la loi des XII Tables, et menacer de mort le débiteur qui se refuse à payer : « *Si Gravio invitatus fuerit, et non venerit, si Sunis eum non detinuerit aut certa dominica ratio eum non distulerit ut ibi non ambulet, neque mittat, ut cum justitiâ exigatur debitum, aut se redimat, aut de vitâ componat.* » Lex Salica, t. liii, § 4.

berté. Le caractère dominant de l'*obnoxiatio*, c'est qu'elle devait être l'expression d'une volonté libre et spontanée, soit qu'elle eût accompagné le contrat constitutif de la dette, soit qu'elle intervînt postérieurement à l'échéance, à défaut de payement. De sorte que cette aliénation de la liberté n'était point une contrainte par corps imposée au débiteur par la loi, mais une exécution volontaire à laquelle les insolvables se soumettaient (1) avec d'autant moins de répugnance, qu'en devenant *obnoxii*, ils acquéraient chez leur maître un asile et du pain. La loi des Bavarois fait foi du caractère de spontanéité que doit avoir l'*obnoxiatio* : « Nul ne pourra, *si ce n'est pour un crime*
» *mortel, réduire à l'esclavage* un homme libre, ou l'ex-
» pulser de son héritage ; mais l'homme libre qui obéit
» aux lois doit demeurer sans entraves en possession de sa
» fortune, et, quoiqu'il soit pauvre, ne doit perdre ni sa
» liberté ni ses biens, *à moins que de son propre mouve-*
» *ment il ne veuille se mettre sous la puissance d'autrui,*
» *ce qu'il peut faire. Si quelqu'un enfreint cette prohibition,*
» *qu'il soit duc ou leude, ou tout autre*, qu'il sache qu'il
» a commis *un acte illégal*, et soit condamné à une amende
» de 60 sous d'or envers le public et ledit homme libre
» qu'il a fait esclave, ou dont il a enlevé l'héritage ; à
» rendre à ce dernier la liberté, et à lui restituer ce qui
» lui a été injustement enlevé ; et que la composition entre
» lui et cet homme soit de 50 sous. »

Cependant le principe qui exigeait la présence de la volonté libre et spontanée du débiteur dans l'acte d'aliénation de la liberté n'était pas absolu, et ne s'appliquait que

______

(1) « *Prætereà aliquis in servitium ad vitam suam sese* dabat *cùm*
» *pecuniam in quam condemnatus fuerat pro restitutione aliquâ non*
» *haberet quam transsolveret.* » Ducange, v° *obnoxiatio.*

pour le payement des dettes purement civiles. Mais lorsqu'il s'agissait du payement de la somme d'argent déterminée pour la réparation d'un crime ou d'un délit, il y avait alors contrainte par corps judiciaire au profit du créancier contre l'insolvable (1). On voit en effet dans les formules *Parensales* que, lorsqu'un vol avait été commis, le volé avait le droit d'en arrêter l'auteur, et de le conduire en sa maison pour l'y retenir en servitude jusqu'au payement du montant de la composition. Rien de plus primitif que le mode d'arrestation. Il consistait, de la part du volé, à mettre un de ses bras sur le cou du patient, et à le prendre de l'autre main par les cheveux (2). C'est dans cette position que l'auteur du vol qui ne pouvait payer la *composition*, récitait sa formule, après laquelle la partie civile l'entrainait dans sa maison pour y subir l'esclavage.

Il arrivait aussi quelquefois qu'un Franc généreux, par un acte de dévoûment analogue à celui du *vindex*, délivrât de la mort ou de la peine du talion un criminel insolvable, en payant pour lui le montant de sa *composition*. Si le criminel ainsi libéré ne pouvait restituer la somme avancée pour lui, il *s'obnoxiait* au profit de celui qui l'avait délivré, et lui donnait sur sa personne les droits qu'a le maître sur l'esclave (3). Marculfe (4) nous a conservé la formule de

---

(1) Lex Longobardorum, tit. IX, § 4 : « *Si pro furto aut aliâ malitiâ ad servitium in manus datus fuerit, et probatum fuerit deserviat et inanteà.* »

(2) Ducange, v° *obnoxiatio* : « *Deniquè si quis rem furatus fuerat, donec compositionem exsolvisset in dominium illius cujus res erat transibat,* « brachio in collum posito, et per comam capitis sui, » *ut est in eisdem formulis Parensalibus, c. 26.* » Lex Boioariorum, c. 2, tit II

(3) Ducange, v° *obnoxiatio*.

(4) Marculfe, l. II, form. 28

cette espèce d'*obnoxiatio*, et Grégoire de Tours en rapporte un exemple (1).

La contrainte par corps, en matière de crimes et de délits, n'admettait point de priviléges. Le sexe lui-même, dont cependant la faiblesse a trouvé grâce devant tous les législateurs, ne jouissait pas du bénéfice d'exception que nous avons vu la législation mosaïque lui accorder. Les lois barbares, sauf celle des Vandales (2), étaient peut-être même plus rigoureuses envers les femmes qu'envers les hommes, puisque leur liberté pouvait être compromise non-seulement par leur fait, mais encore par celui de leurs maris (3). La noblesse n'était pas non plus, du moins chez les *Hongrois* (4), une sauvegarde contre l'*obnoxiatio* en matière criminelle. Le crime égalisait les conditions. Mais, avant de subir cette ignominie, le noble était dégradé et perdait sa longue chevelure. Ainsi l'hon-

---

» *et instante adversario, fragilitate meâ prævalente, in casus graves*
» *cecidi undè mortis periculum incurrere potueram, sed dum vestra*
» *pietas me jam morti adjudicatum de pecuniâ vestrâ redimistis, vel*
» *pro mea scelera res vestras quamplures dedistis, et ego de rebus*
» *meis undè vestra beneficia dependere debuissem non habeo, ideo pro*
» *hoc statum ingenuitatis meæ vobis visus sum obnoxiasse, ita ut ab*
» *hâc die de vestro servitio penitùs non discedam, sed quidquid reliqui*
» *vestri servi faciunt pro vestro aut agentium vestrorum imperio facere*
» *spondeo. Quod si non fecero aut me per quodlibet ingenium de servitio*
» *alterius expectare aut res suscipere voluero, licentian habeatis mihi*
» *qualemcunque volueritis disciplinam imponere, vel venundare, aut*
» *quod vobis placuerit de me facere. Factâ obnoxiatione tunc sub die*
» *illo..... »*

    (1) Gregor. Turon., l. VI, c. 36.
    (2) Victor, *de persec. Vandal.*
    (3) Capit. Arechis princip. Benevent., c. 6.
    (4) Leges Ladislai reg. Hungariæ, l. II, c. 2; l. III, c. 5 : « Nobilis *qui domum alterius invasit, aut illius uxorem flagellavit, si mulctam decretam solvere non possit,* raso capite vendi jubetur. » Lex Bajullar.. tit. I, c. 2; tit. II, c. 1, §5.

neur de la caste était sauf. Avec les longs cheveux tombait
le titre, et ce n'était plus un noble, mais un homme hors
la loi qu'on vendait comme une bête de somme.

En résumé, l'*obnoxiatio*, en matière civile, émanait
d'un contrat dans lequel se manifestait la volonté libre et
spontanée de débiteur. En matière criminelle, c'était au
contraire la sanction pénale de l'obligation de réparer un
préjudice causé volontairement. — Pour dettes civiles,
nul ne pouvait être forcé au payement par l'esclavage;
pour dommages-intérêts, ou frais de justice, *freda*, nul,
quel que fût son rang et son sexe, ne pouvait se soustraire
à cette alternative : payer, ou être esclave. Au surplus,
dans l'une et l'autre instance, le débiteur avait ses garanties ; car la présence du magistrat imposait aux parties
l'obligation de ne pas enfreindre les prohibitions des
lois (1).

Ceci dit sur le caractère de l'*obnoxiatio*, quelques mots
maintenant sur la condition des obnoxiés une fois dans la
servitude.

Bien que les formules usitées pour l'aliénation de la
liberté n'établissent aucune distinction entre les esclaves
ordinaires et les esclaves volontaires, cependant on ne
saurait les confondre dans une seule et même catégorie.
La condition de ces derniers consistait plutôt en une sorte
de domesticité qu'en une servitude absolue. D'un autre
côté, quoique les obnoxiés s'obligeassent dans la formule
à subir le traitement des esclaves et la rigueur des cor-
rections infligées à ces derniers, cependant la sévérité du
maître demeurait presque toujours en deçà des pouvoirs

(1) Lex Longobardorum, l. iii, tit. 9, § 5.

qui lui avaient été conférés. Il est vrai encore que leurs biens passaient en la possession de celui à qui ils se donnaient ; et c'était sans doute pour prévenir cette conséquence que la loi des Saxons exigeait que les héritiers présomptifs consentissent à l'aliénation de la liberté (1) ; mais cependant il faut bien que les obnoxiés réalisassent une sorte de pécule, puisqu'ils pouvaient, s'ils avaient réuni les capitaux nécessaires, arriver à leur libération par le payement de la dette ou du prix de vente (2). D'un autre côté, leur ingénuité ne se perdait pas dans la servitude ; elle reposait toujours sur leur tête, et se recouvrait dans toute son étendue à l'heure de la libération. Enfin il faut bien, au demeurant, que leur condition fût tout exceptionnelle, et constituât dans l'esclavage une caste privilégiée, puisque c'était pour les esclaves une faveur du sort que de trouver un homme assez généreux pour les faire sortir de la servitude *ordinaire*, et leur conférer le titre et les droits de l'*obnoxius*. Ces actes de bienfaisance devinrent assez fréquents, sous l'influence de la charité chrétienne. Le testament de Bertichramme, évêque du Mans, en donne un exemple. Ce généreux prélat, après avoir attaché à sa suite par ses bienfaits des malheureux délivrés par lui de l'esclavage,

(1) Ducange, v° *obnoxiatio* : « *Lege verò Saxonum nullus se in servum dare potest, reclamante hærede.* » Spectaculum Saxonicum, l. III, art. 32, § 4, et art. 42, § 9.

(2) Lex Wisigoth., l. V, tit. IV, § 10. D'un autre côté, leurs services étaient imputés jour par jour sur la valeur de leur dette. « ... *Componat secundùm legem. Si verò non habet ipse se in servitium deprimat, et per singulos menses vel annos, quantùm lucrare quierit, persolvat cui deliquit, donec debitum universum restituat.* » Lex Boioariorum, c. II, tit. II.

les affranchit complétement par ses dernières dispositions (1).

Telle était, sous le point de vue qui nous occupe, l'é-
conomie de la loi barbare. Cependant, avant d'en finir
avec elle, il faut dire quelques mots sur la législation des
Goths, qui à elle seule mérite une attention particulière.
Bien qu'ils eussent avec les Romains les mêmes rapports
que les Francs, c'est-à-dire ceux du vainqueur au vaincu,
les Goths, maîtres du midi des Gaules, où s'était con-
centrée la civilisation gallo-romaine, s'impressionnèrent
plus que ces derniers au contact des mœurs civilisées
de l'empire d'Occident; de sorte que, par une réaction
singulière, une conquête morale et intellectuelle fut
remportée sur les vainqueurs par les vaincus. Chez les
Goths, en effet, la loi reflète les rayonnements de la
raison écrite, et au milieu des solécismes sociaux que
commet la barbarie, se retrouve çà et là le cachet d'une
main intelligente.

Chez les Wisigoths, comme en droit romain, l'exercice
de la contrainte par corps était indépendant de la volonté
du débiteur. L'insolvabilité de ce dernier à l'échéance
entrainait nécessairement sa captivité. Seulement il pouvait bénéficier de certains délais qui devaient précéder
l'exécution définitive, et pendant lesquels l'action du
créancier était soumise à une procédure régulière; de
sorte que, si l'esclavage de la dette se trouvait au bout de
ces délais, il y avait eu du moins pour le contraignable
cette garantie que tout s'était passé judiciairement.

(1) Testamentum Bertichrammi, episc. cenom.: « *Illos verò quos de
captivitate redemi, et antè ingenui fuerant, et pro pretio modo servire
videntur tam viri quam mulieres de villâ Boalchâ, omnes à servitio
relaxentur.* » Ducange, v° abnoxiatio.

Une fois la condamnation au payement prononcée, le créancier devait sommer le débiteur de payer le montant de la somme pour laquelle il avait été condamné. S'il le faisait, il était libéré ; s'il ne le pouvait, le magistrat déjà saisi intervenait. Alors avait lieu la discussion des biens du débiteur. S'ils étaient suffisants pour couvrir le montant de la dette, il était exproprié, et la vente des biens avait lieu d'une manière analogue à celle qui se pratiquait à Rome en vertu de l'édit prétorien ; si au contraire, après la discussion des biens, l'actif était reconnu inférieur au passif, alors avait lieu le retour à la loi barbare, et le juge ordonnait l'*obnoxiatio* du débiteur au profit du demandeur (1).

Lorsque plusieurs créanciers étaient en concours, il y avait une procédure régulière pour la répartition des deniers. Le magistrat devait faire lui-même la liquidation, et payer chaque créancier à son rang. Un privilége était attaché à la créance la plus considérable. Le magistrat devait commencer par en prélever le montant sur la masse. Après ce payement, venaient, suivant l'importance de leurs créances, les autres personnes intéressées, qui se succédaient jusqu'à l'épuisement des capitaux. Il résultait de ce mode de répartition que souvent un créancier était désintéressé complétement, tandis que les autres demeuraient les mains vides ; mais ces derniers conservaient toujours contre leur débiteur leur action, et avaient la ressource de se le faire adjuger comme esclave (2).

On voit par là que chez les Wisigoths la contrainte par corps était judiciaire, et avait bien réellement une procé-

(1) Lex Wisigoth., l. v, tit. v, c. 5.
(2) Lex Wisigoth., l. c.

dure. Leur code contenait, il est vrai, les vestiges d'un usage barbare ; mais ces rigueurs posthumes étaient largement compensées par le bénéfice de discussion et le contrôle du magistrat, emprunts faits à la raison écrite.

Mais ce n'est pas seulement par la régularité de sa procédure que la loi wisigothe se signale au milieu des législations barbares ; elle se fait aussi remarquer par la sagesse et l'humanité comparatives de ses dispositions. Ainsi le débiteur en voyage était mis par elle sous la protection du magistrat, et cette protection s'étendait jusqu'à son esclave. Ainsi encore elle réglait pour le fugitif les effets du droit d'asile (1), et satisfaisait à la fois aux droits des parties et à l'humanité : « Si quelque débiteur » s'est réfugié dans l'église, que l'église ne le défende » pas, le prêtre ou le diacre doit le remettre sans délai » entre les mains du créancier... *Ce dernier ne doit point* » *frapper ou lier le débiteur qui a eu recours à l'église.* Enfin les lois gothes imposaient au droit d'asile de justes bornes, alors qu'il était invoqué contre les poursuites des agents fiscaux. Un édit de Théodoric enjoignait à l'archidiacre de forcer le débiteur de l'État, réfugié dans le sanctuaire, à faire valoir ses raisons en justice. S'il s'y refusait, tout ce que le fugitif avait apporté dans l'église devait être livré, sinon le prêtre était tenu d'acquitter la dette publique (2).

(1) Lex Wisigoth., l. IX, tit. III, c. 4.

(2) Edictum Theodorici regis, art. 71 : « *Si quis in causâ publici debiti ad ecclesiam quamlibet convolaverit, archidiaconus eum compellat egredi ad edenda legibus ratiocinia sua. Aut si hoc facere noluerit ejus substantiam quam ad ecclesiam detulit sine mora contradat. Quod nisi fecerit quanti interest utilitatis publicæ archidiaconus rogatu exsolvere.* »

§ II. — CAPITULAIRES.

Lorsque le caractère d'un peuple est fortement trempé, il résiste longtemps au choc des événements et des idées, et se conserve intact malgré les influences qui tendent à le modifier. L'élément civilisateur n'a sur lui qu'une action lente et insensible, et ne peut la lui faire subir qu'en la lui dissimulant. Tel était le peuple franc. Ces guerriers aventureux et sauvages, pénétrés du plus profond mépris pour le luxe et la mollesse des Romains, tenaient à honneur de repousser loin d'eux, comme une tentation du mauvais esprit, les trésors que la civilisation leur offrait à pleines mains. Aussi plusieurs siècles s'écoulèrent pendant lesquels la nation victorieuse demeura incorruptible, préférant sa barbarie native à la dangereuse élégance de ceux qu'elle avait vaincus.

L'heure arriva cependant où l'action inévitable de l'esprit sur la matière ne put plus se dissimuler. Le christianisme, qui d'abord n'avait été pour ces fils des forêts qu'un culte extérieur, commençait à devenir pour eux une religion, et à leur faire épeler dans son saint livre les mots amour et charité. Exercée sur les mœurs, cette influence bienfaisante dut par suite agir sur les lois et les modifier, sinon dans leur principe, du moins dans le mode plus ou moins rigoureux de leur application.

Aussi les Capitulaires, bien que le principe des temps barbares y serve encore de clef de voûte à la législation, semblent une hymne naïve et sauvage à la gloire et à l'amour de Dieu. A chaque page on trouve une fleur de poésie chrétienne éclose sur les ruines du paganisme qui s'écroule. Ignorants comme leur siècle, mais hommes de foi et de charité, nos bons et naïfs empereurs écrivent leurs

lois sous la dictée des ministres des autels, et, de peur de
ne pas assez s'inspirer de la morale du Seigneur, font des
lois avec les textes de l'Évangile. Convaincus de la barbarie des principes qui régissent les rapports sociaux, ils
cherchent à les soumettre à la morale prêchée par le
Christ; mais ils ne peuvent renverser l'idole de leur siècle,
car les temps ne sont pas encore mûrs pour la venue des
apôtres de l'égalité évangélique.

D'ailleurs, pour accomplir dans les lois une réforme salutaire, il faut d'abord être à même de la faire respecter.
Voilà cependant, quel que fût leur pouvoir apparent, ce
que ne pouvaient pas faire les maîtres de ce grand empire
d'Occident, dont Charlemagne posa les limites. Ils ré-
gnaient sur trop de terres pour avoir beaucoup de sujets;
et l'œil du conquérant n'était pas l'œil de Dieu, pour em-
brasser d'un seul coup tous les points de son empire. Sans
doute le bras de Charlemagne atteignait de loin, et le fron-
cement de son sourcil faisait trembler sa noblesse; mais si
sa présence comprimait les passions, elle n'exerçait sur
elles qu'une contrainte momentanée. Dès que l'empereur
détournait le regard, les petits tyrans en sous-ordre pro-
fitaient de l'absence du maître pour frapper ses sujets au
mépris de ses lois. Quelle que fût sa puissance comme organisateur, Charlemagne ne pouvait donc, avec son seul
génie, mettre à fin une œuvre qu'il n'appartient qu'aux
siècles d'accomplir; car c'était de son temps une tâche impossible, que la substitution brusque et immédiate du principe évangélique au principe barbare.

Ceci explique pourquoi, au milieu des tendances toutes
libérales qui se manifestent dans les Capitulaires (1), on

<hr>

(1) Capitul., l. ii, c. 61 : « ..... *Clementer erga vos agant et miseri-
corditer vos tractent, sive in exigendis ab eis operibus, sive in acci-*

retrouve l'élément barbare à peine atténué dans son action. C'est le même mépris que par le passé, dans les mœurs, pour les droits de l'individu comme citoyen et comme homme libre; ce sont les mêmes facilités accordées au Franc pour l'aliénation de sa liberté. Seulement, si l'esclavage de la dette se maintient dans les lois (1), les empereurs améliorent du moins la condition des hommes qui y sont soumis (2). C'est ainsi que Charlemagne enjoint à ses nobles de respecter les enfants de Dieu en la personne de ceux qui se mettent sous leur puissance (3), et menace de tout le poids de sa colère ceux qui méconnaîtraient les droits de l'humanité. C'est ainsi encore que, rappelant au clergé français les devoirs de son sacré ministère, il lui recommande d'enseigner aux pécheurs, avec l'amour de Dieu, la charité pour leurs semblables et surtout pour leurs débiteurs (4).

D'un autre côté, l'usage du payement par le corps n'était plus absolu sous Charlemagne. Déjà le contrat de gage sur les biens (5) commençait à être connu et à lutter avan-

piendis tributis et quibusdam debitis. Sciantque eos suos fratres esse, *et* unum patrem *habere* Deum *qui est in cœlis, et unam matrem sanctam Ecclesiam...* » Capit., liv. VI, ch. CCCLXXX. — Concil. Cabilon., II, c. 51. — Lex Longobardorum, tit. IV, c. 4. — Burchard, lib. XV, c. 32. — Ivo, par. 16, c. 33.

(1) Cap., l. V, c. 203 ; liv. VII, c. 342. — Capitul. anni 779, c. 19. — Lex Longob., tit. XXX, c. 2.

(2) « *Ut de debito qui ad opus nostrum fuerit rewadiatum talis con-* » *sideratio fiat, ut is qui ignoranter peccavit, non totum secundùm* » *legem componere cogatur, sed juxta quod possibile visum fuerit.* » Lex Franciæ Caroli Magni, lib. IV, c. 36.

(3) Capitul. *de regn. Ital. caus.*, c. 13. — Capitul. Charles le Chauve, tit. XXXVI, c. 21. — Capit., l. II, c. 44.

(4) Capitul., l. II, c. 61 ; l. VII, cc. 289 et 580. — Loi des Lombards, l. III.

(5) Capitul., l. V, c. 203 ; l. VII, cc. 299 et 312.

tageusement contre le gage sur la personne. Dans plusieurs passages des Capitulaires, l'empereur s'occupe même de déterminer quels seront, parmi les biens, les objets susceptibles d'être engagés. Il fonde aussi un nouveau mode d'exécution qui consiste dans l'invasion *manu militari* sur les terres du débiteur. C'est là l'origine de l'usage que nous retrouverons dans nos coutumes, et suivant lequel le juge envoyait des *mangeurs* ou *garnisaires* dans la maison du débiteur, pour y vivre à ses dépens jusqu'au payement. « Si notre vassal, dit Charlemagne, » se refuse à payer ce qu'il doit, alors un comte et un » envoyé iront s'établir chez lui à ses frais, et vivront à » ses dépens jusqu'à ce qu'il ait payé (1). »

Cependant, malgré les institutions nouvelles qui tendaient à se substituer à l'*obnoxiatio*, l'esclavage subsista pendant plusieurs siècles encore au profit des dettes privée et publique (2). De volontaire qu'il était jadis, le payement par le corps, à défaut d'autre gage, était devenu forcé en matière civile comme en matière criminelle (3). Enfin il faut même que la faculté d'aliéner sa liberté pour toute autre cause que pour dette fût encore dans toute sa faveur sous Charles le Chauve, puisque ce monarque, à propos du chap. 29 du liv. III des Capitulaires de Charlemagne, qu'il reproduit, ajoute que les empereurs ont déjà songé au cas où des parents vendaient leurs enfants pour soulager leur misère (4).

Je viens de citer le chap. 29 du liv. III des Capitulaires

(1) Edit de Charlemagne en date du 3 mars 789, à Aix-la-Chapelle.
(2) Capitul., l. IX.
(3) Capitul., l. V, c. 203.
(4) Capitul. de Charles le Chauve, tit. XXXVI, c. 21.

de Charlemagne. Cette constitution était assez remarquable en ce qu'elle imposait au créancier entre les mains duquel le débiteur s'était remis en gage, *loco wadii*, certaines obligations qui restreignaient d'autant l'étendue du droit que le *wadium* lui avait conféré. « Si l'homme libre qui s'est
» donné comme gage en la puissance d'autrui se rend, en
» cet état, coupable de quelque dommage, celui qui l'a
» pris pour gage payera ledit dommage, ou bien renverra
» l'homme après l'avoir produit en justice (*in mallo*), et
» perdra sa créance, et le malfaiteur renvoyé sera con-
» traint alors à réparer par son travail le dommage causé,
» suivant sa gravité (1). » Ainsi l'esclave de la dette pouvait, par son fait, non-seulement rompre son ban de servitude, mais encore mettre son créancier dans une alternative embarrassante, puisqu'il ne lui laissait que le choix entre l'abandon du gage de sa créance et l'acceptation d'une part de responsabilité dans les conséquences de sa mauvaise action.

Dans les quelques dispositions générales que nous venons de signaler, il est aisé de voir la pensée de Charlemagne. En améliorant la condition des masses, et en les protégeant contre la tyrannie de la noblesse, l'empereur, ainsi que tous les rois qui savent le secret de régner, n'obéissait pas seulement à un sentiment d'humanité : il voyait dans l'avenir, alors que lui Charlemagne reposerait dans la tombe, l'aristocratie s'échelonnant sur les degrés du trône, et menaçant la couronne. Aussi, en se faisant le protecteur du pauvre, en l'appelant l'enfant de Dieu, en proclamant l'égalité évangélique, donnait-il à ses successeurs de sages enseignements, et leur apprenait-

____
(1) Capitul., l. III, c. 29.

il comment un politique habile sait contre-balancer la haine des grands par l'affection des petits (1).

Mais ce n'était pas seulement contre l'avenir que luttait Charlemagne (2). Il combattait aussi le passé ; car, pour triompher de la force brutale, il fallait qu'il fît une sorte de croisade contre les restes du principe païen qui, s'il ne se trouvait plus dans le culte, dominait encore dans les mœurs. Aussi la morale divine et l'amour de Dieu et du prochain sont-ils toujours au fond des prières ou des menaces qu'il adresse à sa noblesse : « Celui, dit l'em- » pereur, qui a les biens de ce monde, et qui voit son » frère dans le besoin, et qui ferme pour lui ses entrailles, » la charité de Dieu n'est pas en lui (3). » Ailleurs, pro- hibant les intérêts usuraires, il rappelle aux ministres de Dieu la sublime mission qu'ils ont à remplir sur la terre : « Si un évêque, prêtre ou diacre, exige des intérêts de » ses débiteurs, qu'il cesse de le faire, ou certes il sera » damné (4). » A chaque page, un mot du divin livre. Une disposition en faveur des pauvres est justifiée par ces paroles du Sauveur : « Celui qui vous contristera, me » contristera ; celui qui vous touche, touche la prunelle » de mes yeux. » Ainsi le législateur des Capitulaires cherchait un guide dans l'Évangile ; et, si souvent il ar-

(1) Capitul., l. II, c. 61.

(2) Les nobles étaient eux-mêmes poursuivis avec une grande sévérité pour dettes en matière criminelle... *V.* Capit. I, an 779, c. 19. — Capit. *pro partibus Saxoniæ*, an 789, c. 21. — Capitul. II, an 813, c. 1. — Capitul. I, an 819, c. 2. — Capitul. Ludovici Pii, an 824, c. 2, lib. IV

(3) Capit. Charles le Chauve, tit. XXXVI, c. 21 : « *Qui habuerit sub stantiam hujus mundi et viderit fratrem suum necesse habere, et clauserit viscera sua ab eo, non manet caritas Dei in eo.* »

(4) Capit. V, *de usuris* : « *Episcopus, presbyter aut diaconus usuras à debitoribus exigens, desinat, aut certè damnetur.* »

rivait qu'il comprit mal les indications que ce guide lui donnait pour sa route, du moins son but était le bonheur de ses frères et la gloire de Dieu.

Telle est la législation des Capitulaires. Quelque barbares que soient les principes qu'elle contient souvent, quelque grotesques que soient parfois ses naïvetés, je crois que de tous les monuments législatifs, eu égard à l'époque, c'est celui qui se recommande le plus par le progrès qu'il signale dans les idées. Sans doute on n'y trouve pas toujours le langage de la raison, mais on y entend toujours la voix du cœur; et si le spiritualisme n'y est pas conséquent avec lui-même, comme dans la loi romaine, du moins j'y reconnais la bonne foi religieuse dans toute sa naïveté, et ne crains pas d'y trouver l'hypocrisie qui se voile sous les paroles dorées de Justinien et de ses successeurs.

§ III. — LÉGISLATION DU TEMPS DES CROISADES. — ASSISES DE JÉRUSALEM.

Si Charlemagne eût transmis à ses successeurs avec le sceptre l'héritage de son génie, nul doute que sa dynastie n'eût rapidement entraîné la société française dans la voie de ses brillantes destinées. Mais à la main ferme succédèrent les mains inhabiles (1), qui, trop faibles pour tenir le glaive, le confièrent à la noblesse. Déjà sans défense par l'abandon de son épée, la monarchie se fit eunuque en conférant le pouvoir législatif à ses grands vassaux, qui dès lors se crurent autorisés à mépriser le code de la nation. Fort de la vie qu'on lui soufflait imprudemment, l'épervier féodal brisa l'œuf dans lequel l'avait

(1) Laferrière, Histoire du droit français, t. I, p. 54.

enfermé Charlemagne, et, déployant ses ailes, déchiqueta de ses serres l'unité monarchique (1).

Dès lors il n'y eut plus de lois en France. Un retour violent vers le passé fit disparaître les quelques garanties dont le législateur avait commencé à entourer la liberté. Le fait envahit le droit. La force matérielle organise la contrainte par corps dans tout son absolutisme, mais sans la régulariser. L'intervention du magistrat est dérisoire en présence de la tyrannie féodale. Le juge est souvent partie. Le champ clos devient un tribunal judiciaire. Le jugement de Dieu, consécration impie du droit du plus fort, protége le plus souvent l'impudence, et dans un bon coup de lance consiste toute la procédure. Absorbés par la politique du glaive, les rois n'ont pas le temps de songer à livrer au mépris de leurs vassaux des lois inutiles. D'ailleurs comment écriraient-ils des lois sages? ils ne savent pas même signer leurs noms.

Cependant, si la force des événements devait comprimer ainsi dans leur essor les idées d'avenir que la loi romaine avait fait germer dans le sol gaulois, ce n'était pas à dire que les mœurs des temps féodaux dussent faire un retour absolu vers la barbarie. Tous les fruits du siècle de Charlemagne n'avaient pas été perdus : car, si ses lois étaient oubliées, les idées chevaleresques de son règne avaient été léguées à la postérité par le testament que Roland avait écrit en lettres de sang sur le fatal rocher de Roncevaux. Sans doute les tribunaux féodaux étaient dérisoires et outrageaient la justice ; mais il en était ainsi, parce que la justice n'était rien alors qu'elle avait à lutter contre la

<hr>

(1) « La France alors était une république aristocratique fédérative, reconnaissant un chef impuissant. » Châteaubriand, Études hist.—Analyse raisonnée de l'hist. de France, t. III, p. 298.

force brutale. Aussi la seule et véritable magistrature des temps féodaux, où, pour faire triompher le bon droit, il fallait opposer la force à la force, c'était l'institution glorieuse de la chevalerie, tribunal suprême qui jugeait avec le cœur, sinon avec la loi, et qui, l'oreille attentive à l'écho des douleurs qu'éveillait l'oppression, ne refusait jamais à l'infortune l'appui d'un noble cœur et d'une bonne lance.

Voici donc, pendant les temps féodaux, sur quoi reposa la justice en France : le contrôle exercé par la chevalerie sur une magistrature esclave et ignorante, qui n'était dominée par d'autre loi que la volonté du seigneur suzerain, dans la domesticité duquel elle vivait. Mais, quelle que fût l'abnégation des individus qui se dévouaient à la cause de l'humanité, on conçoit combien devait être précaire une justice rendue sous de pareils auspices, et combien était mystérieuse l'ombre qui recouvrait les victimes de la tyrannie et de la cupidité. Cet arbitraire était pire que la cruauté des anciennes lois romaines : car, si c'est un triste temps que celui où des lois barbares obligent les magistrats à méconnaître les droits de l'humanité, c'est un temps plus triste encore celui où, à défaut de lois, le soin de protéger la liberté des hommes est confié à la lance et au bouclier.

Ainsi s'écouleront plusieurs siècles impuissants à produire des lois. Cette stérilité des temps féodaux durera jusqu'après les croisades. Jusque-là la condition des débiteurs, livrée à l'arbitraire, rappellera l'*obnoxiatio* des barbares devenue forcée et accommodée à l'humeur législative du suzerain qui la prononcera.—Enfin viendront les Assises de Jérusalem. Le génie organisateur de Godefroi de Bouillon dotera son nouveau peuple d'un code complet. Ce code dont les dispositions empruntées aux mœurs françaises feront une rude condition au débiteur, sera cependant dominé par un esprit d'amélioration qui semblera présager à la liberté l'heure des sauvegardes et des garanties.

Cependant, bien qu'elles fussent libérales eu égard aux lois contemporaines, les Assises de Jérusalem étaient loin de l'être dans le sens que nous donnons à ce mot. Appropriées aux mœurs féodales, elles n'établissaient point l'égalité devant la loi. Aussi se divisaient-elles en deux parties, le code des nobles, et celui des bourgeois (1). Cette distinction si tranchée dans la forme l'était aussi dans le fond. Nous allons en juger par la différence établie entre les débiteurs soumis à la juridiction de la haute cour et ceux qui relevaient de la cour basse.

Les chevaliers et les nobles dames étaient exempts de la contrainte par corps pour dettes civiles (2). Les nobles redresseurs de torts exerçaient, ainsi que je l'ai dit déjà, une sorte de magistrature. Leur dévoûment, leur abnégation étaient autant de droits au respect de tous ; leur personne était sacrée. Quant aux nobles dames, elles étaient les idoles de ce temps de poésie. Respectées parce qu'elles se respectaient, elles étaient les prophètes des nobles actions. Elles armaient le bras du chevalier, qui, à l'heure du combat, invoquait le nom de Dieu et celui de

(1) Cependant la distinction n'était pas aussi tranchée qu'on pourrait le croire.—« Le bourgeois du moyen-âge n'était pas du tout le bourgeois de la monarchie absolue ; c'était un personnage important, souvent appelé à délibérer sur les plus graves affaires de la patrie. — *Noble homme, damoiseau et bourgeois* sont des qualités données à une même personne dans les titres du XV{sup} siècle. » Châteaubriand, *Études hist., an. rais. de l'hist. de France*, t. III, p. 314.

(2) Assises de Jérusalem, h. cour, ch. CXVIII, p. 91 ;—ch. CXIX. p. 136.

sa dame ; elles animaient les chants du ménestrel, qui, sous la tente, déifiait le regard et le cœur de sa belle. Si honorées, si saintes, qui eût osé porter sur elles une main sacrilége? Le *seignor* lui-même était soumis à la loi du siècle. Maître de tous, il était l'esclave de la *dame à qui il était tenu de foi* (1).

Cependant ce n'était pas à dire que la noblesse, chevaliers et dames, pût être à leur profit un prétexte de fraude contre des droits acquis. S'ils ne devaient point subir les rigueurs de l'emprisonnement, ils n'étaient point exempts des vexations de l'expropriation forcée. Non-seulement leurs meubles et effets pouvaient être vendus pour le payement d'une dette prouvée devant la cour, mais encore leurs fiefs pouvaient, à défaut de meubles suffisants, être vendus judiciairement *par l'assise*, afin que les créanciers se payassent sur le prix par *varouble*, c'est-à-dire au prorata (2). Au surplus, ce privilége des chevaliers et dames n'était autre chose que la reproduction imparfaite de la *distractio bonorum* ou vente des biens en détail, acte d'exécution privilégié que nous avons vu introduire à Rome en faveur des personnes de distinction (3).

Les nobles ne pouvaient être contraints par corps. Il n'en était pas ainsi des bourgeois. La bourgeoisie avait son statut particulier. Assujettie à la juridiction de la *baisse cort*, elle ne pouvait invoquer, même en faveur de la bonne foi, les priviléges exclusivement réservés à la noblesse.

(1) « ... Le seignor puet arrester pour dete home ou feme qui n'est » chevalier ou dame à qui il n'est tenu de foi. » Ass. de Jér. h. cour, ch. CXIX, p. 136.

(2) Ass. de Jér. h. cour, ch. CXVIII, p. 91.

(3) D. *de curat. bon. dand*

Lorsqu'un bourgeois avait contracté une dette, et s'était soumis à l'obligation de payer à une époque déterminée (*à un terme noumé*), le créancier avait le droit, à défaut de payement à l'échéance, de l'actionner devant la cour du royaume (*se clamer à la cort*) (1). Une fois saisis, les *jurés* procédaient d'une manière plus ou moins expéditive, suivant que le créancier avait un titre ou n'en avait pas. S'il en avait un, la condamnation au payement était immédiatement prononcée; s'il n'en avait pas, les *jurés* déféraient au débiteur le serment qui devait faire foi à défaut de preuve écrite. Ce serment, fait *sur sains et sur sainte croix*, inspirait une haute confiance. Si le débiteur le prêtait, il était libéré; s'il le refusait, il était condamné.

Ce serment était déféré en tout état de cause, mais il ne l'était pas à toute personne. Les naturels de la Palestine étant les vaincus, il était tout simple que les vainqueurs eussent leur privilége. Or le privilége des Francs, dénomination sous laquelle on comprenait tous les croisés qui s'étaient établis en Palestine, consistait dans l'impossibilité où se trouvaient leurs créanciers *suriens* ou *sarrasins* de les soumettre, à défaut de titre, à la délation du serment (2); de telle sorte que, pour actionner un Franc, le créancier indigène était obligé d'avoir un titre. Quant aux débiteurs *suriens* ou *sarrasins*, le serment *sur croix et sur sains* leur était déféré, quelle que fût leur croyance religieuse; et si grande était alors la foi accordée au serment prêté sur les reliques, que celui du Sarrasin lui-même n'était point suspecté (3).

(1) Ass. du r. de Jér. baisse court ou court des bourgeois, édit. Kausler, ch. LVII.

(2) Ass. de Jér. baisse court, édit Kausler, ch. LVIII et LIX.

(3) Ass. de Jér., II. ce.

Lorsque la dette avait été reconnue ou confessée, le débiteur devait payer immédiatement, ou donner caution bonne et solvable de payer au bout d'un certain délai. Si le débiteur ne pouvait ni payer ni offrir ses garanties, un nouveau serment lui était déféré, soit sur la demande du créancier, soit d'office par les jurés, afin d'obtenir ainsi des éclaircissements sur son degré de solvabilité (1).

Jusque-là ceci ressemblait à la procédure que Justinien avait donnée au bénéfice d'insolvabilité; mais la ressemblance n'allait pas plus loin. Le serment déféré n'avait pas pour objet l'admission à un bénéfice (2), mais le *constat* de l'insolvabilité du débiteur, sans les lenteurs de la discussion préalable. Si ce dernier *juroit sur sains que il n'en avoit de quei dou il li puisse paier ne desus terre ne desous*, alors, comme il fallait renoncer à tout espoir de payement en espèces, la cour livrait le *detour* (débiteur) au *prestour* (créancier), qui l'emmenait dans sa maison pour l'employer à son service (3) : « Se aucun autre
» que chevalier doit dete..., il doit être livré à celui à qui
» il doit ladite dete, et il le peue tenir com son esclaf,
» tant que il ou autre pour lui ait paié ou fet son gré de
» ladite dete, et il le doit tenir sans fers, mais que un
» anneau de fer pour reconnoissance que il est à pooir
» d'autrui por dete (4). »

(1) Ass. de Jér. baisse cort, ch. XXXIX et LVII.

(2) Il n'en était pas ainsi pour les cautions ou pléges; dans certains cas ils jouissaient du bénéfice d'insolvabilité. Ainsi, *s'ils ne pouraient faire que plége*, ou s'ils avaient forpassé le reaulme, c'est-à-dire s'ils étaient tout à fait insolvables, ou s'ils avaient franchi les frontières, on leur appliquait cette maxime : « *Inanis est actio inopiâ debitoris vel fide jubentis.* » Ass. Jér. bais. cort, ch. LXXIII. — En tout autre cas, le *plége* était traité comme le débiteur principal. Ass. Jér. bais. cort. ch. LXXVIII.

(3) Assis. de Jér. baisse cort, ch. XXXIX, LVII, LXIV, LXXII, LXXVIII.

(4) Assis. de Jér. h. cour, ch. 199, p. 136.

En entrant dans la maison du *prestour*, le *detour livre* ne perdait ni sa qualité d'homme libre, ni les droits qui y étaient attachés. Il était seulement privé momentanément du droit de s'approprier le produit de son travail. Cependant il n'y perdait rien par le fait ; car, le créancier étant obligé d'imputer jour par jour sur le montant de la dette le produit des œuvres serviles accomplies à son profit par le *detour livre*, il en résultait que la valeur du travail de ce dernier donnait la mesure de la durée de sa captivité (1). « ...Et se ils le font labourer, que son labour soit » compté au feur corable des laborans qui labourent de » celui labour que li fera labourer, et abatre de sa dete ce » que il deservira de son labour (2)... »

D'un autre côté, le débiteur captif ne devait point être soumis à un régime trop rigoureux. La loi de Godefroy de Bouillon stipulait pour sa faim, pour sa soif et pour sa santé : « ...Donant lui à manger et à boire suffisamment » sa vie soustenir pain et aigue, et robe à vestir ci que il » ne meure par faute de robe (3)... »

Ces dispositions, qui se reproduisent avec quelques variantes dans plusieurs autres parties des Assises de Jé-

---

(1) Le *prestour* qui retenait son *detour* pouvait cependant être dépossédé de la personne de son captif par l'intervention des autres créanciers. Ces derniers, en payant au premier la somme pour laquelle il avait obtenu le *ducere domum*, pouvaient à leur tour emmener chez eux et faire travailler à leur profit le *detour livre*, jusqu'à l'extinction non-seulement de la créance qui leur était personnelle, mais encore de celle du premier prestour, aux droits duquel ils étaient subrogés. — Ass. de Jér. baisse cort., ch. LXIV. — Il en était de même du plége dont le gage avait été vendu à défaut de payement à l'échéance. Subrogé aux droits du créancier qu'il avait payé, il pouvait exercer la contrainte par corps contre le débiteur principal. — Ass. de Jér. baisse cort, ch. LXXII

(2) Ass. Jér. h. cour, ch. 199, p. 136.

(3) Ass. Jér. h. cour, l. c.

rusalem, semblent annoncer une réaction de l'élément civilisateur contre le principe barbare. Quelque imparfaite que soit encore la réforme, quelque faibles que soient les garanties stipulées en faveur de la liberté, cependant la contrainte par corps est du moins soumise à une procédure. D'arbitraire elle est devenue judiciaire, de despotique elle est devenue humaine. — Mais malheureusement tout cela ne se passe qu'en Palestine.

Bientôt cependant les croisades donneront un nouvel essor à la civilisation jusque-là comprimée. Les arts et les idées recevront de l'Orient un rayon du soleil nouveau qui se lève. Les mœurs et les lois grandiront de concert avec les progrès de l'esprit et de la raison. Voici l'aurore des libertés. Philippe-Auguste, Louis VI, Louis le Jeune, commenceront l'affranchissement des communes et des individualités. Le droit coutumier prendra naissance. Des chartes seront accordées à diverses provinces, et serviront d'arche d'alliance entre la bourgeoisie qui s'élève et le suzerain qui concède. Les droits seront respectés, grâce à l'organisation de la procédure. Le duel judiciaire commencera à perdre de son crédit. Enfin St Louis, le roi modèle, achèvera l'œuvre commencée, et monumentera dans un code les premiers beaux jours d'une civilisation naissante.

DEUXIÈME ÉPOQUE.

HISTOIRE DE LA CONTRAINTE PAR CORPS, DEPUIS SAINT LOUIS JUSQU'À
LA RÉVOLUTION DE 1789.

SECTION PREMIÈRE.—*Histoire.*

§ Ier. — ÉTABLISSEMENTS DE SAINT LOYS.

Au milieu des désordres que présentent les annales judiciaires des temps féodaux, il faut reconnaître que vers
la fin du xie siècle un esprit organisateur commençait à
lutter contre l'élément barbare. Le vent soufflait à la liberté. La force avait triomphé du droit, la force allait le
faire revivre. Les rois, grâce aux croisades qui les débar-
rassaient de leurs vassaux les plus turbulents, avaient
repris d'une main l'épée, et de l'autre le livre de la raison
écrite. Avec le livre ils enseignaient à leur noblesse le
respect à la liberté, avec l'épée il les forçaient à mettre
leurs enseignements en pratique. Cette tendance nouvelle,
qui présageait l'œuvre de St Louis, se manifesta jusqu'à
ce monarque, sinon dans des lois permanentes, du moins
dans des dispositions temporaires. Pour n'en citer qu'un
exemple, parlerai-je du testament de Philippe-Auguste (1)?
Ce monarque, partant pour la Terre-Sainte, laissait à ses
baillis l'ordre de respecter, excepté en matière criminelle,

(1) « *Præpositis nostris et baillivis prohibemus ne aliquem homi-*
« *nem capiant neque averum suum quamdiù bonos fidejussores dare*
« *voluerit de justiciâ prosequendâ in curiâ nostrâ, nisi pro homicidio,*
« *vel murtro, vel raptu, vel proditione.* » Rigordus, de gestis Philippi
Aug. ad ann. 1190

la personne et les biens du débiteur qui offrirait une caution solvable.

D'un autre côté, la magistrature avait repris un peu d'indépendance. Protégée par le monarque qui l'encourageait à se faire respecter, elle avait compris que pour être sage dans le conseil elle devait commencer par s'instruire. Les lois romaines, consultées par elle, lui fournirent des solutions (1). Parmi ces solutions, plusieurs devinrent des règles d'après lesquelles on procéda. L'exercice des actions fut soumis à des délais, à des formes. Les actes d'exécution furent subordonnés à la sanction des tribunaux. Enfin la contrainte par corps, devenue judiciaire, dut s'exercer en général en vertu d'un jugement ou de l'autorisation du magistrat.

Il faut bien, en effet, qu'aux xie et xiie siècles la contrainte par corps fût illégale lorsqu'elle n'était pas autorisée par le juge, puisque Philippe-Auguste accordait comme un privilége aux habitants de certaines communes le droit *d'arrêter eux-mêmes* leurs débiteurs forains (2). Certes, pour que cette concession fût faite par le roi comme privilége, il fallait nécessairement que le droit commun n'autorisât l'emprisonnement d'un débiteur que dans le cas où il y avait eu préalablement sentence ou permission du magistrat.

(1) Le droit romain commençait même à réagir sur les lois françaises. des Assises de Jérusalem citent le Code de Justinien comme l'un des meilleurs livres des lois des empereurs.—Ass. de Jérus., édit de 1690, c. 294. — La Ferrière, Hist. du droit français, t. 1, p. 62. — « Les Etablissements de St Louis, dit Châteaubriand, sont une espèce de code où les diverses coutumes de la monarchie, les ordonnances des rois, les canons des conciles, les décisions des décrétales, se trouvent mêlés au droit romain. » Châteaub., l. c.

(2) V. *infrà* villes d'arrêt.

Cependant, si la contrainte par corps ne pouvait s'exercer en tout état de cause, elle n'en constituait pas moins le droit commun. On en voit la preuve dans les lettres patentes par lesquelles Louis le Gros, Louis le Jeune et Philippe-Auguste, dans l'intérêt du commerce, concèdent aux personnes qui se rendent à certaines foires, et en particulier à celle d'Étampes, le privilége de ne pouvoir être arrêtées pour dettes pendant le trajet et pendant le séjour. Enfin, les ordonnances par lesquelles Philippe-Auguste défend toute exécution par corps contre les débiteurs des juifs, les croisés et les ecclésiastiques, démontrent encore qu'au xii⁰ siècle la contrainte par corps était de droit commun.

Tel fut, sur cette matière, l'état de la législation jusqu'à St Louis. Ici nous allons voir un principe nouveau se substituer à celui dont nous venons de démontrer la présence, et faire disparaître toutes les traces laissées par la barbarie dans notre législation.

Lors de l'avénement de St Louis, l'usage antique de livrer à la servitude les débiteurs insolvables n'avait pas complétement disparu. Comme il n'était encore prohibé par aucune loi, les créanciers argumentaient du passé pour le faire revivre malgré son abrogation tacite. Les seigneurs surtout trouvaient commode de contraindre leurs vassaux à payer les tailles, en les assujettissant à un travail forcé. Les femmes elles-mêmes n'étaient pas épargnées ; et, chose étrange, parmi les suzerains qui montraient si peu de charité chrétienne, l'histoire nous signale précisément ceux dont la mission était de proclamer sur la terre la douce morale de l'Évangile. « La royne Blanche, mère de St « Loys, qui lors gouvernoit le royaume de France, oy « dire que les chanoines de Notre-Dame de Paris avoient

» emprisonnez plusieurs hommes et femmes de cors, qui
» ne leur pouvoient paier leurs tailles, et avoient en leur
» prison moult de mesaizes ; par quoy la royne, qui ot
» gran pitié, fist rompre les prisons desdicts chanoines,
» et les fist délivrer ; et pour ce que cette royne avoit
» pitié des gens qui étoient serfs, ordonna en plusieurs
» lieux que les gens fussent affranchis, moiennant autres
» droits et seigneuries que ces seigneurs prendroient sur
» leurs hommes et femmes de cors, et le fist en partie pour
» la pitié qu'elle avoit de plusieurs belles filles à marier
» qu'on laissoit à prendre pour leur servitude, et en
» étoient plusieurs gastées (1). »

Cette anecdote, qui n'est qu'un exemple entre mille,
peut faire juger des mœurs contre lesquelles avait à lutter
le royal magistrat de Vincennes. Ce n'étaient pas des usages vieillis et en décadence, mais vivaces et profondément
enracinés, que ceux auxquels St Louis allait porter le premier coup au nom de la charité chrétienne ; ce n'était pas
un mal moral contre lequel pût réussir un demi-moyen,
c'était un vice social qu'il fallait renverser par une
révolution. Aussi St Louis, emporté par l'enthousiasme
qu'excite toujours la lutte, remplaça-t-il un *extrême* par un
extrême en prohibant absolument la contrainte par corps.

Une ordonnance de ce prince, en date de 1254, contient
le principe qu'il développa plus tard, en 1270, dans ses
Établissements : « Item, ne nos baillis ou autres membres
officiaux grèvent nos subgès contre justice, nous leur defendons que pour nulle doibte, fors pour la nôtre, ils ne
prengnent nul ne tiengnent pris (2). »

(1) Anecdote extraite par Ducange d'une chronique manuscrite, et rappelée par Dulaure.

(2) Loisel. Instit. Cout.—Ordonnances des rois de France, t. 1. p. 72.—

On lit aussi dans les Établissements : « Notre sire le roi
» est en sésine et possession généralement de prendre et
» retenir pour le paiement de sa dete cogueüe et provée
» le cors et avoir et héritaiges, selon l'usage de la cort
» laie. Ne l'en ne met pas l'home en prison pour dete, si
» ce n'est pour la seüe, suivant ce qui est dit aux degré-
» tales des solutions, au ch. *Odoardus clericus cum suis*
» *concordantiis*, et au Code, l. 3, *si adversùs fiscum.*
» Mais il (le débiteur) doibt fere la loy du pays, que il
» payera le plustôt que il porra, ou jüerra sur sains qu'il
» n'aura de quoy ne tout ne en partie ; et aussitôt que il
» porra venir en plus grande fortune qu'il paiera, et doibt
» jurer que il vendra son héritaige dedans 40 jours se il
» l'a, et se il ne le fesoit, li déteur le vendroient et li fe-
» roient entériner en vente, selon l'usage de la cort
» laie (1). »

A part le privilége que le roi stipule pour la couronne,
réserve qu'il faut attribuer aux nécessités de la guerre plutôt qu'à une pensée de fiscalité, la contrainte par corps
est abolie. L'insolvabilité, quelle que soit sa cause, est à
l'abri sous l'égide du bénéfice de cession. Le débiteur
jurera qu'il n'a rien, et il sera cru sur serment. Il jurera
qu'à la première faveur de la fortune il payera son créancier, et il sera encore cru sur serment. — Voilà pour l'insolvable. — Si, au contraire, le débiteur a des biens, la
procédure du bénéfice de cession de la loi romaine se re-

Dans le discours et chronique de la vie de St Loys, Joinville compare cette
disposition à la constitution de Constantin dans la *l. nemo, C. de exact.
tribut.* Cette comparaison n'est pas exacte ; car c'est après avoir défendu
l'emprisonnement en matière fiscale et domaniale, que Constantin déduit
à fortiori cette conséquence, qu'en matière de dettes privées l'emprisonnement ne doit plus être permis.

(1) Établissements de St Loys, l. 1, c. 21, des dettes dues au roi 1270,

trouve, mais modifiée. Ici, point d'envoi en possession, point de *sectores*, point de vente aux enchères ; tout se passe amiablement. Les créanciers ne sont pour rien dans l'exécution : c'est le débiteur qui doit vendre. Il est vrai que s'il ne remplit pas cet engagement dans les quarante jours, les créanciers pourront procéder de leur chef à cette vente ; mais alors le magistrat surveillera la distribution du prix, empêchera les copartageants de s'attribuer des sommes plus fortes que leurs créances, et ne permettra pas que tout un patrimoine soit englouti sans examen dans le payement d'une dette.

Mais St Louis ne se borna pas à changer entièrement de base le système des exécutions ; il voulut aussi régulariser l'exercice des actions. Jusqu'à lui le combat judiciaire avait, à défaut de titre, servi de preuve pour toute demande tendant au payement d'une dette. Pour que le champ clos fût ouvert, il n'était pas nécessaire que l'objet du combat fût considérable ; car les lances pouvaient se croiser à raison d'une créance de cinq sous (1). St Louis abolit cet usage absurde (2), et y substitua la procédure (3) que voici :

Un créancier, après assignation préalable, se présente en justice, et dit à son débiteur : « Vous me devez itant de deniers. » Le défendeur demande un délai pour préparer ses moyens. Le demandeur est maître d'accorder ou refuser ce délai. S'il refuse, la cour mettra le défendeur en demeure de nier ou confesser sa dette. C'est de la décla-

---

(1) Tit. 45, leg. Burgund. — Lettres de Louis le Gros de l'an 1118. — De Laurière, t. I, p. 6. — Louis le Jeune, lettres de 1168 : « *Pro debiti titulo citra V solidorum dationem inter aliquos non judicetur duellium.* » De Laurière, t. I, p. 16.

(2) Ordonnance de St Louis de 1260. — De Laurière, t. I, p. 91.

(3) Établissements de St Loys, l. I, c. 68.

ration de ce dernier que dépendra la marche ultérieure de la procédure.

Si le débiteur reconnait devoir, le magistrat lui accordera un délai de huit jours et huit nuits pour payer sa dette. Le payement devra être fait devant la cour, « *à vue de justice,* » afin que le débiteur ou le créancier ne puissent soulever dans l'avenir aucune contestation relativement au payement.

Si, au contraire, le défendeur nie la dette, le magistrat lui donnera d'office un délai pour préparer ses moyens de défense. A l'expiration de ce délai, il devra se présenter devant la justice, sinon le demandeur obtiendra contre lui un jugement par défaut. Ce jugement devra être signifié par *sergents et suffisants recors* au défendeur, qui en même temps sera sommé encore une fois de comparaître devant la cour pour soutenir ses dénégations. S'il ne se présente pas, il est censé renoncer à la défense. En conséquence, le jugement deviendra exécutoire, et la saisie sera pratiquée sur ses biens. Cependant il peut encore former opposition, après la saisie, au jugement qui l'a condamné, et assigner à son tour le demandeur devant la cour. Là, après examen des moyens de l'une et de l'autre partie, on entendra le rapport des sergents pour savoir si les formalités ont été observées par le demandeur. Si les sergents déclarent que les choses se sont passées suivant les règles, le débiteur sera condamné au payement et aux frais du procès. Quant à l'exécution du nouvel arrêt, nous avons vu tout à l'heure quel est le système adopté par St Louis. Si le débiteur est insolvable, il ne sera point emprisonné, mais admis au bénéfice de cession de biens (1).

(1) Établis. de St Loys. l. 1, c. 21.

Cette procédure, si hostile à la contrainte par corps, semblait devoir la faire entièrement disparaître. Cependant, indépendamment de l'exception relative aux droits de la couronne et du fisc, elle n'était pas encore entièrement proscrite de la législation. La censure ecclésiastique, dont St Louis organisa les pouvoirs temporels, exerçait (1) sur le sort des débiteurs une influence assez grande pour les soustraire au droit commun. Ce n'était pas toutefois que le juge ecclésiastique pût de lui-même, après avoir censuré le débiteur, prononcer son emprisonnement. De même que les juges pédanés du droit romain, il n'avait pas, en matière temporelle, de pouvoir exécutif. Mais lorsque l'évêque avait rendu une décision, et réclamait du magistrat *laïc* l'exécution de sa sentence, celui-ci ne pouvait se refuser à prononcer, en vertu de la décision d'un autre, une contrainte par corps qu'il n'eût pu prononcer en vertu de sa propre décision.

En résumé, la législation sur le système des exécutions avait grandi de plusieurs siècles pendant le règne de saint Louis. La procédure marchait régulièrement et sans entraves. L'exécution des jugements était humaine; elle portait sur les biens, et ne devenait forcée qu'à la dernière extrémité. La contrainte par corps était abolie. Deux ex-

---

(1) Ordonnance de Louis IX de 1270, c. 123.—De Laurière, t. I, p. 211. « Se aucuns est escommeniés un an et un jour, et li officiaux mandast » à la justice laie, que il contrainsist par la prise de ses biens, ou par le » cors, car le jugement de l'évesque doit estre mené à exécution et » à fin par l'office du prévost, selon droit escrit en code et titre de l'au- » dience de l'évesque, ensemble ses concordances, se mestier est, et si » ne le doit pas prendre pour que ce soit de detes, mes la justice doit » tenir toutes ses choses en sa main, sauf son vivre, jusques à tant que il » se soit fet assoudre...... car quand Ste Église ne puet plus fere, elle doit » appeler l'aide des chevaliers et la force... »

ceptions seulement avaient été stipulées : l'une en faveur du fisc, l'autre au profit de l'autorité ecclésiastique.

Ceci posé, examinons comment les principes nouveaux introduits par St Louis furent compris par les législateurs qui lui succédèrent.

§ II.—LÉGISLATION DE PHILIPPE IV, DIT LE BEL, SUR LA CONTRAINTE PAR CORPS.

Les Établissements de St Louis, magnifique testament d'un grand roi, étaient dignes d'un grand peuple ; mais malheureusement les Français n'étaient pas encore à même d'en comprendre les enseignements, et à plus forte raison de les mettre en pratique. D'ailleurs la contrainte par corps était trop en harmonie avec les mœurs pour ne pas se maintenir en dépit des prohibitions. De telle sorte que, malgré les efforts de la magistrature, une œuvre d'avenir fut réduite aux proportions d'une tentative (1).

On doit donc applaudir à la sagesse avec laquelle Philippe IV, moins humain que le saint roi, mais plus habile à comprendre l'esprit de son siècle, reprit en sous-œuvre le travail de son devancier, et fit mieux, parce qu'il ne fit que ce qu'il fallait faire. En effet, abolir entièrement la contrainte par corps au XIVe siècle, c'était tenter l'impossible, et user en pure perte l'autorité législative : mais établir un compromis entre l'intérêt privé et l'intérêt général, cela était un parti sage, car on re-

_____

(1) « Louis avait devancé son siècle : ses Etablissements ne furent point » admis... Les Etablissements furent le dernier présent et comme le der- » nier adieu qu'un saint faisait à la terre. L'ignorance, les intérêts, les » passions, qui ne purent rien contre la mémoire de ce grand homme, » furent tout-puissants contre ses lois. » Châteaubriand. *Et. hist. an.* *rais, de l'hist. de France.* t. III. p. 324. édit. in-12.

muait ainsi le sol pour la semence à venir. Telle fut la marche que suivit Philippe IV : « On ne mettra pas » de garnison chez les débiteurs, dit-il, et on ne les arrê- » tera pas pour dettes particulières ; mais on mettra leurs » biens en vente pour payer les créanciers, *à moins qu'il* » *n'y ait quelque convention contraire de la part des débi-* » *teurs* (1). »

Cette ordonnance établissait deux principes : 1° en thèse générale, la substitution de l'exécution sur les biens à l'exécution sur la personne ; 2° exceptionnellement, l'exécution sur la personne, alors que le débiteur s'y serait expressément obligé. — Ainsi, si Philippe IV modifiait la législation de Louis IX, il la conservait en substance ; car, en faisant revivre la contrainte par corps conventionnelle, il maintenait l'arrêt prononcé contre la contrainte par corps judiciaire.

Cette disposition était sage, mais elle était incomplète. Il faut faire à Philippe IV le reproche de ne pas avoir donné des termes plus larges à l'exception, en la formulant ainsi : « La contrainte par corps ne pourra être exercée, à » moins qu'il n'y ait convention contraire ou privilège. » Ainsi conçue, l'ordonnance eût été complète ; car ce n'était pas toujours dans les conventions des parties que se trouvait l'exception. Il y avait aussi certains priviléges qui dérogeaient au principe général, et autorisaient la contrainte par corps sans obligation préalable : tels étaient les droits d'exception concédés aux habitants de certaines communes par les chartes que leur avaient données Louis VI, Louis VII, Philippe-Auguste, et Philippe IV

____

(1) Ordonnance de Béziers de 1303, art. 12. — L'art. 27 défendait l'incarcération des débiteurs qui offriraient une caution solvable.

lui-même (1). Pour compléter la règle tracée par ce monarque, il faudrait donc ajouter que le débiteur pouvait être soustrait à l'empire du droit commun, non-seulement par la loi du contrat, mais aussi par la loi de certaines chartes particulières. — Au surplus, cette législation d'exception fut remarquable par sa longévité. Les coutumes l'adoptèrent ; elle traversa plusieurs siècles, et ne tomba qu'en 1567, alors que l'édit de Moulins rétablit d'une manière absolue la contrainte par corps judiciaire.

§ III. — DU DROIT COUTUMIER.

Sous le règne de Philippe IV, ainsi que je le disais tout à l'heure, le privilége commençait déjà à jouer un certain rôle dans le système des exécutions. Postérieurement, sous l'empire des coutumes, il prit des proportions tellement considérables, qu'il envahit le droit commun. — Pour qu'il naquît, il suffisait d'un prétexte ; souvent même rien ne le justifiait. Tantôt il affranchissait de la contrainte par corps, tantôt il autorisait à l'exercer. Quelquefois les habitants d'une commune possédaient l'heureux privilége d'emprisonner les autres, sans pouvoir eux-mêmes être emprisonnés. Ici la faveur royale protégeait une cité naissante, là elle réparait les malheurs de la guerre, là elle rattachait à l'autorité monarchique une conquête douteuse. Telle concession était un encouragement à une industrie nouvelle ou une garantie pour le commerce ; telle autre favorisait les progrès de l'instruction publique en la personne des maîtres et des étudiants. Ici une caste était l'objet d'un privilége, là c'était toute une population qui recueillait le fruit du bienfait royal.

(1) V. *infrà* villes d'arrêt

Au milieu de ces dispositions confuses et contradictoires, il est difficile de retrouver le droit commun (1), qui se réfugie partout où ne se trouve pas le privilége, et qui fuit continuellement devant ses envahissements. Cependant, quelque restreint que soit son domaine de fait, il n'en est pas moins vrai que le principe qui domine toute la législation coutumière, c'est la sentence d'illégalité prononcée par Louis IX et Philippe IV contre l'emprisonnement pour dettes. L'illustre jurisconsulte de l'Angoumois, Jean Faber, contemporain de Philippe IV, atteste la présence de ce principe dans les lois qui régissaient l'exécution forcée :
« *In curiâ regis Franciæ*, dit-il, *pro debito civili, nemo*
» *incarceratur. Humanitatem creditoris qui inopiam debi-*
» *toris sublevat, laudant sacræ Scripturæ. Hinc propheta*
» *duritiem creditoribus improbat quod æs sibi debitum*
» *quocumque tempore, crudeliter exigerent :* « *Ecce in*
» *die jejunii vestri invenitur voluntas vestra, et omnes de-*
» *bitores vestros recepitis.* » Esaïas, c. 58 (2).

Le droit commun repoussait la contrainte par corps, mais l'exception se trouvait à côté de la règle. Nous avons vu quelles étaient sous Philippe IV les dérogations à ce principe. Sous les coutumes le cercle s'élargit, et se divisa en deux classes principales.—L'une d'elles comprenait les cas où, sans avoir préalablement obtenu une condamnation par corps, le créancier pouvait de plein droit arrêter son débiteur en vertu d'une obligation ou d'un privilége ; l'autre classe comprenait les cas dans lesquels une contestation étant survenue sur la validité de l'obligation, sur l'application du privilége, ou sur l'existence d'un

---

(1) « Il n'y eut plus de loi commune, » dit Montesquieu, *Esp. des lois*, liv. XXVIII, c. 9.

(2) Jean Faber, *in § fin. de actionib. et instit.*

fait, la contrainte par corps était ordonnée judiciairement (1). Au surplus, cette dernière espèce d'exécution
par corps n'était autre chose que la conséquence ou plutôt
la consécration du principe qui faisait de l'obligation du
fait ou du privilége autant d'exceptions à la règle générale.
Il ne faut pas croire, en effet, que l'emprisonnement pût
être arbitrairement ordonné par le magistrat en toute
matière, de telle sorte que, muni d'un pouvoir absolu, il
absorbât dans ce pouvoir le droit commun, et le rendît
illusoire. Non ; pour que la contrainte par corps émanât
de la sentence du juge, il fallait toujours que cette sentence fût motivée par l'existence d'un des cas d'exception
dans lesquels la loi cessait de protéger le débiteur.

Telles étaient les règles générales qui dominaient la
matière. Passons aux règles accessoires.

En général, la contrainte par corps ne pouvait être exercée
que pour une dette liquide. Cependant, comme cette exécution n'était subordonnée à aucun chiffre déterminé, on
en avait conclu l'inutilité de l'appréciation préalable. Aussi
plusieurs coutumes, et entre autres celle de St-Omer, au-
torisaient-elles la contrainte par corps, alors même qu'il
s'agissait de dettes non liquidées (2). — D'autres coutumes établissaient le principe contraire ; mais la manière
dont elles disposaient à cet égard était dérisoire. On peut

(1) « Aucun n'est recevable à procéder par voie d'arrêt et autre exploit
» de fait, moins par emprisonnement de la personne, sans condamnation,
» obligation, délit, quasi-délit, chose privilégiée ou qui le vaille. » Paris,
§ 160 ; — Clermont, § 54 ; — Senlis, § 104 ; — Montfort-l'Amaury, § 153 ;
—Melun, § 309. — « Permis emprisonner par vertu d'obligation portant
» soumission et prinse de corps. » Bordeaux, § 79 ; — Valois, § 192. —
« Sans obligation, condamnation, délit ou quasi-délit, ou qu'il ait été
» permis par justice. » Calais, § 232 ; —Etampes, § 146.
(2) St-Omer, § 60.

en juger d'après la coutume de Calais (1), qui, après avoir déclaré que l'exécution par corps serait toujours subordonnée à la liquidation de la dette, se démentait aussitôt en ajoutant que, s'il y avait lieu à appréciation, on procéderait toutefois à l'exécution provisoire, sauf à ajourner les plaideurs, afin que la valeur de la dette pût être déterminée.

Mais ce n'était pas là seulement que se trouvait l'abus. Un préliminaire plus important encore pour le débiteur lui était refusé. Je veux parler de l'obstination avec laquelle le législateur des coutumes fermait l'oreille aux réclamations des jurisconsultes qui criaient à l'arbitraire et demandaient la discussion préalable des biens du débiteur. Barthole surtout (2), champion ardent du droit écrit, qu'il appelait droit commun, protestait, au nom de la loi romaine, contre l'incarcération provisoire. Il avait raison ; du moment où l'on reconnaissait en principe que la première garantie du créancier reposait sur les biens, il en résultait cette conséquence forcée, qu'avant d'exercer une action contre la personne, il fallait examiner d'abord si la créance avait une valeur plus forte ou plus faible que celle des biens du débiteur. — Si ce dernier est solvable, et si cependant on l'emprisonne sans s'enquérir de cette solvabilité, il est évident qu'on change l'objet de l'emprisonnement pour dettes, et qu'on en fait une peine, alors qu'il ne doit être qu'un moyen de contrainte au payement.

Cependant, malgré les réclamations des meilleurs esprits, la plupart des coutumes repoussaient le bénéfice

(1) Calais, § 239.

(2) Barthol., in l. 1, Cod. qui bon. ced. poss. : « *Nisi quandò non suppetunt facultates debitori pro œris alieni quod Græci* το δανσιον *appellant ex solutione discussis primùm rebus omnibus, juribus et nominibus.* »

de discussion. « Un débiteur obligé par prise de biens et
» de corps, dit la coutume de Nivernais, peut être pris
» et arrêté prisonnier à la requête de son créancier, sans
» que ledit créancier soit tenu faire préalablement dis-
» cussion sur ses biens, meubles ou immeubles, audit
» débiteur obligé (1). » Ainsi, par un étrange oubli de
tous les principes, on commençait d'abord par emprisonner, sauf à examiner ensuite (2) si le prisonnier était
solvable ou ne l'était pas; puis, sa solvabilité une fois
constatée, on le relaxait après s'être payé sur ses biens.

Ce mode de procéder était trop expéditif pour ne pas
plaire à la majorité. Aussi l'emprisonnement sans discussion préalable était-il généralement adopté. Cependant
quelques coutumes se révoltèrent contre cet usage. Celles
d'Anvers et de Brabant (3) furent les premières. Les Fors
du Béarn suivirent leur exemple : « Per causa civila,
» degun no deu esta arresta, sino que expressement y sia
» obligat et feità au préalable discussion de ses beès (4). »
Au surplus, l'exemple des coutumes de Brabant et d'Anvers ne fut pas imité par les autres ; et si, dans les Fors
du Béarn, l'esprit d'amélioration se manifeste d'une manière plus remarquable encore, c'est qu'ils appartiennent,
sinon par l'origine, du moins par leur refonte, au règne
de Henri IV.

Cependant la rigueur du droit coutumier en ce qui con-

(1) Nivernais, art. 8. — Troyes, art. 629. — Bourbonnais, 104. —
Marche, 402.

(2) « Deteur ne sera mis hors de prison avant que ses biens soient
» vendus suffisamment pour satisfaire ses créanciers, si toutefois il n'y a
» opposition. » Bretagne, 124.

(3) Ord. cur. Brab., art. 658. — Covarruvias, Var. resol. l. II. c. 1 —
Cons. antverp., t. XXVII, art. 2 et 59

(4) Fors du Béarn, tit. des exécutions, art. 2. — V. aussi l'Isle, § 21.

cernait la discussion préalable n'avait rien d'arbitraire; elle était commandée par un principe qui dominait tout le système des exécutions. Ce principe, qui, suivant la définition pittoresque de Papon, permettait au créancier de *prendre la charrette, le charretier et le fouet* (1), autorisait le cumul des contraintes et l'exercice simultané de l'action sur les biens et de l'action sur la personne. Le créancier n'était même pas lié par son option; le choix d'un mode d'exécution n'entraînait pas la déchéance du droit de se servir plus tard de l'autre. « Une voie d'exécution, dit la » coutume de Berri, ne cessant pour l'autre, ains pour- » ront être cumulées (2). » Ce principe, généralement adopté, était basé sur cette considération, que si dans les cas où la contrainte par corps est admise, la personne est plus étroitement obligée, ce n'est pas une raison pour que les biens ne continuent pas à demeurer le gage du créancier. Cependant plusieurs coutumes n'admettaient pas l'application absolue de cette règle. La coutume d'Auvergne, entre autres, ne permettait pas en général l'exercice simultané des deux modes d'exécution. Ce n'était que par exception qu'elle autorisait les parties à se soustraire par leurs conventions à l'application de la règle particulière établie par elle (3).

La faculté laissée au créancier d'emprisonner et d'exproprier à son gré son débiteur même solvable, ne permettait guère à ce dernier d'éviter les rigueurs de la prison. Cependant il lui restait un moyen de s'y soustraire;

(1) Papon en ses Arrêts, liv. XVIII, tit. V, arr. 52.

(2) Berri, tit. XXI, § 15 et 17. — Nivernais, art. 8. — Bourbonnais, 104. — Melun, 314. — Troyes, 129. — Ponthieu, 158.

(3) Ce principe a été adopté par l'ordonnance de Moulins, art. 48, et par l'ordonnance de 1667, tit. 34, art. 13.

c'était de remettre entre les mains de son adversaire « des » gages vendables aisément et sans déchet, jusqu'à con- » currence du debte (1). » Et non-seulement il évitait ainsi une incarcération imminente, mais encore il pouvait se faire ouvrir immédiatement les portes de sa prison pro- visoire, dans le cas où le créancier aurait été plus diligent à emprisonner que lui à donner des garanties.—Cette res- source était fort équitable, et ne pouvait assurément com- promettre les intérêts de la partie adverse; cependant quelques coutumes la refusaient au débiteur : « Lorsque » le débiteur est obligé à prise de corps et de biens à la » fois, dit la coutume de Bretagne, il ne pourra être » élargi qu'en *consignant réaulement et de fait la dette*, » et il ne suffira de garnir de biens immeubles ou ex- » ploitables, et surserra toute exécution en *consignant* » *la dette en deniers* (2). » Au surplus, cette décision de la coutume de Bretagne n'était point absolue dans ses termes; elle ne déniait point d'une manière générale au débiteur le droit de se soustraire à l'emprisonnement par la délivrance d'un gage. Ce n'était qu'exceptionnellement, et pour obéir à la loi des parties, qu'elle refusait au con- traignable cette faculté, lorsque le contrat constitutif de la dette portait de sa part soumission au cumul des con- traintes.

En résumé, voici quels étaient les principes généralement adoptés par les coutumes sur la matière dont nous nous occupons :

En principe la contrainte par corps est illégale. — Exceptionnellement, elle est admise en vertu de la con-

(1) Nivernais, 8. — Bourbonnais, 104. — Auvergne, c. XXIV, § 60.— Marche, 402.

(2) Bretagne, c. XXIV, art. 61.— Bourbonnais, 104.—Marche, 406.

damnation par corps, de l'obligation expresse, du délit, du quasi-délit et des dettes privilégiées (1).

L'emprisonnement, dans le cas où il est permis, s'exerce sans discussion préalable des biens meubles et immeubles du débiteur. —Cependant ce dernier peut éviter l'incarcération par la prestation d'un gage *vendable et sans déchet.*—Cette faculté lui est refusée, s'il s'est soumis par son obligation à l'exercice des deux modes d'exécution.— En ce dernier cas, il ne peut se libérer que par la consignation de la dette en deniers.

Telle est la base sur laquelle la législation coutumière a établi le droit de contrainte par corps. Examinons maintenant quelles furent les modifications apportées à ce régime par l'ordonnance de Moulins de 1566.

§ IV. — ORDONNANCE DE MOULINS. — ORDONNANCE DE 1667.

La législation des coutumes sur la contrainte par corps fut profondément modifiée par l'ordonnance de Moulins de 1566.

Voici comment :

Au milieu des concessions qui leur étaient arrachées, et à l'aide desquelles ils conservaient leur couronne, les rois du moyen-âge avaient toujours compris que la sécurité de l'État et des personnes repose sur l'unité monarchique. Mais, assez sages pour le comprendre, ils n'avaient pas été assez forts pour arriver au but. Louis XI le premier avait jeté les bases de la centralisation du pouvoir. Ses successeurs devaient l'imiter : ils l'imitèrent ; et comme ils savaient que l'unité monarchique est toujours corrélative

____

(1) Ranchin, quæst. 61. — Guy Pape. — Philippi en ses Arrêts, art. 79. —Maynard, liv. III, c. 34.—Laroche en ses Arrêts, l. II, sous le mot emprisonnement, t. I, arr. 2.

de l'unité dans les lois, les rois de France firent tous leurs efforts pour amener les provinces privilégiées à se soumettre à l'empire du droit commun.

Ce résultat était subordonné à bien des difficultés dans un royaume où les coutumes, souvent opposées entre elles par leurs principes, se multipliaient avec les provinces. Pour l'obtenir, la force armée était impuissante. Ce n'était que par l'action lente mais sûre de la raison, que la réforme pouvait être accomplie.

Vint le XVIe siècle. A cette époque, le droit romain jetait un vif éclat de lumière à côté du droit coutumier qui suffisait à peine aux besoins de la pratique. Aussi les Cujas et les Barthole dédaignaient-ils ce dernier, et recherchaient-ils la théorie dans les profondeurs de la raison écrite. Dignes des beaux temps de la jurisprudence romaine, les œuvres de ces grands hommes avaient formé l'école appelée à régénérer la science du droit, et appris à la magistrature comment les lois françaises pouvaient être ramenées à l'unité sous la bannière du droit écrit. C'est donc aux magistrats et aux jurisconsultes, ces prophètes de toute amélioration dans les lois, qu'il faut attribuer, entre autres conquêtes de la raison sur l'usage au profit de l'unité, la révolution opérée par l'édit de Moulins dans le système des exécutions.

L'ordonnance de Moulins, appelée loi *Regia* ou édit de quatre mois, substitue à la contrainte par corps conventionnelle et privilégiée les lois de Justinien, leurs bénéfices et leurs délais. Générale pour toute la France, elle assujettit les pays de coutumes à l'observation de la procédure nouvelle qu'elle introduit, et commence l'œuvre de longue haleine qui doit doter la France d'un droit commun. Désormais la contrainte par corps sera judiciaire. Tout débiteur y sera soumis ; mais il ne la subira qu'en vertu de la décision du juge. En vain le créancier invoquera la loi du contrat ou la loi du privilége ; son titre de créance subira le contrôle du magistrat. Si la dette est prouvée, peu importe son origine ; la condamnation au payement entraînera forcément la contrainte par corps. Seulement l'exécution ne sera pas immédiate ; le bénéfice du délai emprunté à Justinien la suspendra pendant quatre mois. Ce délai lui sera donné pour payer. S'il n'accomplit pas cette obligation, son insolvabilité étant considérée comme suffisamment démontrée, il sera emprisonné sans discussion préalable de ses biens.

Indépendamment des avantages que présentait cet édit en ce qu'il donnait aux exécutions forcées une procédure uniforme, il atteignait aussi un but éminemment moral en soumettant les débiteurs à un régime sévère. Il le fallait : à la faveur du système qui, sauf convention contraire ou privilége, refusait aux créanciers l'exercice de la contrainte par corps, les débiteurs se jouaient souvent de l'impuissance de ces derniers à les atteindre, et mettaient leur patience à de rudes épreuves. Ils ne consentaient que fort difficilement à la cession de biens, et faisaient tous leurs efforts pour se soustraire à cette nécessité. Les subterfuges, les subtilités de la chicane, les délais de justice, les délais de faveur, avaient pour résultat d'éloigner indéfiniment l'heure de l'abandon de leurs biens, et d'effrayer les créanciers en les entraînant dans un dédale de procédures. L'ordonnance de Moulins fit cesser ces abus, en reproduisant le principe de la loi romaine, et déclarant que la cession de biens n'était autre chose que *le moyen d'éviter la prison.* Dès lors toute condamnation à payer entraîna l'emprisonnement du débiteur, si, dans les délais, il ne voulait ou ne pouvait s'y soustraire par le bénéfice de cession. Toutefois les portes de la prison ne devaient pas se refermer irrévocablement sur lui. Admis encore à invoquer le bénéfice, il pouvait obtenir son élargissement par l'abandon de ses biens.

Cette législation à la fois sage et rigoureuse avait déjà vécu un siècle, lorsqu'une nouvelle modification s'opéra dans le système des exécutions. C'était Louis XIV qui, dans l'ordonnance de 1667, faisait revivre la pensée de St Louis, et soumettait la contrainte par corps à une application exceptionnelle.

Cette ordonnance supprima toutes les institutions précédentes. Elle abrogea les lois sur la contrainte par corps conventionnelle (1), contenues dans le droit coutumier; elle condamna la contrainte par corps judiciaire, telle que l'avait établie l'ordonnance de Moulins; enfin, de tout ce que l'on avait établi jusque-là, elle ne conserva que le délai de quatre mois, dans les cas où elle autorisait encore l'exécution sur la personne.

A la place de ces ruines, l'ordonnance de 1667 rétablit le principe que Jean Faber nous a déjà signalé dans les lois du moyen-âge : « *In curiâ regis Franciæ pro debito* » *civili nemo incarceratur* (2). » Mais ce principe dut recevoir les exceptions suivantes :

La contrainte par corps sera prononcée : — 1° pour dépens, restitutions de fruits et dommages-intérêts au-dessus de 200 fr. (3) ; — 2° contre les tuteurs et curateurs, pour reliquat de compte liquidé judiciairement (4) ; — 3° en

(1) Ordon. de 1667, t. xxxiv, art. 6 et 7.
(2) Jean Faber, *in § fin. de action. et inst.*
(3) Ord. de 1667, tit. xxxiv, art. 2.
(4) *Id.*, art. 3.—*V.* cependant décision contraire rendue au parc civil du Châtelet le vendredi 16 mai 1760.—Denisart. Coll., t. i, v° *cont. par corps.*

cas de réintégrande ; — 4° contre les stellionataires (1) ; — 5° par suite de dépôt forcé ou de dépôt judiciaire ; — 6° pour lettres de change et faits de commerce; — 7° pour deniers royaux (2) ; — 8° enfin, l'ordonnance conserve aux foires, ports, étapes, marchés et villes d'arrêt, leurs anciens priviléges (3). Ajoutons que, dans tous ces cas, la contrainte par corps est facultative, et que l'appréciation du magistrat était souveraine.

En admettant ces restrictions au principe qu'il avait posé, le législateur de 1667 ne prétendit point enlever aux contraignables le bénéfice du délai stipulé pour eux dans l'édit de Moulins. Cependant le commerce et le fisc étaient favorisés à un trop haut degré pour que leurs débiteurs fussent admis à invoquer contre eux un délai de quatre mois. D'un autre côté, la contrainte par corps prononcée, à raison du dol du débiteur, pour stellionat, réintégrande, ou par suite de l'infidélité du dépositaire, était trop juste et trop morale pour que ceux qu'elle frappait pussent exciter l'intérêt. Aussi l'ordonnance de 1667 n'admettait-elle le délai de quatre mois que lorsque la contrainte par corps était ordonnée pour dommages-intérêts, dépens, restitutions de fruits et reliquat de compte de tutelle.

Cependant il ne faut pas croire que, dans les cas où le délai de quatre mois n'avait pas été maintenu, l'exécution pût avoir lieu sans délai. Après la condamnation, le ju-

(1) Ord. 1667, tit. XXXIV, art. 4, 8 et 9. — *V.* aussi l'édit du mois de juillet 1680.

(2) *Id.*, art. 4.

(3) A ces cas d'exception plusieurs autres furent ajoutés par divers règlements et ordonnances postérieurs à l'édit de 1667. — V. *infrà* dettes privilégiées.

gement qui l'avait prononcée devait être signifié, avec commandement de payer. Puis quinze jours devaient. s'écouler encore avant l'emprisonnement. L'observation de ce délai de quinze jours était indispensable pour la régularité de la procédure. Cela est si vrai, que le débiteur avait le droit de l'exiger, alors même qu'il était admis à bénéficier du délai de quatre mois.

Au surplus, voici quelles étaient les formalités que prescrivait l'ordonnance de 1667, et qui devaient être observées à peine de nullité de la procédure relative à l'emprisonnement du débiteur.

Après avoir obtenu un jugement de condamnation, le créancier devait signifier à la partie adverse l'arrêt ou sentence qui l'avait condamnée. S'il s'agissait de dépens ou dommages-intérêts, il devait ajouter à cette signification l'exécutoire par lequel ils étaient liquidés. Il devait en outre, soit dans le même acte, soit par acte séparé, faire commandement au débiteur de payer, et lui déclarer qu'à défaut de payement il serait pourvu, à sa diligence, après l'expiration du délai de quatre mois, à l'obtention d'un arrêt ou sentence d'*iterato* contre lui.

Lorsque le délai de quatre mois était expiré sans que le débiteur eût obéi au commandement, la procédure se simplifiait singulièrement. Après nouveau commandement, le créancier pouvait, sur une simple requête non communiquée, et sans aucune assignation, obtenir l'arrêt ou sentence appelés d'*iterato*.

Cet arrêt, dont la dénomination s'explique assez de ce qu'il ne se délivrait qu'en conséquence d'un premier jugement de condamnation, ordonnait qu'il serait fait itératif commandement au débiteur de payer dans la quinzaine.

Ce dernier délai était décisif. Si le débiteur le laissait écouler sans satisfaire son créancier, celui-ci était autorisé à le faire incarcérer.

Cette procédure sage et libérale se perpétua dans les lois et dans la pratique, jusqu'à l'époque où la révolution française fit table rase de toutes les institutions monarchiques, sans distinction entre celles qu'il fallait proscrire et celles qu'il fallait respecter. L'ordonnance de 1667 subit le sort commun : elle fut abrogée, puis remplacée. Nous examinerons plus loin, lorsque nous reprendrons ce récit, si les débiteurs ont beaucoup gagné aux modifications que la révolution a fait subir à la contrainte par corps.

SECTION II. — *Développements de détail.*

PREMIÈRE SUBDIVISION. — *Des diverses espèces de contraintes par corps.*

§ 1er. — DE LA CONTRAINTE PAR CORPS CONVENTIONNELLE.

L'histoire de la contrainte par corps en vertu du contrat a trois grandes phases. Deux nous sont connues : le *nexum* et l'*obnoxiatio*, qui toutes deux reproduisent la même idée sous une forme différente. La troisième, c'est la contrainte par corps conventionnelle, telle que l'ordonnance de 1303 (1) l'a rétablie, telle que l'ont adoptée les coutumes, telle que l'a proscrite l'ordonnance de 1667. C'est de cette dernière que nous allons nous occuper.

L'origine de la contrainte par corps conventionnelle en France remonte, ainsi que je l'ai dit plus haut, à Philippe IV. Cependant cette assertion n'a rien d'absolu ; car,

____

(1) Ordonn. de 1303, art. 12.

si l'ordonnance de 1303 est le premier monument qui attribue le caractère de la légalité à l'engagement par corps du débiteur, ce n'est pas à dire que la faculté de contracter ainsi ne fût pas déjà depuis longtemps dans l'usage. La preuve du contraire résulte même des termes dans lesquels l'ordonnance est conçue (1); car, en ne permettant aux contractants de stipuler entre eux la contrainte par corps que *par lettres passées sous le scel royal*, elle semble annoncer le dessein de restreindre un usage préexistant plutôt que celui d'innover.

Quoi qu'il en soit, c'est sous le règne de Philippe IV que l'obligation par corps, revêtue d'une sanction, commence à dominer tout le système des exécutions (2). Reconnue comme le principal élément de la contrainte par corps par les ordonnances et par les coutumes, elle est désormais *de style* (3) dans tous les contrats, et envahit le droit commun.

On ne doit point s'étonner de la prodigieuse extension que prit la contrainte par corps conventionnelle. Elle avait pour les créanciers d'immenses avantages; un surtout, la célérité dans l'exécution. Le titre qui portait obligation par corps était, en général, exécutoire par lui-même sans condamnation préalable (4); de sorte que, si la dette n'était pas payée à l'échéance, le créancier pouvait, par

(1) « *Item, quòd non ponent nec tenebunt aliquem in prisione seu* » *carcere pro debito, nisi per literas nostras regias ad hoc fuerit spe-* » *cialiter obligatus.* » Ordon. du 23 mars 1302, Philippe IV, insérée dans la 3ᵉ partie du Style du parlement, tit. XXXIII, *de non carcerando debitores.*

(2) « *Nullum sine pignore corpus.* »

(3) Boucheul sur l'art. 424 de la cout. du Poitou, nᵒ 6.

(4) « Les lettres obligatoires faites et passées sous le scel royal seront » exécutoires par tout notre royaume. » Ordonnance de 1539, art. 65.

mesure de précaution, arrêter son débiteur, et l'empêcher ainsi de se soustraire par la fuite aux conséquences de son obligation (1). En vain ce dernier aurait-il prétexté d'un payement déjà effectué, ou de la nullité du titre de son adversaire, sa signature parlait plus haut que ses dénégations ; il était d'abord incarcéré, sauf à montrer ensuite sa quittance, ou à réclamer devant les tribunaux l'annulation du titre, et des dommages-intérêts à raison de son injuste captivité.

Au surplus, les droits du créancier étaient plus ou moins étendus, suivant les termes dans lesquels l'obligation par corps avait été conçue. — Il y avait deux manières principales de contracter ainsi : l'une était peu rigoureuse, l'autre l'était bien davantage.

La première était la clause par laquelle le débiteur s'obligeait à *tenir arrêt* à défaut de payement à l'échéance. L'*arrêt* ou *otage*, ou *clain* (2), qu'il ne faut pas confondre avec l'*incarcération*, était en quelque sorte un ban de surveillance au profit de l'intérêt privé. Si le débiteur ne payait pas son créancier au terme fixé, ce dernier avait le droit, après intimation préalable, de lui imposer en un lieu quelconque un séjour dont la durée était subordonnée au payement. Cette résidence était restreinte dans certaines limites que le débiteur ne pouvait franchir, à peine de

---

(1) « Cet arrêt, dit de Ferrières, se fait *sans un préalable comman-*
» *dement;* autrement ce privilége serait souvent inutile, puisque le dé-
» biteur averti mettrait ses biens à couvert, et ce serait, comme l'on dit
» vulgairement, *vouloir prendre un lièvre au son du tambour.* » De
Ferrières, Commentaire sur l'art. 173, tit. VIII de la cout. de Paris.

(2) La plupart des coutumes des Pays-Bas nomment *clain* l'exercice du
droit d'arrêt. — *V.* coutume de Cambrai, tit. XXV, et le Commentaire de
Pinault des Jaunaux sur cette coutume.

voir son arrêt se transformer en un emprisonnement (1).

Les limites de l'*arrêt* étaient d'ordinaire les murs d'une ville. Il n'était pas nécessaire que cette ville fût très-importante pour devenir le théâtre d'une exécution de ce genre; il suffisait qu'on pût y trouver « *pain, vin et autres vivres nécessaires* (2). » Au surplus, une obligation était imposée au créancier, celle de fournir à l'arrêté « *ses dépens* » *à ordonnance de justice, à moins qu'il ne pût les faire* » *lui-même* (3). »

L'autre clause, qui se reproduisait assez fréquemment dans les emprunts, était celle par laquelle le débiteur s'obligeait à subir les rigueurs de la *prison fermée*. L'effet de cette clause était d'autoriser le créancier à constituer immédiatement son adversaire en *prison fermée*, sans le faire passer par les degrés de coaction dont nous avons parlé tout à l'heure (4).

Quelquefois aussi intervenait entre les parties une convention par laquelle l'emprunteur s'obligeait à subir simultanément toutes compulsions sur le corps et sur les biens (5). Cet engagement était plus compromettant encore que les deux autres. En effet, lorsque le corps seul était engagé, la loi du contrat n'autorisant le créancier qu'à poursuivre par voie d'emprisonnement, il en résultait que le débiteur était maître de disposer de ses biens, et pouvait éviter la prison en les offrant comme garantie à son

(1) Anc. coutume de Bretagne, 117 et suiv. — Nouvelle, 112.
(2) Anc. coutume de Bretagne, 121. — Nouvelle, 114.
(3) Cout. de Bretagne, 115.
(4) Anc. cout. de Bretagne, 120.
(5) Bourbonnais, 104. — Auvergne, c. 24, art. 59. — Après l'ordonnance de Moulins, il ne fut plus nécessaire, pour que le créancier pût cumuler les contraintes, que l'obligation portât une clause expresse à cet égard. — V. Coquille sur l'art. 9 de la cout. de Nivernais

adversaire, si toutefois ces biens étaient de nature à constituer des *gages exploitables* (1). Mais lorsqu'au contraire l'engagement compromettait à la fois les biens et la personne, les pouvoirs du créancier étant absolus, le contraignable ne pouvait lui en conférer de nouveaux. L'incarcération était donc inévitable, à moins que le prisonnier ne *consignât réaulment et en deniers* le montant de la somme dont il était débiteur (2).

Au surplus les formules variaient à l'infini. Toutes clauses étaient des lois pour les parties, pourvu qu'elles ne stipulassent pas l'esclavage ou tout autre résultat attentatoire à l'ordre civil. On peut juger du degré de tolérance avec lequel on fermait les yeux sur les conventions des parties, en apprenant que le débiteur pouvait abdiquer jusqu'au droit de défense. Tel était du moins l'objet du contrat par lequel les parties convenaient qu'à défaut de payement au jour fixé, le débiteur serait exécuté sans être *admis à rien dire* (3).

Cette clause était dangereuse pour celui qui l'avait souscrite, car il était à la merci de son créancier. Supposons que ce dernier fût de mauvaise foi, que son titre fût entaché de dol ou de violence, ou bien qu'il eût été payé, et que son adversaire, ayant perdu ou égaré sa quittance, ne pût pas la reproduire. En vain celui-ci essayait-il d'attaquer ou de se défendre, le créancier lui fermait la bouche en lui montrant la clause fatale. Un seul refuge restait au contraignable, mais à quelle condition ! Pour être admis à

___

(1) Cout. de Nivernais, tit. 32, art. 8.—Bourbonnais, 104.—Auvergne, c. 24, art. 60.—Marche, 402.

(2) Alliance des coust. de France, § 104.

(3) Alliance des coust. de France, § 105. « N'est reçu à alléguer nullité ou faulseté du contract. » Papon, l. X, tit. I, arr. 2.

rompre le silence, il fallait qu'il commençât d'abord par consigner réaulment et de fait le montant de la somme pour laquelle on l'arrêtait (1). S'il ne pouvait pas consigner, en vain élevait-il une voix suppliante ; la magistrature, condamnée à être injuste, était forcée de fermer l'oreille à ses réclamations.

Cependant les coutumes restreignaient cette rigueur à certaines limites. Le défendeur pouvait, sans consignation préalable, présenter quelques observations. Il était admis « *à faire apparoir par quittance valable, par témoins ou* » *par inspection de l'obligation*, que la dette avait été » payée ou prescrite. » Mais comment l'autorisait-on à cette preuve? Il fallait qu'il la fît, non pas même *à brief délai*, mais *sur-le-champ*. Pas un instant pour préparer ses moyens de défense ; il devait les improviser : s'il ne le pouvait, sa dernière et triste ressource était de déférer le serment au demandeur ; après quoi, si celui-ci persistait, il fallait bien aller en prison (2).

Cette procédure était trop expéditive et consacrait trop d'injustices pour avoir droit à la longévité. Cependant, malgré son impopularité, elle domina la matière pendant près de trois siècles, jusqu'à l'ordonnance de Moulins. Cette ordonnance n'abolit pas la contrainte par corps conventionnelle, mais elle en changea la procédure. Forcé désormais d'observer des délais légaux, le créancier porteur d'un titre contenant obligation par corps dut le soumettre à l'appréciation du magistrat avant de procéder à

(1) L'Isle, § 119 et 120.—La Rochelle, § 66.—Auvergne, c. 24, art. 66. — Marche, 406.

(2) Auvergne, c. 22, art. 66 et 67.—La Marche, 406. — Bourbonnais, c. 12, art. 105. —Bretagne, c. 24, art. 66.

l'exécution (1). D'un autre côté, un chiffre fut déterminé au-dessous duquel la liberté d'un débiteur ne pût plus être compromise, même conventionnellement. Fixé d'abord à 30 livres (2), puis à 50 (3), par divers arrêts de règlement, ce chiffre fut imposé aux conventions des parties aussi bien qu'aux décisions des magistrats.

Déjà annihilée dans ses effets par l'édit de Moulins, la contrainte par corps conventionnelle fut anéantie par l'ordonnance de 1667, qui la proscrivit irrévocablement : « Défendons de passer à l'avenir aucuns jugements, obli- » gations ou autres conventions portant contrainte par » corps contre nos sujets ; à tous greffiers, notaires et » tabellions, de les recevoir ; et à tous huissiers et ser- » gents, de les exécuter, encore que les actes aient été » passés hors notre royaume, à peine de tous dépens, » dommages et intérests (4). »

L'article 7 de cette ordonnance apportait une restriction à la prohibition générale : « Permettons aux propriétaires » des terres et héritages situez à la campagne de sti- » puler par les baux les contraintes par corps (5). »

Cette dernière disposition a été reproduite dans les lois nouvelles (6). C'est au surplus le seul vestige de la con-

---

(1) Ordonnance de Moulins, art. 48.

(2) Arrêt de règlement du 2 janvier 1581. — De la Rocheflavin, let. E, tit. I, art. 4.

(3) Arrêt de règlement des grands jours de Clermont du 27 octobre 1665.

(4) Ordonnance de 1667, tit. XXXIV, art. 1 et 6.

(5) *Id.*, art. 7. — On a agité la question de savoir s'il était licite de stipuler la contrainte par corps dans les baux de greffes des juridictions royales aliénés à des particuliers. — Arrêt du 13 juillet 1743, qui déclare nulles de semblables stipulations. — V. Denisart, v⁰ *cont. par corps.*

(6) Code civil, art. 2062.

trainte par corps conventionnelle que l'on retrouve dans nos codes.

§ II. — DE LA CONTRAINTE PAR CORPS EN VERTU D'UN PRIVILÉGE.

N° 1er. — *Des villes d'arrêt.*

Les villes d'arrêt étaient les communes dont les habitants avaient le droit d'arrêter au passage les biens ou la personne de leurs débiteurs *forains.*

Quelques mots sur cette définition.

C'était, sous l'ancienne jurisprudence, une question assez controversée que celle de savoir ce qu'on devait entendre par le *débiteur forain.* Parmi les jurisconsultes, les uns soutenaient que pour qu'un individu pût être qualifié ainsi, il fallait que son domicile se trouvât non pas seulement hors la ville, mais encore même en dehors du territoire dont la ville d'arrêt faisait partie (1). D'autres, au contraire, et en particulier Charondas, s'appuyant sur la distinction établie à Rome entre les *cives* et les *peregrini*, prétendaient qu'on devait envisager comme *forain* non-seulement le débiteur étranger au royaume ou à la province, mais encore celui dont le domicile était en dehors de l'enceinte ou de la banlieue de la ville privilégiée (2). De fort bonnes raisons étaient données de part et d'autre. Toutefois je crois que Charondas a raison, et je me range

(1) Brodeau sur l'art. 173 de la cout. de Paris, n° 7. — Rebuffe, Tract. de litt. oblig. art. 6, glos. 3, n° 47 : « *Forensis est quoad hoc privilegium, qui non habet domicilium nec bona in jurisdictione seu ballivia, vel seneschalia, vel gubernamento; unde Aurelianensis est forensis hic Parisiis.* »

(2) V. à l'appui de l'opinion de Charondas, de Ferrières sur l'art. 173 de la cout. de Paris. — Buridan sur l'art. 407 de la cout. de Reims, n° 3.

d'autant plus volontiers de son opinion, qu'elle me paraît confirmée par l'histoire.

Au XIe siècle, une puissance commençait à grandir à l'ombre des murs des villes. Cette puissance, c'était la bourgeoisie, que le privilége avait fait naître et faisait vivre pour la liberté. « Au regard des non nobles, dit le Cous-
» tumier général, ils sont en deux manières, dont aulcuns
» sont franches personnes, bourgeois du roi ou des sei-
» gneuries sur lesquelles ils demeurent, et les autres sont
» serfs et de serve condition. » A demi gentilhomme, à demi plébéien, le bourgeois du moyen-âge n'était déplacé nulle part. Au combat, au conseil, on le voyait figurer aussi bien qu'au milieu des opérations industrielles ou commerciales. S'il brillait de peu d'éclat en temps de paix, il devenait important dans les moments difficiles ; car c'était surtout sur ses bonnes villes que le roi s'appuyait, lorsque, pour repousser les invasions de sa noblesse, il avait besoin d'argent ou de soldats. Le roi tenait donc à l'affection de sa bourgeoisie avec d'autant plus de raison qu'elle était le plus ferme appui de sa couronne.

Divers priviléges lui furent concédés pour l'attacher plus intimement encore à la monarchie. De ce nombre était le droit d'arrêt. C'était là une concession importante, car elle autorisait le bourgeois à se rendre justice à lui-même. Or l'importance de cette concession donne à penser que le monarque ne devait pas en être prodigue ; et que, lorsqu'il dotait une ville de ce privilége, son intention était de restreindre la concession aux bourgeois dont il avait besoin et qu'il voulait exclusivement favoriser. Peu importait donc qu'un débiteur fût domicilié dans la province dont faisait partie la ville où on voulait l'arrêter. Si ce domicile était en dehors de la banlieue, en vain invo-

quait-il le droit de la province ; il était *forain* : car la
faculté de réclamer contre l'arrêt, comme débiteur, n'appartenait qu'à celui qui pouvait invoquer, comme créancier, les priviléges attachés au droit de bourgeoisie.

Lors donc que le débiteur était *forain*, le bourgeois
avait la faculté de l'appréhender, tant qu'il se trouvait dans les limites assignées au droit d'arrêt. Ces
limites étaient les murs de la ville ; si le *forain* les fran-
chissait, le privilége disparaissait. A la différence du droit
d'arrêt conventionnel dont nous avons parlé ci-dessus, et
qui pouvait s'exercer dans un village quelconque, pourvu
qu'on y trouvât *pain*, *vin* et *autres vivres* (1), le droit
d'arrêt privilégié ne pouvait franchir les murs d'enceinte. Cela provenait de ce que, dans ce dernier cas, la
faculté d'appréhender résultait d'une charte, loi dont l'empire ne s'étendait pas en dehors de la ville dont elle garantissait les priviléges ; tandis que, dans le premier cas, le
droit d'exécution émanait du contrat, loi qui régit les parties, quelque part qu'elles se trouvent.

Les chartes concédées aux villes ne stipulaient pas toujours le droit d'arrêt d'une manière uniforme; ce droit était
plus ou moins étendu, suivant les termes de la concession.
Ainsi, tantôt il reposait sur la personne du débiteur
forain (2), tantôt il n'avait pour objet que la saisie de ses
biens (3).

Lorsque la charte d'une ville d'arrêt autorisait seulement l'exécution sur les biens, voici quelle était la marche
à suivre : — Pour procéder régulièrement, le bourgeois

(1) Anc. cout. de Bretagne, 121.—Nouvelle, 114.
(2) St-Flour, local. d'Auvergne.—L'Isle, 118.—Bourdel, 79, etc.
(3) Paris, 173.—Calais, 133.—Melun, 331.—Amiens, 29.—Bern,
tit. IX, art. 7.—Montargis, c. 18, art. 8.—Orléans, 442.—Reims,
107.—Tours, tit. II, art. 1.—La Rochelle, art. 21

devait être à même de justifier de son séjour dans la ville d'arrêt pendant une année (1). Ce premier fait établi, il n'avait pas besoin de produire un titre; il pouvait saisir les effets de son débiteur forain sans présenter « *obligation ni cédule* (2). » Tout se passait sommairement. Point de commandement préalable; c'eût été donner l'éveil au débiteur; et, comme le dit plaisamment de la Ferrière, « on ne prend point un lièvre au son du tambour (3). » L'arrêt sur les biens était donc véritablement une exécution par surprise, un guet-apens légal. Ceci est d'autant plus vrai, qu'en dépit de toutes les règles de la procédure, c'était souvent le créancier qui présidait à l'exécution; car il était autorisé à saisir lui-même, « alors » qu'il n'y avait pas dans la ville d'officiers royaux de » justice présents et en état de le faire (4). »

Lorsqu'au contraire le bourgeois avait le droit d'appréhender la personne, il y avait deux degrés dans l'exécution : d'abord la faculté de tenir en arrêt le débiteur forain, puis celle de l'emprisonner. La première partie de l'exécution (5), dont l'objet était d'empêcher le *forain* de se soustraire par la fuite à de justes poursuites, pouvait être accomplie par le bourgeois sans aucune formalité. Cela est si vrai, que l'intimation d'avoir à ne pas quitter la ville jusqu'à nouvel ordre était valable, alors même que le débiteur la recevait au débotté (6). Cette intimation

---

(1) Paris, 173.
(2) Paris, 173.
(3) De Ferrières sur l'art. 173 de la cout. de Paris.
(4) Lettres de Charles V en faveur des b.urgeois de Tournay, année 1370.
(5) « Debteurs forains et étrangers peuvent être arrestés, mais ne sont » constitués prisonniers. » Guénois, p. 2, tit. vii, f° 511, coustume.
(6) « Au moment même ou il descendait de cheval. » Lettres de Phi-

faite, le débiteur ne pouvait plus quitter la ville sous peine d'emprisonnement. — Dès lors la partie devenait égale ; car le créancier était sûr désormais de savoir où trouver son adversaire pour exercer contre lui ses poursuites.

Les solennités judiciaires qui suivaient l'arrêt variaient à l'infini. Chaque ville avait sa procédure. — A Pont-Urson, en vertu d'une concession spéciale de Charles V (1), le bourgeois pouvait, après avoir mis en arrêt son débiteur forain, l'appeler en duel (*in duellium*), et subordonner l'issue du procès aux chances du champ clos judiciaire. — A Athyes, c'est au maire (*major*) et aux échevins (*jurati*) que le bourgeois doit aller s'adresser pour obtenir le payement de la dette pour laquelle il tient en arrêt un *soldat* ou un *forain*. Le maire devra *convenir* ledit soldat ou forain, le sommer de payer sa dette, ou sinon lui interdire la *communauté*, le *crédit* et le *voisinage* (2). — Dans diverses villes point d'arrêt, mais arrestation suivie d'un emprisonnement immédiat que l'ordre d'élargissement délivré par le juge peut seul faire cesser (3). Enfin, à Tour-

lippe-Auguste en faveur des habitants de Poitiers, année 1222, qui ont également pour objet d'ériger cette ville en commune.

(1) « *Si burgensis clamitat ad prelatum, de debito quod debeat ex-*
» *traneus et cognoscatur, garetur debitum burgensi potest advocare*
» *illum ad duellium, qui denegat ei suum debitum, ex quinque solidis*
» *et uno denario cum uno coste ad jurandum ponatur unum obolum*
» *supra librum; et ad jurandum duellium ponantur quatuor nummi*
» *quolibet duellium debet repetari, tertio die, coràm duobus homi-*
» *nibus.* » Lettres de Charles V, de juin 1366. — Ordon. des rois de France, t. IV, p. 642.

(2) Lettres de Philippe-Auguste en date de 1223.

(3) Lettres de Charles V en faveur des bourgeois d'Auxerre, année 1379. — Lettres de Charles VI en faveur des habitants de Figeac (1394) et de Condom (1397). — Lettres de Louis XI en faveur des habitants de Caudebec (1465), de Saumur (1466), d'Aigueperse (1462).

nay, du moins au xiii⁰ siècle, point de procédure, rien de judiciaire. Le bourgeois appréhendera son débiteur forain, et, sans autre forme de procès, l'entraînera captif dans sa maison, ou, si l'on veut, dans sa prison privée (1).

Cependant, à part ces exceptions qui portent le cachet de la barbarie, la procédure qui suivait l'arrêt revenait à peu près à ceci. Une fois sommé de tenir arrêt, le débiteur devait demeurer dans cette position jusqu'à ce qu'il eût nié ou confessé la dette. S'il la confessait, cet aveu devait être suivi d'exécution au bout d'un certain délai; « il de- » vait y être fait droit à jour marqué. » S'il niait, le ser- gent royal devait le conduire devant le juge. Ce dernier, après avoir entendu les parties, « faisait droit sur ce » qu'elles requéraient, ainsi qu'il appartenait par raison, » c'est-à-dire, ordonnait la mise en liberté ou l'emprison- nement du débiteur (2). Tout ceci se passait sommairement, tout ceci s'exécutait immédiatement.

Quant aux moyens d'éviter l'emprisonnement, c'était chose assez difficile. Comment, par exemple, suppléer la détention de la personne sous l'empire de la coutume de l'Isle (3), qui, nonobstant la puissante garantie donnée par l'hypothèque, autorisait la contrainte par corps? Heureu- sement pour le moyen-âge, toutes les villes d'arrêt n'étaient pas sous l'empire de principes aussi absolus. En Auvergne, le *gage exploictable* préservait de l'incarcération le débiteur

---

(1) Lettres de Philippe IV de 1296, qui confirme cet usage établi dans l'ancienne coutume de Tournay. — Lettres de Charles V de 1370, qui, en rétablissant cette coutume, ne conserve pas, dans ce qu'il a d'absolu, l'ancien usage de la prison privée. — Ordon. des rois de France, t. v, p. 370.

(2) Calais, 232.

(3) L'Isle, 118.

forain. A Poitiers, le voyageur pouvait bénéficier d'un délai pour se représenter à jour fixé devant le bailli du roi, alors qu'il offrait une caution solvable. Mais, à défaut de ces garanties, et il était fort rare qu'un voyageur obéré pût trouver une caution ou les moyens de fournir un gage, il fallait bien, quelque impérieux que fussent les motifs de son voyage, qu'il s'arrêtât, et subît dans la prison les ennuis d'une hospitalité forcée.

En résumé, voici les annales du droit d'arrêt :

Né dès le xiᵉ siècle, sous les auspices de Louis le Gros, le privilége des villes d'arrêt eut une longue carrière. Philippe-Auguste, Philippe IV, Charles V, Louis XI, tous rois sages, en augmentant encore les priviléges de la bourgeoisie, agirent sous l'influence de cette pensée politique, que dans la classe intermédiaire se trouve le soutien-né, le soutien intéressé de la monarchie. Louis XIV lui-même était trop sage pour ne pas le comprendre ; aussi, alors qu'il renversait le système des exécutions contenu dans les coutumes et dans l'édit de Moulins, déclarait-il ne point vouloir porter atteinte aux priviléges des villes d'arrêt.

Nᵒ 2. — Priviléges du commerce.

Avant les croisades, la France n'avait encore d'autre industrie que celle qui suffisait aux besoins ordinaires. Beaucoup de laboureurs, encore plus de soldats, mais peu d'artisans, voilà la statistique de sa population au xiiᵉ siècle.

Vinrent les croisades. L'Orient, devenu tributaire de l'Occident, y fit pénétrer ses merveilles artistiques. Le luxe fit les artisans ; leurs essais firent l'industrie ; le temps fit le reste. Aussi peut-on reconnaître comme fait, aux xive et xve siècles, l'existence d'un commerce national en France.

Mais ce commerce, c'était peu de chose. Au milieu de l'invasion et des luttes sanglantes qui refoulaient incessamment la monarchie d'un bout du royaume à l'autre, comment donner au commerce cette assiette stable hors laquelle il ne peut prospérer? Comment protéger l'industrie là où le bras de l'artisan manie plus souvent l'épée et le bouclier que la navette ou le ciseau? Comment créer des centres de production là où demain peut-être l'ennemi viendra semer le sel?

Pour suppléer à nos moyens de production, que paralysait la guerre, nous avions donc besoin de recourir encore à l'importation. Mais cette ressource n'était pas toujours à notre disposition; car la France était peu hospitalière pour le commerce étranger. Les petits suzerains, voleurs titrés, grevaient de droits énormes et ruineux les marchands qui passaient sur leurs terres, les dépouillaient souvent, les maltraitaient toujours. Aussi, quel que fût leur amour du gain, les commerçants italiens n'osaient-ils que rarement braver les vexations dont on les accablait à leur passage, et d'ailleurs n'introduisaient-ils en France leurs produits qu'à des prix mesurés sur la valeur des pertes énormes qu'ils avaient à compenser.

Nos rois, qui sentaient combien il importait à la prospérité nationale d'encourager nos relations avec des voisins industrieux, firent tous leurs efforts pour attirer en France les marchands d'Espagne et d'Italie. Une protection efficace leur fut accordée, des priviléges concédés. Ainsi, dès 1366, Charles V accordait aux marchands castillans et italiens qui viendraient en France, le droit d'exercer contre leurs débiteurs la contrainte par corps. Encouragés par ces témoignages de sympathie, les marchands étrangers firent des établissements sur le territoire français. Des magasins, des maisons de banque s'élevèrent dans plusieurs villes à l'abri sous la protection royale, qui se manifeste encore par la concession de priviléges nouveaux. Enfin Charles V, Charles VI, Louis XI, en encourageant ainsi le commerce étranger, démontrent que sous leurs règnes l'industrie de la France ne répondait pas à ses besoins.

Ces mesures étaient sages; mais elles ne pouvaient être que provisoires. Elles ne favorisaient ni une industrie française, ni un commerce national; or il était honteux pour un grand peuple de demeurer ainsi tributaire des nations voisines; il fallait le doter d'un commerce indépendant, entouré des mêmes garanties que celles qu'on prodiguait à l'importation étrangère.

Cela se fit, mais lentement. — Déjà cependant, sous Philippe IV, il y avait deux centres principaux où s'opérait le plus grand nombre des opérations commerciales. C'étaient les foires de Champagne, de Brie et du Landy, rendez-vous de tout ce que la France comptait de marchands et d'industriels. Aux contrats passés sous le sceau de ces foires étaient attachés de nombreux priviléges. parmi lesquels il faut compter celui d'entraîner de plein droit la contrainte par corps. Le même caractère était inhérent aux dettes contractées à ces foires pour fait de commerce, alors même qu'elles n'étaient point justifiées par un titre.

Ce privilége avait un tel degré d'importance, que tout autre s'effaçait devant lui. Ainsi, dans les diverses lettres ou ordonnances par lesquelles les habitants de certaines villes sont exemptés des rigueurs de la contrainte par corps, une réserve est toujours stipulée au profit des dettes contractées aux foires de Brie et de Champagne. Partout les garanties données au commerce sont placées sur la même ligne que les sûretés réclamées par les intérêts du trésor; car si le fisc est le secret de l'existence de tous les gouvernements, le commerce est celui de la prospérité et de la richesse de toutes les nations.

Aux priviléges des foires de Champagne, de Brie et du Landy, se réunirent, au xve siècle, ceux de la Conservation de Lyon. Ce fut Charles VII qui, pendant sa régence, conçut la pensée de faire de cette ville si essentiellement manufacturière un centre de commerce et d'industrie. Par lettres patentes du 4 février 1419, il établit à Lyon deux foires franches de six jours chacune, qui furent dotées des priviléges déjà concédés aux foires dont nous avons parlé ci-dessus.

Louis XI continua la pensée de son père. Il augmenta la durée des foires de Lyon, qui furent portées au nombre de quatre de quinze jours chacune. Il fit plus : une juridiction spéciale fut créée par lui pour les contestations relatives aux affaires commerciales qui se traitaient pendant le cours de ces foires. Ce fut le bailli de Mâcon qui, sous le nom de juge-conservateur, fut chargé de décider, « *sans longs procès, ni figures de plaids, tous les débats* » *sur le fait de la foire,* » et sur les négociations qui y étaient relatives, entre les officiers du roi et les marchands qui s'y trouvaient.

Cette juridiction, qui se composait d'un seul juge, était tout à fait élémentaire. Charles VIII la compléta. Par lettres en date de 1464, il accorda aux notables et aux conseillers de Lyon un droit analogue à celui qui préside aujourd'hui aux élections des magistrats commerciaux, en les autorisant à choisir des prud'hommes pour décider sur les différends qui naîtraient des opérations de la foire.

Sous François Ier, la commission de juge-conservateur de Lyon se sépara de la sénéchaussée pour être érigée en office. Un édit de 1535 borna expressément la compétence de ce magistrat à la connaissance des contestations relatives aux foires. Cet édit exigeait en outre que le juge et son lieutenant fussent gradués et versés dans l'étude du droit romain.

Sous Henri IV, la sénéchaussée perdit encore quelque chose dans l'étendue de sa compétence. La connaissance des affaires ordinaires du commerce lui fut enlevée et attribuée au juge-conservateur. Cet édit, qui faisait de la Conservation un véritable tribunal de commerce, avait pour objet de la mettre à la hauteur des juridictions consulaires qui venaient d'être établies sous Charles IX.

J'ai dit plus haut que François Ier avait érigé en office la commission de juge-conservateur. En 1655, la ville de Lyon acheta cet office, ainsi que ceux qui, depuis François Ier, avaient été attachés encore à la Conservation. Le personnel de la juridiction fut aussi remanié par un édit de la même année, d'après lequel il dut se composer à l'avenir du prévôt des marchands, de quatre échevins et de six juges. Deux de ces juges devaient être nommés par le roi; les quatre autres devaient être choisis parmi les bourgeois et marchands de Lyon. Le premier d'entre eux devait être toujours un avocat ou un ancien échevin; le second et le troisième, des hommes du roi.

Comme on le voit, la Conservation de Lyon, sous l'empire de l'ordonnance de 1667, avait déjà une organisation complète. Cependant sa compétence ne fut invariablement fixée que par l'édit de 1669.

Suivant l'art. 1er de cet édit, la Conservation devait connaître des opérations de commerce ou de change. L'art. 2 lui conférait la connaissance des lettres de répit, des faillites, banqueroutes, déconfitures, le tout à l'exclusion des juges ordinaires.

Ceci était pour la compétence. — Voici maintenant pour la force exécutoire des sentences qui émanaient de la Conservation : — Conformément à l'art. 2 de l'édit de 1669, ces sentences pouvaient être exécutées par tout le royaume sans *visa* ni *pareatis*. L'art. 16 défendait même, sous peine d'en répondre en leur propre et privé nom, aux officiers de la sénéchaussée et du présidial, d'élargir un prisonnier constitué par l'ordonnance du prévôt des marchands, échevins et magistrats consulaires. Enfin l'article 10 complétait le privilége, en l'attribuant exclusivement aux juges-conservateurs. Défense était faite aux officiers dont je viens de parler tout à l'heure de prononcer la contrainte par corps en exécution provisionnelle de leurs ordonnances et jugements, conformément aux rigueurs de la Conservation. Toute infraction à cette prohibition entraînait cassation des jugements, et obligation de répondre en leur nom personnel des dommages et intérêts envers les parties.

La Conservation de Lyon, œuvre du xvie siècle, fut le premier succès des tentatives faites par le gouvernement pour propager l'esprit commercial ; succès bien incomplet, car un tribunal d'exception pour toute la France, c'était un peu plus que rien. Ce ne fut donc qu'un siècle plus tard, que, grâce à l'établissement des tribunaux consulaires, le commerce eut par tout le royaume ses priviléges et sa juridiction.

L'ordonnance d'août 1560 commença cette œuvre nationale. Elle créa pour le commerce la juridiction *arbitrale*.

Une autre ordonnance qui parut au mois de janvier de la même année compléta la première. Elle permit aux marchands de faire imprimer leurs statuts, prononça des peines contre les banqueroutiers, et établit la contrainte par corps pour l'exécution des engagements commerciaux.

L'ordonnance de Roussillon soumit les marchands étrangers à l'obligation de fournir tous les cinq ans un cautionnement de 50,000 écus. L'ordonnance de Blois réduisit ce chiffre à 15,000 pour trois ans. Enfin, en novembre 1563, vint l'édit de Charles IX, qui créa la juridiction consulaire, idée heureuse due au génie du chancelier de l'Hospital.

Mais cette création n'était qu'un essai. Paris seul recueillit d'abord les fruits de cette innovation.

Cette institution fut expérimentée et trouvée bonne. Dès lors on la propagea. Un édit de décembre 1566 établit la juridiction consulaire sur les points les plus importants du royaume. Des siéges furent créés dans toutes les métropoles, capitales et villes de commerce où il y avait sceau royal. Toulouse, Rouen, Bordeaux, Tours, Orléans, Poitiers, étaient de ce nombre.

Voici comment étaient formés ces tribunaux : Aux termes de l'édit de 1563, cinq juges devaient composer chacun d'eux, à savoir, le président, le grand juge et les assesseurs consuls. Ces magistrats étaient électifs et temporaires. Ils étaient nommés par leurs pairs, c'est-à-dire par les marchands regnicoles ou naturalisés qui demeuraient dans la ville où l'on procédait à l'élection.

Les candidats devaient présenter certaines garanties pour être admis à obtenir des suffrages. La probité était la première des conditions ; la seconde, une expérience incontestable dans le commerce. Enfin on exigeait d'eux qu'ils fussent actuellement marchands, ou qu'ils l'eussent été pendant dix années au moins.

Voici quelle était la compétence de cette magistrature : Aux termes de l'ordonnance de 1667, elle connaissait des différends qui naissaient entre marchands et artisans pour fait de leur négoce. Elle décidait aussi sur les contestations relatives aux lettres de change et aux billets à ordre souscrits par les marchands et artisans relativement à leur commerce ou entreprise. Les condamnations prononcées par le tribunal consulaire emportaient toujours la contrainte par corps. Souvent même elles étaient sans appel ; car, d'après les ordonnances de 1563 et 1673, les juges-consuls pouvaient prononcer sans appel des condamnations par corps, lorsque leur objet n'excédait pas un capital de 500 livres.

Ceci dit sur l'organisation et la compétence de cette juridiction, remontons encore à son origine, pour faire l'histoire des pouvoirs d'exécution qui successivement furent remis entre les mains de ses magistrats.

J'ai dit tout à l'heure que l'ordonnance de 1560 avait, entre autres prescriptions relatives au commerce, établi ce principe, que la contrainte par corps serait désormais prononcée « pour la cédule reconnue entre marchands et » pour cause de marchandise. » — Ceci n'était point une innovation ; c'était l'extension par tout le royaume d'une règle qui déjà, depuis quelque temps, présidait aux rapports commerciaux dans diverses provinces. Plusieurs coutumes, parmi lesquelles il faut citer celles de Nivernais.

Berri, Bourbonnais et Orléans, portaient une disposition qui plus tard fut textuellement consignée dans l'ordonnance de 1667 : « La contrainte par corps sera prononcée » pour dettes entre marchands causées pour marchan- » dises dont ils se mêlent. » Cependant, si dans quelques parties de la France ce principe se trouvait établi, il faut ajouter qu'il ne l'était qu'exceptionnellement ; car le plus souvent les coutumes ne stipulaient la contrainte par corps que pour le payement des dettes provenant de la vente de certaines denrées sur des places privilégiées, mais ne dis- posaient point pour les relations en général des com- merçants entre eux.

Les ordonnances de 1560 et 1563 changèrent cet état de choses. Le principe d'exception devint général par toute la France. Toute sentence de condamnation, soit définitive, soit seulement provisoire, dut entraîner la con- trainte par corps contre le marchand, qui ne fut plus admis à invoquer contre elle le bénéfice du répit.

Un siècle plus tard, vint l'ordonnance de 1667, qui dé- veloppa les éléments contenus dans les dispositions dont nous venons de parler, et établit la nomenclature des actes qualifiés faits de commerce. Cette nomenclature, qui donnait la mesure des cas d'application de la contrainte par corps entre marchands, comprenait en particulier les lettres de change et les billets à ordre.

Plus tard, la nécessité d'interpréter amena des dispo- sitions nouvelles qui élargirent le cercle dans lequel les faits de commerce avaient été renfermés par l'ordonnance de 1667. Ces dispositions, contenues soit dans les ordon- nances postérieures, soit dans les déclarations du roi, soit enfin dans les arrêts de règlement, ne firent que développer le principe dont nous venons de parler, et qui s'est perpétué jusqu'à nous.

Une décision du conseil d'Etat du 17 juin 1669 étendit, en matière de change, les cas d'application de la contrainte par corps. L'ordonnance de 1667 ne la prescrivait aux cours et juges que contre les commerçants signataires de lettres ou billets de change. L'arrêt du 17 juin alla plus loin ; il déclara passible des effets de ce mode d'exécution le débiteur commerçant, alors même qu'il n'aurait souscrit qu'un simple billet contenant promesse de délivrer des lettres de change avec remise de place en place.

Cette décision fut adoptée par l'ordonnance de 1673, qui l'étendit encore, en déclarant contraignable par corps tout signataire d'une lettre et billet de change, alors même qu'il ne serait pas commerçant ; de telle sorte que désormais l'exécution par corps fut subordonnée à la nature de la dette plutôt qu'à la qualité de la personne : « Ceux,
» dit l'art. 1er, tit. VII de cette ordonnance, qui auront
» signé des lettres ou billets de change pourront être con-
» traints par corps ; ensemble ceux qui y auront mis leur
» aval, qui auront promis d'en fournir avec remise de
» place en place, qui auront fait des promesses pour
» lettres de change à eux fournies ou qui le devront
» être..... »

Après avoir posé le principe d'exception qui régit, en matière de change, la position du débiteur quel qu'il soit, l'ordonnance de 1673 détermine les cas d'application de la contrainte par corps, lorsqu'il s'agit de dettes contractées entre marchands pour fait de commerce. C'est dans ce but qu'elle explique, dans les termes suivants, l'art. 4, tit. XXXIV de l'ordonnance de 1667 : La contrainte par

corps sera prononcée « entre tous négociants et marchands
» qui auront signé des billets pour valeur reçue comptant
» ou en marchandise, soit qu'ils doivent être acquittés
» à un particulier y nommé, ou à son ordre ou au por-
» teur (1). »

Cette dernière disposition de l'art. 1er, tit. vii de l'ordonnance de 1673, suscita une question que résolut une
déclaration du roi du 6 février 1692. Il s'agissait de
savoir si elle devait recevoir son application contre les trésoriers, receveurs, fermiers et autres gens d'affaires de Sa
Majesté, signataires de billets faits pour valeur reçue. La
difficulté était assez grave; car, ces personnes n'étant point
commerçantes, ne paraissaient pas devoir tomber sous
l'application d'une loi destinée à régir d'une manière spéciale les rapports des commerçants entre eux. Cependant
la déclaration du roi, malgré ces considérations, décida
que les agents du fisc ou de la couronne seraient soumis
à la contrainte par corps, par ce motif que, s'ils en étaient
affranchis, ils perdraient une grande partie de leur crédit.

D'autres dispositions encore achevèrent, pour ainsi dire,
de généraliser en matière commerciale l'application de la
contrainte par corps. Une déclaration d'août 1681, entre
autres, l'attacha comme sanction aux jugements prononcés pour dettes relatives au commerce maritime. Elle
fut admise en matière de vente ou achat de vaisseaux,
fret ou nolis, engagement ou loyer des matelots, assu-
rances, grosses aventures, ou autres contrats relatifs au
commerce maritime ou à la pêche de mer.—Mais ce n'était
pas là la disposition la plus remarquable de cette ordonnance. L'art. 6, par un singulier retour vers le passé

____

(1) Art. 1, tit. vii, ordon. 1673.

permettait aux parties de *s'obliger par corps* en tous contrats maritimes ; aux notaires, d'en insérer la clause dans les actes qu'ils rédigeaient, et aux huissiers, d'emprisonner en vertu de la soumission, sans que le créancier fût obligé d'obtenir un jugement préalable (1).

Cette disposition, qui dérogeait si positivement à l'article 7, tit. xxxvi de l'ordonnance de 1667, avait cela de remarquable, qu'elle tranchait en faveur du commerce maritime une question jusque-là fort controversée. Plusieurs personnes, en effet, trouvaient contradictoire que, du moment où l'emprisonnement était prononcé pour dettes de commerce résultant de lettres ou billets de change, et où par conséquent ce mode d'exécution émanait d'une *obligation par corps tacite*, il fût interdit aux commerçants de passer par-devant notaires des obligations avec stipulation expresse de la contrainte par corps. Déjà tranchée en matière de commerce maritime par l'ordonnance de 1681, cette question n'était point résolue en ce qui concernait le commerce en général. Souvent discutée, elle fut enfin définitivement (2) résolue par un arrêt de 1716, qui confirma en matière commerciale ordinaire le principe abolitif de la contrainte par corps conventionnelle.

N° 3. — *Priviléges du fisc.*

Chez les Romains, l'emprisonnement pour dettes envers le fisc n'était prononcé que contre le contumax (3). —

____

(1) Une telle convention faite sous seing privé n'eût été exécutoire qu'en vertu d'un jugement qui l'eût confirmée. — V. Nouv. Denisart, v° *cont. par corps.*

(2) Cet arrêt était infirmatif d'une sentence du Châtelet du 30 juin 1713. — Denisart, v° *cont. par corps.*

(3) L. 11. C. *de exact. tribut.*

Chez nous, sous les lois barbares (1), sous les coutumes, sous les ordonnances, l'Etat était si bien le créancier privilégié par excellence, que St Louis, lorsqu'il abolissait la contrainte par corps, faisait une réserve expresse au profit du trésor (2).

Le privilége de l'Etat était une fin de non-recevoir invincible contre tout privilége contraire. Nul bénéfice ne pouvait lui être opposé. Aussi les rois de France, lorsqu'ils accordaient à une ville (3) ou à une corporation la remise de la contrainte par corps, stipulaient-ils toujours une exception au profit de l'Etat et de la couronne.

Cependant cette stipulation n'était pas nécessaire, car il était de droit commun en France que les dettes dues au roi fussent poursuivies sur la personne du débiteur. On en voit la preuve dans la commission donnée en 1380, par Charles VI, à un nommé Jean Chanteprime, à l'effet de poursuivre par saisie de corps et de biens les officiers détenteurs de sommes dues au roi.

Pourtant il arrivait quelquefois, mais bien exceptionnellement, qu'entraîné par sa générosité ou guidé par une adroite politique, le roi accordât à quelque ville qu'il voulait s'attacher un privilége *sans restriction* (4). En

(1) Capitul., Charlem., l. IX.

(2) Ordonnance de 1254.—V. Ordonnances des rois de France, t. I, p. 72.

(3) Lettres de Philippe IV accordées, en 1309, aux habitants de l'Isle en Périgord. — Lettres de Jean Iᵉʳ de 1356 au profit des habitants d'Avignon. — Lettres de Charles VI (1409) en faveur des marchands qui viennent aux foires de cette ville. — Dans toutes ces lettres, qui exemptent de la contrainte par corps, une réserve est expressément stipulée au profit du trésor royal.

(4) Lettres de Philippe IV au profit de la ville de Charroux (1308). -- Lettre du 1ᵉʳ août 1356, de Jean Iᵉʳ, qui accorde aux habitants de la ville d'Alzonce le privilége de ne point être contraignables par corps pour dettes dues au roi, etc., etc.

général, ces exemptions avaient pour objet de réparer dans une localité les malheurs occasionnés par l'invasion, ou de rattacher par l'intérêt à la couronne une conquête douteuse.

A part ces exceptions, qui, je le répète, étaient fort rares et toujours temporaires, voici quelle était, suivant un vieil écrivain, l'attitude du privilége du fisc vis-à-vis des priviléges contraires : « Celui qui vient à la cour ou » au marché ne doit être arrêté ni exécuté pour dette, » *même privilégiée*, car il est sous le sauf-conduit du » seigneur. *Autre chose serait, si c'était pour dette du* » *fisc* (1). »

Entendons - nous maintenant sur le sens que doivent avoir ces mots, *dette du fisc*, car il serait aisé de leur donner une acception trop large.

Par dette du fisc on entendait toute dette contractée envers les fonds publics, à raison du maniement des deniers qui en faisaient partie, soit par un officier, soit par un fermier, soit par toute autre personne spécialement obligée envers le fisc. Tels étaient, parmi les débiteurs du trésor, ceux contre lesquels la contrainte par corps pouvait être prononcée (2). — Tous autres, non.

Etablissons la distinction. — En général, la cause du privilége du fisc était la conséquence du fait, de la part du receveur ou autre officier royal, d'avoir perçu l'argent des particuliers en acquit de leurs redevances soit de taille, soit de huitième. Cet argent, une fois dans leur caisse, les constituait débiteurs du trésor ; de telle sorte que, s'ils malversaient et devenaient insolvables, ils étaient contraints par corps à la restitution des fonds qu'ils avaient

(1) Practique de Masver, tit. XXX, nº 21.
(2) Berri. tit. IX, art. 21. — L'Isle. tit. des cessions. art. 2.

fait disparaître (1). — Mais, si au contraire il s'agissait de la créance du fisc contre les particuliers en retard de payer les tailles, huitième de vin et autres subsides, il n'en était plus ainsi ; leur redevance était considérée « plutôt par » forme d'*ayde au roi* que comme *dette précisément* » *deu* (2). » Aussi, peu importait qu'ils appartinssent à un pays où la taille était réelle (3), ou à une province dans laquelle la taille était personnelle (4), s'ils ne payaient pas leurs redevances, ils n'étaient point poursuivis sur leurs personnes, ils ne pouvaient l'être que sur leurs biens.

Cependant il n'en était plus ainsi, lorsque c'était à raison d'un *contrat*, et non plus comme contribuable, que le particulier était débiteur de deniers royaux. Ici le privilége se retrouvait dans toute sa rigueur, sans qu'on pût lui opposer les bénéfices de cession et de répit. La loi était si absolue, que la contrainte par corps était prononcée alors même que le contrat ne contenait pas une obligation expresse à l'emprisonnement.

Au surplus, le privilége du fisc ne pouvait naître contre les simples particuliers que de deux causes : l'obligation, ou le fait. L'obligation, lorsque la dette émanait d'un

(1) Guy Pape, q. 61, *vers. indeb.*, et q. 208. — Ranchin, q. 61. — Expilly, en ses Arrêts, c. 32.—Parlement de Grenoble, 24 janvier 1553.

(2) Coquille sur l'art. 9, tit. des exécutions de la cout. de Nivernais.

(3) En Languedoc, en Provence, en Dauphiné, la taille était réelle. — On entendait par taille réelle l'impôt prélevé proportionnellement à la quantité des terres possédées dans une paroisse, soit que l'on fût habitant de cette paroisse, soit qu'on ne l'habitât pas. — V. Denisart, v° *tailles*.

(4) En général, dans le royaume, la taille était personnelle.—La taille personnelle était l'impôt prélevé dans chaque paroisse sur ses habitants, à proportion de leurs facultés ; cet impôt n'était donc pas perçu sur les personnes qui, sans demeurer dans la localité, y auraient été propriétaires. —V. Denisart, v° *tailles*.

contrat ; le fait, lorsqu'à raison d'un crime ou d'un délit, quelqu'un était condamné envers l'État à des frais de justice ou à des amendes (1).

Hors ces cas exceptionnels, l'obligation et le fait, nul débiteur du fisc n'était en général contraignable par corps (2). Cependant il faut excepter de cette règle certains cas dans lesquels une simple redevance ou un droit de prélèvement pouvaient entraîner la contrainte par corps comme conséquence. Ainsi les hôteliers, les taverniers, cabaretiers, étaient contraints par emprisonnement de leur personne au payement du droit de détail (3). Les maîtres de forges étaient soumis aux mêmes rigueurs pour le payement du droit de la marque des fers (4). Enfin, toutes les fois qu'il s'agissait de droits prélevés par le gouvernement sur les débitants et le petit commerce, l'emprisonnement était la conséquence du défaut de payement.

Telles sont les règles principales qui dominèrent le privilége du fisc jusqu'à l'époque où la révolution provoqua des dispositions nouvelles.

N° 4. — Priviléges divers.

Les priviléges dont j'ai parlé jusqu'ici se rattachent à des principes. Ceux du commerce, ceux des villes d'arrêt, ceux du fisc, se groupent chacun autour d'une idée dont ils ne sont que le développement. Mais il est d'autres pri-

----

(1) Ordonnance de 1667, t. XXXIV, art. 5. — Ordonnance des eaux et forêts d'août 1669, tit. XXXII, art. 18. — Déclaration d'août 1659.— Édit de 1551, art. 43.

(2) Dans l'Artois, au contraire, tout contribuable était contraignable par corps. — V. acte de notoriété du conseil d'Artois du 8 juin 1706. — V. Dumée, Traité des juridictions, tit. XXIX, sect. 5.

(3) Ordonnance des aides du droit de détail, tit. VI, art. 3.

(4) Denisart, t. I, v° contrainte par corps.

viléges encore qui, se propageant sans autre raison d'existence que la volonté du législateur, eurent quelquefois un
but utile, mais presque toujours furent arbitraires, car ils
n'étaient la conséquence d'aucun principe préexistant.
Ceux-là, je n'essayerai pas de les classer ; je me bornerai à
les énumérer, en suivant l'ordre chronologique.

L'un des plus importants est celui que Philippe VI
accorda, en 1343, au commerce de la marée (1). L'exploitation de la pêche de mer était alors une des branches les
plus considérables de l'industrie, car la consommation de
ses produits était comparativement plus grande au moyen-
âge qu'elle ne l'est aujourd'hui. Comme les prescriptions
de l'Église étaient en général fidèlement observées, il
fallait qu'à certaines époques, et en particulier pendant le
carême, les marchés fussent abondamment fournis de
poisson. Or, pour encourager les pêcheurs à approvi-
sionner les marchands de marée en détail, Philippe VI agit
avec sagesse en assujettissant ces derniers à la contrainte
par corps pour payement du prix du poisson acheté par
eux.

Cette disposition, dont le but était de favoriser d'une
manière spéciale la circulation d'une denrée que les idées
religieuses du temps rendaient de première nécessité,
s'étendit bientôt au payement du prix de tous les objets
nécessaires à la consommation. C'est ainsi que la plupart
des coutumes privilégièrent les dettes contractées pour
achat de bétail, vins, blés et autres *victuailles* (2).

Ce privilége était d'autant plus avantageux pour les ap-
provisionneurs, qu'il était incompatible avec les lenteurs

(1) Lettres de Philippe VI de novembre 1343.
(2) Nivernais, c. 32, art. 22. — Berri, c. 21, art. 22. — Coquille sur
l'art. 22 de la cout. de Nivernais.

de la procédure ordinaire. Si les acheteurs ne payaient pas comptant, la contrainte par corps était immédiatement prononcée. L'emprisonnement était effectué « *prompte-* » *ment et sans commission par écrit*, sauf le simple congé » du juge, et sur la simple assertion de la partie. »—Si au contraire le payement était subordonné à un terme, le juge déterminait, après l'expiration du délai, le jour où, à défaut de payement, l'emprisonnement aurait lieu. Le tout devait « *se vuider sommairement et sans figure de* » *plaids* (1). »

Un autre privilége était aussi fort remarquable : c'était celui qu'un grand nombre de coutumes accordaient aux *dépens d'hostelage*. Ces sortes de dettes avaient toujours été l'objet d'une protection signalée ; la chronique en fait foi. Un ancien auteur rapporte même un fait qui prouve à la fois que les droits des hôteliers étaient fort privilégiés, et que la bourse des députés du roi Charles V était fort légère : « *Sic subdolè Guillelmus, eques Anglus, sistit* » *oratores Caroli V, Francorum regis, quod hospiti satis-* » *facere oporteret* (2). »

Au surplus, le privilége de l'hôtelier se recommandait par lui-même. Rien de plus juste que de protéger l'homme qui donne à manger, contre la mauvaise foi du consommateur. — Souvent il arrivait, au moyen-âge, que l'écot

(1) Cette procédure expéditive, admise sans réserve par les coutumes de Nivernais et de Berri, ne l'était par les coutumes de Bourbonnais et d'Orléans qu'avec certaines restrictions. — Celle de Bourbonnais, article 132, exigeait, pour que la contrainte par corps pût être prononcée, qu'aucun terme n'eût été fixé, car en ce cas un autre créancier eût eu la préférence. — V. conf. Paris, 177 ; — Orléans, 450 ; — Reims, 398. — Celle d'Orléans, art. 428, voulait que la vente des denrées eût été faite en marché public, et ne permettait même en ce cas l'emprisonnement que huit jours après la délivrance.

(2) Gaguin, *de Carolo V*, f° 161.

fût payé par une injure, quelquefois même par des coups.
D'ailleurs le perpétuel va-et-vient qui règne dans les au-
berges expose en général à des pertes considérables les
personnes qui exploitent ce genre d'établissement. —
Aussi, pour les mettre à même d'exercer sans appréhension leur utile industrie, leur avait-on conféré sur les
voyageurs des droits qui faisaient de leur comptoir une
sorte de tribunal judiciaire (1).

En effet, le créancier tavernier pouvait poursuivre le
payement de l'écot sur la personne de ses hôtes. — Mieux
encore, il était son propre sergent, et pouvait donner arrêt
dans sa maison, sous peine de 60 sous, aux personnes qui
avaient *beu* et *mangé* chez lui (2). — La loi le constituait
donc juge et partie ; car toute infraction à l'arrêt était punie
comme si cet arrêt eût été pratiqué par un officier ministériel. — Là ne s'arrêtait pas son privilége. Il avait
haute main sur les *effets et chevaux hostelés* des hôtes
pèlerins et passants qu'il avait logés, pour le payement
de leur dépense. Et telle était la faveur du *droit d'hostelage*,
que le créancier tavernier pouvait l'opposer non-seulement comme privilége à son hôte, mais encore comme
droit de préférence aux tiers saisissants (3).

Cependant la justice expéditive que l'hôtelier se rendait
à lui-même n'était pas sans appel. Avant de songer à faire
respecter son droit de propriété, il devait commencer par

(1) Auvergne, c.   , art.   . — La Rochelle, art. 21.—L'Isle, 118.—
Melun, 230. — Bordeaux, 79.—Blois, 259. — Hainault, 79 et 109. —
Bretagne, 12, 130, 245, 246.—Etampes, 166.—L'Isle, 117. — Reims,
406.—Orléans, 370. — Marche, 134 et 135.—Loudun, 37.—Tours, 370.
— Anjou, 146. — Maine, 161.
(2) Marche, 134.— Rue-d'Indre, 33.
(3) Marche, 135.

respecter lui-même les droits de l'humanité. Quelquefois même ses exigences et ses rigueurs pouvaient lui être préjudiciables; car, en retour des droits énormes qu'elle lui conférait, la loi lui imposait la charité. C'est ainsi que, suivant Guénois, un hôtelier fut condamné à l'amende pour avoir ôté le pourpoint d'un passant *qui en était mort durant les grandes froidures* (1).

D'autres dettes encore étaient privilégiés par le droit coutumier. Les unes, dans l'intérêt du commerce, telles que celles qui naissaient de l'obligation imposée « aux » *proxénètes, couratiers* et autres commis à vendre mar- » chandises à eux baillées, » d'opérer la restitution de ces marchandises ou de leur prix (2). — D'autres étaient favo- risées à raison de l'état précaire du créancier, telles que « *promesse faite à messager, salaire des serviteurs* (3). » — D'autres entraînaient la contrainte par corps, parce qu'elles résultaient d'un contrat dans lequel la justice était partie; telle était celle qui naissait, pour le *dernier enché- risseur*, de l'obligation de payer le prix de l'adjudication dans les huit jours de l'enchère et de la délivrance du décret (4). — Enfin les dettes contractées à raison de *vente*

(1) Guénois, part. 2, t. 8, f° 514, eonst.

(2) La procédure était fort expéditive. Il suffisait que « la chose fût » sommairement cognciie ou confessée. » — Bourbonnais, 131. — Berri, c. 21, art. 31. — Orléans, 429. — Nivernais, c. 32, art. 21.

(3) Sur ce point les coutumes sont unanimes.

(4) Bourbonnais, 149. — Berri, c. 9, art. 69 et 641. — Marche, 195. — Valois, 191. — Blois, 255. — Nivernais, c. 32, art. 51. — Etampes, 256. — Auvergne, c. 24, art. 40. — Orléans, 439. — Coquille sur l'art. 51, c. 21 de la coutume de Nivernais. — La contrainte par corps est également encourue par les adjudicataires de biens meubles vendus à l'encan. — Orléans, 439. — Bourbonnais, 112. — Blois, 255. — Berri, tit. IX, art. 18. — Montargis, tit. XX, art. 9.

de bois, *d'arrérages de cens*, étaient également placées par les coutumes dans une catégorie exceptionnelle et privilégiée (1).

Voilà le tableau à peu près complet des dispositions principales qui, sous l'empire du droit coutumier, constituaient la législation sur les dettes privilégiées. — L'ordonnance de 1667 renversa tout cela. — Un droit plus libéral prit naissance, et le privilége ne fut admis désormais qu'avec une sage réserve.

J'ai dit plus haut quels furent les cas exceptionnels dans lesquels la contrainte par corps fut maintenue par l'ordonnance de 1667. Il n'est donc pas nécessaire d'y revenir ; aussi ajouterai-je seulement qu'autour des prévisions des art. 2, 3, 4 et 5 du tit. XXXIV de cette ordonnance, vinrent bientôt se grouper, à la faveur des arrêts de règlement et des déclarations royales, des dispositions introductrices de nouveaux priviléges.

Parmi ces dispositions, qui en général sont plutôt interprétatives qu'innovatrices, une surtout mérite d'être signalée à cause de son étrangeté. D'ailleurs elle se recommande aussi par les vicissitudes qu'elle a subies ; car c'est le privilége qu'elle contient qui, à l'époque de la révolution, servit de point de mire aux premières attaques dirigées par la convention nationale contre l'emprisonnement pour dettes.

Ce privilége, contenu dans un règlement du roi du 29 janvier 1715, avait pour objet de rendre payables par corps les mois de nourrice des enfants confiés à l'entreprise des *recommandaresses*. Ces industrielles, sorte de providence bâtarde que la corruption de la société faisait

____

(1) Bretagne, 245-246.

invoquer aux marâtres, exploitaient la vanité des mères au profit d'un monopole contre nature. Elles avaient quatre bureaux à Paris ; à ces bureaux, des registres sur lesquels étaient inscrits le nom de l'enfant et celui de la nourrice. Une organisation complète était attribuée à cette institution immorale, dont le but était d'encourager les mères à abdiquer le plus doux et le plus saint de leurs devoirs. Aussi Jean-Jacques écrivit-il son *Emile*.

Certes la cause des *recommandaresses* était loin d'être favorable. Cependant, protégeant ouvertement ce scandale, la loi créait un privilége en leur faveur, et obligeait les magistrats, en dépit de leur répugnance, à condamner par corps au payement d'une nourrice étrangère un mari assez malheureux déjà pour avoir une femme qui n'était mère qu'à demi.

Le privilége des *recommandaresses* n'eut pas une longue existence. Ainsi que je l'ai dit déjà, les lois de la révolution en firent justice. Au surplus, nous verrons plus loin en quels termes pompeux le décret du 27 août 1792 prononça solennellement son abolition.

DEUXIÈME SUBDIVISION. — *Des restrictions apportées à la faculté de faire emprisonner un débiteur.*

Le droit d'emprisonner un citoyen au profit de l'intérêt privé est un droit d'exception. —Cependant il reçoit lui-même des exceptions.

Ces restrictions se différencient par leur cause et par l'étendue de leurs effets.

Les unes sont apportées par un bénéfice de la loi, — cession de biens, — lettres de répit, et s'appliquent sans considération de l'état du débiteur.

Les autres sont inhérentes à la personne, et constituent les bénéfices accordés au sexe, à l'âge.

D'autres enfin dérivent de priviléges concédés à certaines corporations ou communautés.

Nous parlerons d'abord des bénéfices de la loi, dont l'application est indépendante de la personne du débiteur.

§ Ier. — BÉNÉFICES DE LA LOI.

N° Ier. — *De la cession de biens sous l'ancien droit.*

La cession de biens, cette dernière ressource de l'insolvable, que nos vieux auteurs assimilent si plaisamment au stoïcisme du castor (1), est, de toutes les institutions établies en faveur de la liberté, la plus modérée et par conséquent la plus sage. Elle concilie les exigences de l'intérêt privé avec les prescriptions de la charité. Elle protége le débiteur contre les rigueurs de l'incarcération, sans toutefois le dégager des liens de son obligation. Enfin, toujours subordonnée à la probité de celui qui l'invoque, elle ajoute à ses autres mérites celui d'une haute moralité.

Aussi tous les législateurs l'ont-ils adoptée.

Importé dans les Gaules par la loi romaine, le bénéfice de cession n'en disparut jamais complétement. Les temps barbares eux-mêmes, s'il faut s'en rapporter à un texte de

(1) « *Mordicus ipse sibi medicata virilia vellit*
» *Atque abjicit, se gnarus ob illa peti.*
» *Hujus ab exemplo disces non parcere rebus,*
» *Et vitam ut redimas hostibus aura dare.* »

Peleus traduit ainsi ce quatrain : « Imitant en cela la prudence du » castor, qui iette ses tesmoins aux chasseurs qui le poursuivent, sçachant bien qu'on ne lui en veut que pour cela. »—Peleus, *Act. forens.,* t. VIII, act. I.

la loi salique (1), l'auraient accepté en principe, non toutefois sans le dénaturer. — C'est ainsi que le Franc coupable d'un homicide abandonnait ce qu'il possédait aux
parents de la victime, alors qu'il se trouvait dans l'impossibilité de payer autrement les dommages-intérêts prononcés contre lui. — Cet abandon était solennel. Accompagné de ses parents et de ses amis, le condamné prenait
en silence le chemin de sa maison. Là, en présence de la
partie civile, il ramassait de la poussière aux quatre angles
de sa case, et la jetait par-dessus son épaule sur son plus
proche parent. Cette cérémonie terminée, il sortait de la
maison de ses pères, car elle ne lui appartenait plus.

Sous les premiers rois de la troisième race, on retrouve
encore les traces de l'institution dont nous parlons. Mais,
à cette époque, la cession de biens était non pas précisément un bénéfice, mais bien un privilège admis seulement au profit de la noblesse (2). Incompris encore et
méconnu, le bénéfice de cession avait perdu le caractère
de généralité que lui avait imprimé la loi romaine. Ce fut
au XIIIᵉ siècle seulement qu'il reprit ce caractère, lorsque St Louis (3) le rétablit sur le modèle tracé par Justinien dans son Code (4).

Dès lors, adopté par toutes les provinces du royaume,
ce bénéfice cessa d'appartenir exclusivement au droit
romain, pour s'inscrire dans les coutumes. — La première
après les Établissements de St Louis, dont elle est contemporaine, la coutume de Beauvoisis donne l'exemple.
Généralisant au profit de la liberté le bénéfice que le Code

(1) Loi salique, tit. LXI, l. 1.
(2) Assises de Jérusalem, h. cour, c. 1, 99.
(3) Établissements de St Loys, l. 1, c. 21 ; -- l. 2, c. 40.
(4) L. 1, C. qui bon. ced. poss.

réservait à la bonne foi, elle accorde à tous les débiteurs indistinctement la faculté de se soustraire à l'emprisonnement par l'abandon de leurs biens : « Ne li cors de » chelui qui abandonne, dit Beaumanoir, ne doibt pas » être emprisonné (1). » Ajoutons à l'énoncé de ce principe que la coutume de Beauvoisis, de même que les Établissements, en soumettant la cession de biens à des formes judiciaires, prévenait la possibilité de tout acte arbitraire ; car le magistrat avait mission de punir la fraude du débiteur par la déchéance du bénéfice, et celle du cocréancier par la perte de son droit au partage des biens cédés (2).

Je viens de parler des solennités judiciaires que devait observer le débiteur admis à faire cession. Il est bien certain, en effet, que l'intervention du magistrat était indispensable pour la validité de la cession. Mais quelle était sa forme au XIIIe siècle ? voilà ce qu'il est assez difficile de préciser. Toutefois l'analogie frappante qui se trouve entre le cérémonial de l'amende honorable et la forme attribuée plus tard à la cession de biens par les coutumes, autorise à penser que les solennités qui l'accompagnaient étaient à peu près les mêmes, à cette époque, qu'aux xve et xvie siècles. Ainsi le comte de Boulogne (3) se réconciliant avec St Louis, son neveu, exécute un cérémonial analogue à celui qui, sous l'empire des coutumes, fut pratiqué plus tard par le débiteur admis à faire cession. — Il se déceint ; il ôte son chaperon. — Ainsi encore, à une époque postérieure, le duc de Bourgogne, faisant amende honorable à la veuve et aux enfants du duc d'Or-

(1) Cout. de Beauvoisis, c. 54.
(2) Cout. de Beauvoisis, l. c.
(3) Ancienne chronique de Flandre, c. 19

léans, est à genoux, sans chaperon, sans courroie (1). — Évidemment c'est à ces anciens usages qu'il faut reporter l'origine des formes consacrées pour la cession de biens; car la scène judiciaire qui se passe entre le débiteur insolvable et le créancier est, sur une plus petite échelle, la même que celle dont le suzerain offensé et son vassal repentant sont les acteurs. — Ainsi l'analogie de la forme s'explique par l'analogie de la cause.

Les principes que nous venons de signaler dans les Établissements de St Louis et dans la coutume de Beauvoisis, se développèrent deux siècles plus tard dans deux œuvres importantes qui constatent les progrès qu'avait faits dans cet intervalle la législation sur le bénéfice de cession. Je veux parler du grand Coutumier de Charles VI et du Somme rural de Lebouteiller, qui en est l'abrégé. Ces deux corps de lois et de jurisprudence, si importants pour la vulgarisation des lois coutumières et la renaissance du droit écrit, sont, à proprement parler, des traités de législation comparée, dans lesquels, le parallèle n'étant pas favorable au *haineux droit des coutumes*, la loi romaine est évoquée comme droit commun. Aussi, pour la définition de la cession de biens, comme pour la plupart des définitions, sommes-nous renvoyés par ces ouvrages au Code de Justinien : « Faire cession de biens, si est renoncer aux
» meubles et aux dettes dont peut savoir que la loy écrite
» parle si playnement, comme cy-après sera dit. Aussi la
» coutume et usage de la cort laie et de la cort spiri-
» tuelle et le droit commun, en ce est à savoir *le droit*
» *écrit* (2)... »

Voici donc la cession de biens redevenue irrévocable-

____

(1) Monstrelet, ch. 15.
(2) G. Cout., tit. XX.

ment romaine : « *Qui bonis cesserint, nisi solidum creditor*
» *receperit, non sunt liberati. In eo enim tantummodo hoc*
» *beneficium eis prodest, ne judicati detrahantur in car-*
» *cerem* (1). »

Aux termes du grand Coutumier, tout débiteur qui le
demande est admis à la cession de biens (2). Toutefois
l'application générale du bénéfice n'est pas sans restriction.

Parmi les conditions exigées du débiteur, la première
est celle-ci : « Qu'attrait soit en cour pour sa dette (3), »
c'est-à-dire qu'il soit cité par ses créanciers devant le magistrat compétent. Là, s'il reconnaît sa dette, ou s'il succombe dans la discussion, il est admis à faire l'abandon
de ses biens, avec cette condition expresse que *s'il vient
à meilleure fortune*, il désintéressera complétement ses
créanciers.

Mais « si attrait n'y était, » et si, craignant des poursuites « pour doubte de ses créditeurs, » le débiteur
voulait abandonner *sa chevance*, et éviter ainsi un emprisonnement probable, l'admission au bénéfice de cession
devenait plus difficile. La raison en est fort simple : c'est
que les créanciers n'ayant exercé aucune poursuite, et
ignorant par conséquent la détermination de leur débiteur, pouvaient être exposés, s'ils n'étaient avertis, aux

(1) L. 1, C. *qui bonis ced. poss.*
(2) G. Coutumier, t. XX. — « Si doit être receu à cession tout home d.
» quelque estat qu'il soit, puisque il le requiert, et que en cour est at-
» traict pour sa dette. » — La cession n'est point admise en matière criminelle, « car trop seroit donné à cause de mal faire, si le pauure alloit
» quitte de son mefaict pour sa pauvreté ; et ainsi fust faict et jugé en une
» cause d'appel du preuost de Paris, qui auoit jugé cession avoir lieu en
» cause de delict. » — Ce jugement fut cassé par un arrêt du parlement
de l'an 1271. — G. Coutumier, tit. XX.
(3) G. Cout., tit. XX.

fraudes de ce dernier. Il était donc indispensable que le débiteur donnât à l'abandon de ses biens toute la publicité possible. Aussi n'était-il admis à faire cession qu'après avoir convoqué devant la cour souveraine du lieu de son domicile la totalité ou du moins la majeure partie de ses créanciers (1).

L'effet du bénéfice était d'affranchir de la prison le débiteur, soit que ses créanciers l'eussent déjà fait incarcérer par mesure de précaution, soit qu'il fût encore en liberté. Mais, pour jouir du bienfait de la loi, il fallait qu'il eût apporté la délicatesse la plus scrupuleuse dans l'abandon de ses biens; son dépouillement devait être loyal et complet. Il ne pouvait retenir dans *sa chevance* que ce qui lui était *absolument nécessaire pour son vivre* ; tout autre détournement était frauduleux. Ainsi, s'il avait *un mantel affublé*, il fallait qu'il s'en dépouillât, alors même que la saison était rigoureuse ; et si, malgré les prohibitions de la loi, il avait conservé ce vêtement, il devait le rapporter à la masse, sous peine *d'être tenu pour larcin* et déchu de son bénéfice (2).

Après l'abandon complet, les créanciers procédaient au partage des biens. Ce partage ne se faisait point en nature. Les biens étaient vendus *par renchère*, et c'était sur le prix que s'effectuait le partage *au marc la livre*. Toute fraude commise par un créancier au préjudice de ses consorts était sévèrement punie. Si l'un d'entre eux s'était permis le détournement d'un effet quelconque, *sans dénoncer à la loi*, cet effet devait être vendu, et son prix distribué aux autres créanciers à l'exclusion du fraudateur (3).

(1) G. Cout., l. c.
(2) G. Cout., l. c.
(3) G. Cout., l. c.

Tels étaient, au XVe siècle, les principes généralement adoptés par les coutumes, dont le grand Coutumier n'est en définitive que l'anaylse ou plutôt la substance. Ces principes se perpétuèrent dans nos lois, et le bénéfice de cession n'éprouva plus désormais de changements notables, si ce n'est dans ses formes plus ou moins solennelles qui se modifièrent successivement jusque sous Louis XIV. — C'est par l'histoire de ces modifications que nous allons terminer ce récit.

Nous avons déjà dit que la validité de l'acte par lequel un débiteur abandonnait ses biens à son créancier était toujours subordonnée à la présence de l'autorité judiciaire. En effet, toutes les coutumes exigeaient d'une manière absolue que la cession de biens fût faite « *en justice, audience tenante, publiquement, et par le débiteur en personne* (1), » ce qui excluait nécessairement la possibilité d'accomplir un tel acte extrajudiciairement et par procureur.

Ceci était la prescription générale; ceci était la formalité essentielle. Quant aux solennités accessoires, chaque province avait son usage particulier.

Cependant il était certaines obligations auxquelles le débiteur admis à faire cession était soumis partout. Elles consistaient pour lui à se présenter à l'audience tête nue, à se déceindre et à jeter sa ceinture à terre (2). Ces solennités, semblables à celles que nous remarquions tout à l'heure dans l'amende honorable au XIIIe siècle, étaient tout emblématiques. En découvrant sa tête, le débiteur faisait acte de soumission; en jetant sa ceinture, à laquelle son aumônière était suspendue, il exprimait symbolique-

<hr>

(1) Alliance des coutumes de France, tit. X, § 72.
(2) Auvergne, c. 20, § 1. — La Marche, 64. — Bretagne, 281.

ment son dépouillement volontaire. Ajoutons qu'après avoir accompli ces actes extérieurs, le débiteur était tenu d'affirmer par serment que sa cession n'était entachée d'aucune fraude, et n'avait été précédée ni du détournement ni de la vente d'aucun des objets qui devaient en faire partie (1).

Ainsi deux effets étaient inhérents à la cession de biens : le dépouillement, l'humiliation.

Ces formes et ces effets étaient généraux ; mais ils variaient quelquefois. Il y avait certaines provinces où le cérémonial n'était pas complet si à la honte du débiteur on n'ajoutait pas le ridicule. La scène judiciaire était souvent grotesque. Il suffit, pour le démontrer, de rappeler l'usage bizarre qui, suivant le témoignage de Guy Pape, se pratiquait à Lyon de son temps. « En France, dit Bu-
» gnyon, on ne peut faire la cession de parole et de volonté,
» mais par l'effet. Il convient de la faire en plein jugement
» et au jour des plaids sur la pierre à ce destinée..... Mais
» à Lyon ne se pratique aujourd'hui la forme de *faire*
» *cession à cul nu*, comme elle souloit du temps de feu
» Guy Pape, ainsi que lui-même écrit en la question 243
» de ses Décisions (2). »

Si l'usage de la ville de Lyon avait en soi quelque chose de révoltant pour la dignité de l'homme, il faut convenir toutefois que l'amertume de l'outrage n'était pas sans compensations. Le spectacle de la cérémonie humiliante dont le débiteur avait été le déplorable acteur tenait lieu de payement à ses créanciers, en ce sens du moins qu'ils perdaient leur action. L'avenir du débiteur était complétement affranchi. S'il redevenait riche, la loi ne lui imposait

(1) Alliance des cout., tit. X, § 72.

aucune obligation nouvelle ; les créanciers frustrés ne pouvaient en appeler qu'au tribunal de sa conscience (1). — Ces principes exceptionnels, diamétralement opposés à ceux qui dominaient la loi romaine et le droit coutumier en général, ont cela de remarquable, qu'ils démontrent que l'effet matériel de la cession de biens était toujours en raison inverse de son effet moral. — Ainsi à Lyon, où la forme était flétrissante, la libération était complète ; tandis qu'au contraire, dans les autres parties du royaume, où elle n'était qu'humiliante sans être infamante, le débiteur, affranchi seulement de la prison, retombait sous le coup de l'action de ses créanciers à la première faveur de la fortune (2).

L'accomplissement des solennités que nous venons d'énumérer ne suffisait pas pour que la cession fût valable ; il fallait aussi que l'abandon fût précédé ou suivi de certaines formalités.

Les formalités antérieures à la cession étaient celles-ci : « Qui veut faire cession de biens est tenu de faire appeler » tous ses créanciers par-devant le juge par-devant lequel » il veut faire ladite cession ; et s'ils sont en diverses juri- » dictions ou châtellenies audit duché, ils sont appelés » devant le sénéchal ou son lieutenant (3). »

Quant aux formalités dont la cession devait être suivie, elles avaient rapport à la publicité, condition sans laquelle le bénéfice ne pouvait avoir d'effet contre les tiers. Ordinairement la publication de la cession se pratiquait à son de trompe, au premier marché du lieu où était le domicile du débiteur. Cette publication devait être faite à sa dili-

(1) Guy Pape, Décisions, p. 343.
(2) Alliance des coust. de France, § 72. Al. *satisferont à leurs créanciers*
(3) All. des cout.. tit. X, § 7)

gence ; s'il la négligeait, il était déchu de son bénéfice. Quelquefois même la loi se montrait plus exigeante encore, en multipliant les prescriptions relatives à la publicité. Ainsi plusieurs coutumes, assimilant sous ce point de vue la cession de biens à la séparation de biens entre époux, ne les déclarent valables contre les tiers qu'alors que les conditions suivantes auront été accomplies : « Séparation » de biens d'entre mari et femme, et aussi la cession de » biens, ne sortiront d'effet et ne seront dits valables » jusqu'à ce qu'ils soient signifiés et publiés en jugement, » et enregistrés en la juridiction du juge où sont demeu- » rants ceux qui font ladite cession et séparation ; et » doivent être faites telles séparations et cessions par- » devant les juges, judiciairement, au jour ordinaire (1). »

En résumé, trois éléments étaient essentiels pour la validité de la cession de biens : la bonne foi du débiteur, l'accomplissement des solennités judiciaires, la publicité. Lorsque ces conditions manquaient, les créanciers pouvaient provoquer la nullité de la cession ; lorsqu'elles étaient réunies, la cession était inattaquable.

Ces règles longtemps observées se modifièrent avec le temps sous l'influence croissante de la loi romaine, et finirent par tomber en désuétude. En effet, le droit de Justinien n'exigeait pour la cession de biens aucune manifestation publique et judiciaire ; l'expression pure et simple de la volonté suffisait. Or, à mesure que la science du droit grandissait, la jurisprudence française tendait à se rapprocher des lois romaines, et à substituer les prescriptions de la raison aux exigences de la forme. C'est sous cette influence que les formalités judiciaires prescrites

____

(1) All. des cout., tit. X, § 65.

par les coutumes cessèrent, au XVIe siècle, d'être consi-
dérées comme essentielles, et par suite disparurent dans
la pratique.

Cependant cette indifférence de la magistrature pour
l'observation des formalités antiques avait ses inconvénients. N'étant plus retenus par la crainte des humiliations attachées à la cession judiciaire, les débiteurs, et en
particulier les commerçants sur le point de faire faillite,
se livraient impunément à la dissipation ou à des spéculations aventureuses, et se rassuraient avec cette pensée
qu'au pis aller ils seraient toujours à même de recourir
au bénéfice de cession. Aussi, pour prévenir les abus et les
scandales qu'entraînait avec elle la trop grande indulgence des magistrats, les rois essayèrent-ils, dans l'intérêt de la morale, de ramener la jurisprudence, sinon à
la pratique des usages ridicules du moyen-âge, du moins
à l'observation des principes qui proclamaient la nullité
de toute cession extrajudiciaire.

C'est dans cet esprit que Louis XII, dans l'art. 70 de
l'ordonnance de 1510, exigea pour la validité de la cession
la présence du magistrat et celle du débiteur en personne,
à peine de nullité. La cession redevint humiliante ; le
cérémonial antique fut rétabli (1).

Les abus recommencèrent sans doute, malgré les prohibitions de Louis XII, car une ordonnance de Charles IX (2) eut encore pour objet de les réprimer ; seulement
elle fut moins absolue que la précédente. La cession de

(1) « Pour ce que plusieurs marchands et autres ne craignent à faire
» cession de biens, parce qu'ils y sont reçus par procureur ou en lieux
» secrets, nous ordonnons que dorénavant nul ne soit reçu à faire ladite
» cession de biens par procureur ; ains se fera en personne, en jugement,
» à l'audience, desceints et la tête nue. » Ordonnance de 1610, art. 70
(2) Ord. de Moulins de 1590.

biens par procureur, interdite en général, fut admise exceptionnellement, en cas de maladie ou de force majeure.

Ceci était une concession. Mais la jurisprudence voulait plus encore : vouée au culte de la loi romaine, elle tendait comme elle à dégager le consentement de toute forme extérieure, et à le reconnaître partout où il se trouvait, quel que fût son mode de manifestation.

La jurisprudence triompha de la loi. Après l'ordonnance de 1667, la cession de biens par procureur fut permise ; seulement des exceptions furent stipulées dans l'intérêt du commerce.

En effet, aux termes de l'ordonnance de 1673, les *négociants*, *marchands* et *banquiers*, placés en dehors de la règle nouvelle, ne purent bénéficier de la cession de leurs biens qu'à cette condition, qu'ils viendraient eux-mêmes réclamer le bienfait de la loi. « Ils seront tenus, dit l'article 1ᵉʳ, tit. x de l'ordonnance de 1673 (outre les formalités ordinaires), de comparoir en personne à l'audience de la juridiction consulaire, s'il y en a, sinon à l'assemblée de l'hôtel de ville, pour y déclarer leurs nom, surnom, qualité et demeure, et qu'ils ont été reçus à faire cession de biens ; et sera leur déclaration lue et publiée par le greffier, et insérée dans un tableau public. »

D'autres formalités étaient encore exigées. Quelque degré de confiance que présente le serment, on ne se reposait pas sur la déclaration du failli pour apprécier sa bonne foi ; on en voulait la preuve. Or le moyen le plus sûr de faire cette appréciation et de prévenir toute fraude, c'était de le contraindre à exhiber les documents relatifs à l'état de ses affaires. En conséquence il était obligé de représenter tous ses livres cotés et paraphés. Ces documents étaient déposés au greffe des juges-consuls ; à l'hôtel de ville, s'il n'y avait pas de juridiction consulaire, ou bien enfin entre les mains des créanciers, si ces derniers en exprimaient le désir (1).

Ces obligations devaient être remplies par le débiteur avec la plus scrupuleuse exactitude. S'il y manquait, la présomption de mauvaise foi naissait contre lui. Or, de la présomption de mauvaise foi à la qualification de banqueroutier frauduleux il n'y a qu'un pas.

Une condamnation à ce titre entraînait d'énormes conséquences ; car, au xvie siècle, il s'agissait contre le banqueroutier frauduleux de la pendaison, ou tout au moins des galères. Déjà François 1er, dans l'ordonnance du 10 octobre 1536, avait prononcé contre les fraudateurs faillis la *coercition extraordinaire*. Charles IX et Henri III (2) avaient complété ou plutôt exagéré sa pensée, en substituant la peine de mort aux pénalités précédemment établies. Enfin l'ordonnance de 1673, confirmant ces dispositions, autorisait le juge à appliquer extraordinairement la peine de mort à ce crime, conformément aux anciennes ordonnances.

L'observation de ces pénalités était commandée impérieusement par les besoins du commerce, qui, à mesure qu'il s'étendait, réclamait de nouvelles garanties. Aussi la jurisprudence se mit-elle en harmonie avec la sévérité de la loi. — Les banqueroutiers furent poursuivis à outrance, des arrêts terribles les frappèrent. On pourra en juger par le récit que nous allons faire de l'exécution de l'un d'entre eux.

Le supplice fut fort long. Le patient, vêtu seulement

(1) Déclarations du 13 juin 1716 et du 13 mai 1722.

2) Ordonnances d'Orléans, art. 142, et de Blois, art. 205

d'une chemise, la corde au cou, une torche ardente du poids de deux livres à la main, le dos et la poitrine chargés de deux écriteaux portant en gros caractère son nom et la qualification de banqueroutier frauduleux, fut conduit au bas des degrés du palais, pour y faire amende honorable dans les termes suivants : « Je dis et déclare que malicieu-
» sement et frauduleusement j'ai fait faillite et banque-
» route à mes créanciers, vendu ou détourné mes effets,
» mis des noms supposés dans mes registres, ce dont je
» me repens et demande pardon à Dieu, au roi et à jus-
» tice. » — Cet acte d'humiliation accompli, le condamné reprit sa marche avec son cortége, et fut conduit par l'exécuteur le long des rues *St-Denis et St-Honoré*, au milieu du quartier le plus populeux de Paris, jusqu'à la *croix du Tiroir*. Après une nouvelle pause et une nouvelle déclaration prononcée au pied de cette croix, on reprit le chemin des halles en passant par la rue *des Prouvaires*. Là, après une troisième amende honorable, le patient fut attaché pendant deux heures au pilori, dont il fit quatre fois le tour afin que tous les spectateurs fussent témoins du spectacle de sa honte.—Ce supplice fut renouvelé pendant trois jours de marché, après lesquels le condamné fut expédié pour les galères du roi, sur lesquelles il devait subir la peine des travaux forcés pendant neuf années.

Ce récit n'offre qu'un exemple entre mille. Le même cérémonial se reproduisait à chaque condamnation. Au surplus, l'ignominie du supplice était sans compensation; car, après avoir subi sa peine, le banqueroutier, s'il en avait fini avec la justice, n'était pas débarrassé des poursuites de ses créanciers. Leur action était imprescriptible, et le forçat libéré ne pouvait invoquer contre elle le bénéfice de cession.

Mais ce n'était pas seulement au banqueroutier que la loi refusait tout accès au bénéfice. D'autres exclusions étaient prononcées soit dans l'intérêt des mœurs, soit au profit du privilége.

L'exclusion avait lieu dans l'intérêt des mœurs : 1° lorsque le dol du débiteur était démontré, comme en matière de condamnation criminelle, de stellionat, etc...; 2° lorsque la nature de la dette était telle, que la délicatesse du débiteur fût compromise par cela seul qu'il était en retard de payer. Ainsi, n'étaient point admis au bénéfice de cession, les tuteurs contre leurs pupilles, les fermiers contre leurs maîtres, les débiteurs qui déjà avaient profité d'un atermoiement, etc., etc.

L'exclusion était prononcée au profit du privilége : 1° à raison de la personne, contre l'étranger non naturalisé; 2° à raison de la nature de la dette, contre les comptables envers l'État, contre les boulangers et bouchers pour dettes de commerce, contre les débiteurs qui avaient contracté sous le sceau des foires franches, etc., etc. (1).

Ajoutons que le droit de faire cession, aux xvie et xviie siècles, était subordonné à l'assentiment du pouvoir royal. Il fallait donc, pour être admis à exercer ce droit, commencer par obtenir de la chancellerie des lettres de cession qui ne devenaient exécutoires qu'après leur entérinement devant les juges ordinaires, en présence des créanciers dûment avertis. Ainsi l'autorité pouvait refuser au débiteur le droit de faire cession, alors cependant

(1) Toutes ces exclusions sont prononcées par les ordonnances de 1490, art. 34; de 1510, art. 70; d'Orléans, art. 61 et 143; de Blois, art. 205, et de Henri IV en 1609. — *V.* aussi l'ordonnance des fermes, titre commun, art. 12. — *V.* pour l'étranger, Bacquet, *Traité du droit d'aubaine,* part. 2, c. 16, n° 8.

qu'il ne se trouvait pas dans un des cas d'exclusion prononcés par la loi.

Au surplus, ce bénéfice était devenu fort triste au XVIIe siècle. Par suite d'un revirement subit vers des idées de sévérité dont elle s'était éloignée jusque-là (1), la jurisprudence faisait aux débiteurs admis à la cession une condition bien déplorable. Repoussés non plus seulement par le préjugé, mais encore par l'opinion et par la loi, ces *parias* de la société française étaient notés d'infamie, exclus des fonctions publiques, et contraints de porter au front le signe de la honte à laquelle ils étaient voués (2). *Le bonnet vert*, qui doit à Boileau (3) une si grande partie de sa célébrité, était une des conditions obligées de leur présence en un lieu public. S'ils osaient s'affranchir de cette obligation, ils jouaient gros jeu, car il suffisait que leurs créanciers les rencontrassent sans bonnet vert pour être en droit de provoquer leur réincarcération (4).

N° 2. — Lettres de répit.

Le bénéfice de cession était avantageux pour le débiteur, en ce sens qu'il le protégeait contre l'emprisonnement. Sous tout autre point de vue, il le laissait sans défense; car, les biens étant vendus judiciairement et par conséquent à vil prix, il arrivait souvent que le cession-

---

(1) Un grand nombre d'auteurs du XVIe siècle soutenaient, conformément aux lois romaines, que la cession de biens n'entraînait pas l'infamie. — *V.* Papon, Arrêts, l. 10, tit. x, art. 5; Automne, *ad leg.* 11, C. *ex quib. caus. inf. irrog.* — Bugnyon, Lois abrog., l. 1, c. 116.

(2) L'ordonnance de 1693 les frappe d'infamie.

(3) « Ou que d'un bonnet verd le salutaire affront
　　» Flétrisse les lauriers qui lui couvrent le front. »
BOILEAU, Sat. 1.

(4) Arrêt du 8 juillet 1614, rapporté par Despeisses, t. 1, part. 3, tit.

naire (1) demeurait débiteur, tandis qu'à raison de la valeur réelle des biens cédés, il eût dû se trouver créancier. Désastreux pour le contraignable qui présentait des garanties de solvabilité, le bénéfice de cession n'avait donc réellement d'avantages que pour l'insolvable.

Le seul moyen de prévenir ces résultats sans porter atteinte aux lois existantes, était de suspendre pendant un temps déterminé l'option que le débiteur était tenu de faire entre l'emprisonnement et la cession de biens. Tel fut l'objet du répit. Délivré, grâce à ce bénéfice, de l'appréhension d'une ruine imminente et des douleurs morales de l'infamie, le débiteur put *respirer* (2), et calculer de sang-froid les dangers de sa position. Il put consulter son courage, mettre ses bras au service de sa dette, et enfin, utilisant son industrie ou son crédit au profit de son patrimoine, arriver à la libération sans dépouillement et sans déshonneur.

Le délai dont bénéficiait le débiteur admis au répit était d'un, trois ou cinq ans (3). Pendant cet armistice, il y avait suspension de l'exercice de tous droits et actions appartenant à l'une ou l'autre des parties. Le débiteur ne pouvait prescrire, le créancier ne pouvait poursuivre (4).

(1) La qualification de *cessionnaire*, appliquée à la personne du débiteur admis à la cession de biens, peut paraître étrange suivant le langage du droit nouveau. Je dois donc me hâter de dire que je ne me suis servi de cette expression que parce qu'elle est consacrée en ce sens par le droit coutumier. — *V.* Auvergne, c. 20, art. 2 et 3.

(2) Répit, autrefois *respit*, *à respirando.*

(3) Le répit de 5 ans était appelé *quinquennelle.* — *V.* Cout. de Bourbonnais, art. 58. — *Induciæ quinquennales.* — *V.* l. 8, C. *qui bon. ced. poss.*, et l. 4, C. *de precibus imper. offerend.*

(4) Le créancier ne pouvait poursuivre, alors même que le débiteur s'était obligé aux rigueurs du petit scel de Montpellier ou des conventions de Nîmes. — *V.* Rebuffe, *in const. reg. tract. de litt. dilator.*, art. 1, glos. 1.

Plus encore, pendant le délai de grâce les capitaux en souffrance ne produisaient point d'intérêts.

Comme on le voit, la faveur du répit était immense; mais en retour elle était fort rare; ses abords étaient hérissés de difficultés. Pour l'obtenir, au xve siècle, il ne suffisait pas d'être malheureux et de bonne foi, il fallait encore « avoir été mis hors d'état de payer sa dette par la » guerre du roi, avoir eu ses biens ravagés par une tem- » pête ou par un orage, ou bien enfin avoir été victime » d'un *larcin ou desrobement* (1). » Plus tard, sans doute, les exigences de la loi diminuèrent. Mais les exclusions furent toujours tellement nombreuses, qu'elles constituaient pour ainsi dire la règle, et l'admission au bénéfice l'exception (2). Ajoutons aussi que le droit de dispenser le répit

(1) Rebuffe, l. c. — Boerius, Décis. 296, no 5.

(2) Exclusions : — Respits d'un, deux, trois et quatre ans, quinquennelles, ou autres délais de ne payer dette, n'ont lieu contre la dette adjugée par sentence, louage de maison, arrérages de cens, rentes ou autres devoirs annuels emportant directe seigneurie, bail à ferme et accenses d'héritages, fruits et revenus d'iceux, devoirs de receptes, apprentissage, pension pour nourriture et entretenement des personnes, debtes de prodigues, insensez, de mineurs, contractées avec eux, ou avec leurs tuteurs ou curateurs durant leur tutelle ou curatelle, biens et deniers baillés en dépôt, reliqua de administration et gouvernement que les debteurs ont eu des biens de l'Église et choses publiques, achepteurs de vivres et victuailles, ne pareillement de sommes provenant de crimes et délits et exploits de justice, ne de salaire de ceux qui ont besongne et servy pour es debteurs, ne contre le mary poursuivant le dot de sa femme, ne contre la veufe et ses enfans poursuivant le payement et restitution de son dot ou partie d'ycelluy. — Bourbonnais, 58 et 59 ; — Orléans, 424 ; — Paris, 111 ; — Sens, 259 ; — Laon, 278 ; — Reims, 392 et 393 ; — Auxerre, 150 ; — Melun, 322 ; — Senlis, 290 et 291 ; — Ponthieu, 151. — Dettes adjugées par sentence. Auvergne, c. 19, art. 1 ; Paris, 111 ; Sens 259 ; Auxerre, 150 ; Senlis, 290 ; Laon, 278 ; Reims, 392. — Cas où le débituer aurait renoncé à réclamer des lettres de répit. Auvergne, c. 19, art. 3 ; Marche, 68. — Dette pour frais funéraux. Berri, 21. — Pour

appartenant exclusivement au roi, ce bénéfice fut souvent un instrument de faveur. Attaché en général aux noms historiques ou considérables qu'on voulait protéger contre l'ignominie de la cession de biens , le répit fut souvent un privilége pour le malheur titré plutôt qu'un bénéfice pour tous. — Enfin , alors même que le débiteur se trouvait en dehors des exclusions, ce n'était pas à dire qu'il pût encore bénéficier du répit. Avant toutes choses, il fallait qu'il s'inclinât devant trois pouvoirs, le roi, les créanciers et la justice : car le droit d'accorder le répit appartenait au roi (1) ; le droit de le refuser, aux créanciers ; le droit de le sanctionner, aux magistrats.

La nécessité de réunir ces trois assentiments donnait naissance à une instance judiciaire, et par conséquent exigeait une procédure ; la voici :

Pour obtenir des lettres de répit, le débiteur devait s'adresser au lieutenant du roi en la *chancellerie du petit scel* qui se trouvait auprès de chaque parlement (2). Ces lettres, délivrées sous forme de *lettres patentes* (3), étaient expédiées au juge du domicile de l'impétrant.

pensions , aliments , médicaments , moissons de grains , gages de domestiques , journées d'artisans et mercenaires, lettres de change , marchandises prises sur l'étape, foires, marchés, halles, ports publics, poisson de mer frais, sec et salé, stellionats, etc., *v.* ordonnance de 1669, tit. VI ; ordonnance de 1673, tit. IX ; déclaration du 23 décembre 1699 ; arrêt du conseil du 17 octobre 1684.

(1) Ordonnances de Philippe IV en 1303, et de Philippe V en 1318 , qui ne permettent aux juges d'accorder aux débiteurs les délais du répit que lorsqu'ils y seront autorisés par lettres émanant du roi ou de ses lieutenants.

(2) Ordonnance de François Ier de 1536, c. 8 , art. 2.

(3) Les lettres de répit, étant expédiées sous forme de lettres patentes , ne pouvaient être adressées qu'à des officiers royaux. Cependant il était fait exception à cette règle en ce qui concernait le répit d'un an ; les lettres y relatives pouvaient être adressées à des juges *etiam non* royaux.

Comme les chanceliers délivraient toujours ces mandements sans examen de la cause, il arrivait souvent qu'ils fussent injustement accordés. Aussi les lettres de répit devaient-elles, à l'exception de celles qui ne stipulaient que pour une année, et que l'on appelait spécialement *grâce du prince* (1), subir la censure de la justice et des créanciers (2). Tel était le but de l'obligation imposée à l'impétrant de faire *entériner* ces lettres, dans le mois de l'obtention, par le juge de son domicile, ses créanciers dûment convoqués.

Avant de procéder à l'entérinement, le magistrat consultait les parties intéressées, et les mettait en demeure d'opter entre le répit et la cession de biens. La majorité décidait. Cette majorité se mesurait, ainsi que sous la loi romaine, sur la valeur respective des créances, et non sur le nombre des voix ; de sorte que si l'un des créanciers avait la *grigneure quantité de dettes* (3), il balançait tous les autres et optait à lui seul. — Dans le cas contraire, la majorité était déterminée par le nombre des voix.—Enfin, s'il y avait partage, le magistrat décidait.

Cette procédure fut en vigueur jusqu'à Charles IX, qui transporta de la chancellerie du petit scel aux tribunaux ordinaires le droit de délivrer les lettres de répit. L'ordonnance de 1560 (4), qui opérait ce changement, conférait des pouvoirs absolus aux nouveaux dispensateurs du bénéfice.

En effet, devenue judiciaire, la délivrance du répit fut

---

(1) Arrêt du parlement de Paris de 1385, qui décide que la *grâce du roi* peut s'exercer *purement.*

(2) Bourbonnais, art. 60.

(3) G. Coutumier, c. 22.

(4) Ordonnance de 1560, art. 61.

entièrement subordonnée à l'appréciation du juge ordinaire. Convoqués seulement pour la forme et sans voix
délibérative, les créanciers, réduits à un rôle passif, ne
furent plus appelés qu'à fournir des éclaircissements, ou à
combattre judiciairement les prétentions de leur adversaire (1). Mais, quant à la décision définitive, le juge seul
put la prendre, et, après information, se prononcer sur
l'opportunité de la délivrance des lettres de répit et sur la
durée de l'armistice.

Cette législation nouvelle était fort louable, car elle
remettait à l'équité de plusieurs le soin de décider ce qui
jusque-là avait été confié à l'arbitraire d'un seul. Elle
avait, en outre, le double avantage de protéger le débiteur contre le mauvais vouloir des créanciers, et les
créanciers contre un acte de condescendance du gouvernement au profit de sa noblesse. Mais ceci était trop équitable et trop libéral pour durer longtemps. En vain
l'ordonnance de 1560 avait-elle ramené le répit à sa destination légale; instrument de faveur au moyen-âge, il
devait redevenir instrument de faveur sous Louis XIV.

Aussi ne doit-on pas s'étonner de voir l'ordonnance de
1669 abroger l'édit de 1560, et ramener le répit à son
mode primitif d'impétration.

Aux termes de l'art. 1er (2) de cette ordonnance, les
cours de justice du royaume ne pourront plus donner
terme, atermoiement, répit, ni délai de payer, de leur
propre autorité, mais seulement lorsqu'elles y seront
autorisées par des lettres délivrées en la *chancellerie du
grand sceau*. Toute infraction à cette prohibition sera

(1) Masver, titre des obligations, nº 8. — Boerius, Décis. 296, no 1 à
5. — Rebuffe, art. 1, glos. 1, nº 63.
(2) Ordonnance de 1673, tit. IX, art. 1.

punie « par la nullité des jugements, l'interdiction des
» juges, l'obligation de répondre en leur nom personnel
» des dommages et intérêts des parties, et par une amende
» de 100 livres. »

Dans quel but imposait-on des pénalités si sévères à la
violation des règles nouvelles? Pourquoi d'ailleurs en-
levait-on à la juridiction ordinaire un droit que l'ordonnance de 1560 lui avait conféré? Était-ce donc qu'elle avait
abusé de ses pouvoirs, et dispensé trop largement les faveurs du répit? Était-ce, au contraire, qu'elle n'en usait
qu'avec parcimonie, et que la conscience du magistrat se
refusait à reconnaître un instrument politique dans un
bénéfice de la loi ?

De ces deux motifs, c'était à la fois l'un et l'autre. —
La justice était parcimonieuse du répit, alors qu'il s'agissait d'une caste à favoriser ; elle en était prodigue, lorsqu'elle avait à tenir compte de la bonne foi.

Or, dans l'un et l'autre sens, cette jurisprudence dé-
plaisait au gouvernement de Louis XIV.

En effet, au xvii⁰ siècle, la simplicité antique avait fait
place à un luxe énorme. La cour de Louis XIV était,
comme son règne, éclatante de splendeurs. Le triomphe
des *Turcarets* commençait, et l'opulence des fermiers du
fisc préparait pour l'avenir le règne de la finance. La noblesse, riche en terre, mais pauvre de revenus, ne pouvait étaler le luxe du courtisan qu'à force d'emprunts. Les
cadets de famille surtout, réduits aux modestes revenus
que leur abandonnaient leurs aînés, avaient souvent recours à des moyens peu honorables pour soutenir le
rang de la noble maison à laquelle ils appartenaient. De
là, des emprunts usuraires dont l'échéance signalait la
ruine du dissipateur ; de là, des condamnations dont le

résultat était de maculer un beau nom d'une laide tache.
— Il importait donc à l'honneur des familles titrées que
le gouvernement reprît entre ses mains et à lui seul le
pouvoir dispensateur du répit, afin que la faveur fît au
profit de la noblesse ce qu'une magistrature intègre n'eût
pas fait.

Tel fut le motif secret de l'ordonnance de 1669.

Quant au motif avoué, nous l'avons signalé tout à
l'heure ; c'était la facilité avec laquelle la magistrature
admettait le répit au profit de la bonne foi. — Cette facilité était dangereuse. Notre commerce, sous le règne de
Louis XIV, avait pris une extension immense. Nos pos-
sessions considérables dans les quatre parties du monde
étaient exploitées au profit de la mère patrie, et lui res-
tituaient en richesses ce qu'elle leur donnait en protection.
A l'intérieur, nos ressources n'étaient pas moins considérables. Les populations s'aggloméraient autour des
centres industriels. Les voies de communication se multipliaient. Les débouchés, grâce à la main de fer de
Louis XIV, étaient ouverts sur toutes les frontières. Enfin
le commerce avait acquis une telle importance, qu'il fallait
nécessairement l'entourer de toutes les garanties susceptibles d'assurer sa prospérité.

Or un juge n'est pas et ne doit pas être un homme
politique. Lorsqu'il décide au fond de sa conscience, il se
préoccupe peu des conséquences que sa décision peut
avoir pour les intérêts nationaux ; car, quelles que soient
ses sympathies ou ses répulsions, il doit obéir avant tout
à la voix qui lui prescrit d'être indulgent avec la loi, et de
n'être sévère qu'avec elle. — On pouvait donc craindre,
en laissant entre les mains des juges ordinaires les pouvoirs conférés par l'ordonnance de 1560, que les intérêts

commerciaux ne fussent exposés, par l'admission trop facile des délais énormes du répit, à des préjudices d'autant plus graves, que les opérations du négoce réclament la plus grande célérité. C'est en partie sous l'influence de cette appréhension que l'ordonnance de 1669 enleva aux juges, pour le remettre entre les mains du gouvernement, le droit d'accorder les lettres de répit, et ne permit leur délivrance que dans le cas où le débiteur justifiait sa requête par des *considérations importantes* (1).

(1) « ... Pour des considérations importantes, et lorsqu'il y a commen-
» cement de preuve par actes authentiques... » Ordonnance de 1669,
tit. VI, art. 2.—Formule du répit :—« Louis, par la grâce de Dieu, etc...
» salut : —A nostre amé et féal le baillif de... Nostre amé tel... de telle
» qualité... nous a fait remontrer qu'il s'est trouvé engagé dans de grandes
» pertes depuis l'année telle... (à cause de la faillite de... perte de vais-
» seaux, incendie, vol, etc.), ainsi qu'il justifie par les... actes authen-
» tiques icy joints, sous nostre contre-scel ; nonobstant lesquelles pertes ,
» ses créanciers le pressent de payer, et le menacent de le mettre en
» justice, par saisie de biens, et contrainte de sa personne ; ce qui le
» reduiroit en une extrémité , et lui osteroit même les moyens de satis-
» faire ausdits créanciers ; car avec le temps et le loisir de poursuivre la
» liquidation de ses effets et le payement de ce qui lui est deu , il les sa-
» tisfera ; nous requérant très-humblement une surseance pour y pour-
» voir. A ces causes, voulant secourir nos sujets, nous vous mandons que
» les créanciers appelez par-devant vous s'il vous apert de ce que dessus ;
» en ce cas, donnez à l'exposant tel délay que vous jugerez raisonnable
» pour payer ses dettes ; défences de le poursuivre en sa personne et ses
» biens sur peine aux créanciers de la perte de leur deu, et aux huissiers
» et sergents de suspension de leurs charges, dépens, dommages et in-
» térêts. Et pour donner moyen à l'exposant de poursuivre l'entérinement
» des présentes, de nos grâce spéciale, pleine puissance et autorité
» royale, nous lui avons donné dès à présent, et octroyé par ces pré-
» sentes signées de notre main, terme et délai de six mois (art. 4), pen-
» dant lequel temps nous faisons expresse défense ausdits créanciers,
» huissiers et sergents d'attenter à sa personne et meubles meublans et
» servant à son usage, à peine de 100 livres d'amende contre chacun des
» huissiers et sergents ; aux dépens, dommages et intérêts contre chacun
» des créanciers contrevenants.....; pourveu toutefois qu'il ne soit pour-

Cette explication est confirmée par l'ordonnance de 1673, qui augmente encore les difficultés relatives à l'admission des débiteurs commerçants au bénéfice de répit.

Les obligations que cette ordonnance leur imposait avaient pour objet, l'une l'obtention des lettres, l'autre leur exécution.

Pour obtenir des lettres de répit, le débiteur commerçant était tenu d'expédier à la chancellerie un état par lui certifié valable de tous ses biens et effets, tant meubles qu'immeubles, et de ses dettes. Cet état était attaché aux lettres sous contre-scel, et retourné en cet état à l'impétrant, qui, s'il voulait en recueillir les avantages, devait remplir les formalités suivantes (1) :

Avant toute chose, il fallait qu'il remit au greffe du juge devant lequel il poursuivait l'entérinement, et au greffe de la juridiction consulaire la plus voisine, un double certifié de l'état déjà expédié par lui à la chancellerie. Il devait ensuite se faire délivrer un certificat de ce dépôt, et en envoyer la copie à chacun de ses créanciers. Cet envoi devait être accompagné de la copie de l'état lui-même et de la signification des lettres. S'il omettait de remplir cette dernière formalité dans la huitaine, il était déchu de l'effet des lettres à l'égard de ceux d'entre les créanciers qui n'avaient pas reçu cette signification (2).

Enfin l'impétrant devait, si les parties intéressées le

» suivi pour aucun des cas esquels répit ne peut être accordé par nos
» ordonnances, et qu'il n'en ait cy-devant obtenu d'autres à peine de
» nullité des présentes ; pour l'exécution desquelles mandons au premier
» huissier ou sergent faire tous exploits requis sans autre permission ; —
» car tel est notre plaisir. » Formules d'actes pour l'exécution de l'ordonnance d'août 1670, tit. VI, § sur les articles 2, 3, 11 et 15.

(1) Ordonnance de 1673, tit. IX, art. 1.

(2) *Id.*, art. 3.

réclamaient, déposer au greffe ses livres et registres (1).

Ces formalités accomplies, le juge devait entériner les lettres et déterminer la longueur du répit (2).

Ces délais étaient plus ou moins longs, suivant les circonstances. Ils n'excédaient jamais cinq ans; ils n'étaient jamais moindres d'une année. Toutefois il arrivait presque toujours qu'usant de son autorité souveraine, le roi accordât provisoirement à l'impétrant un délai de grâce de six mois. Ce délai, purement gracieux, était indépendant de la durée que le juge ordinaire devait donner au répit (3).

Après l'entérinement des lettres et la détermination des délais, le répit entraînait les effets suivants :

1° Suspension de l'action des créanciers, qui, s'ils violaient l'armistice, étaient punis par la perte de ce qui leur était dû ;

2° Suspension du cours des intérêts ;

3° Défense à tous officiers ministériels d'exercer des poursuites à la requête des créanciers, sous peine de 100 livres d'amende, dépens et dommages-intérêts.

En somme, sécurité complète pour le débiteur pendant la durée de l'armistice.

Cependant, si sa personne, sa réputation, ses biens, étaient momentanément sauvés, ce n'était pas à dire qu'il conservât entièrement dans la société la position qu'il occupait auparavant ; car, s'il n'était pas déclaré insolvable, et par suite noté d'infamie, il n'en était pas moins suspect

---

(1) Ordonnance de 1673, tit. IX, art. 1.

(2) *Id.*, art. 3.

(3) *Id.*, art. 4 et 5. — Celui qui a obtenu une fois des lettres de répit ne peut plus en obtenir d'autres, si ce n'est pour *causes nouvelles.* — Ordonnance de 1669, tit. VI, art. 13.

d'insolvabilité. Or, tant que cette présomption fâcheuse ne tombait pas devant la preuve contraire, sa réputation était exposée à la malveillance de l'opinion, alors même qu'il avait des droits à la considération. Cela est si vrai, que le débiteur admis au répit ne pouvait parvenir à aucune fonction publique. Celles d'échevin et de consul des marchands lui étaient refusées. Il ne pouvait avoir non plus voix active ou passive dans les corps ou communautés. Enfin il était incapable, jusqu'à nouvel ordre, d'agir comme administrateur d'un hôpital (1).

Mais, lorsqu'un payement loyal et intégral l'avait complétement libéré, la présomption tombait. Pour recouvrer sa capacité première, il n'avait plus qu'à réclamer des lettres de réhabilitation que le roi ne refusait jamais à ceux qui les méritaient.

§ II. — PRIVILÉGES DU SEXE.

Chez les Romains, s'il faut en croire le langage de Caton, la femme ne fut protégée que parce qu'elle fut méprisée.

Chez nous, au moyen-âge, elle fut beaucoup moins protégée, précisément parce qu'elle fut plus respectée.

Je m'explique.

Dans les temps antiques, la femme n'était pas véritablement femme, car elle n'était vénérée par les hommes qu'à cette condition, qu'elle oublierait les vertus de son sexe pour se parer des vertus viriles. Si ces qualités éclatantes lui manquaient, si sa poitrine était trop frêle pour contenir le cœur de Lucrèce ou de Cornélie, n'ayant plus droit à l'admiration de l'autre sexe, elle était réduite au

____

(1) Ordonnance de 1673, tit. IX, art. 5. — V. Cujas sur la novelle 135.

triste hommage de ses adorations brutales. Aussi, dans les mœurs romaines, n'y avait-il point de caractère intermédiaire entre la matrone aux vertus théâtrales et la Messaline aux vices insolents.

Au moyen-âge seul, la femme est réellement de son sexe, car les mœurs chrétiennes favorisent l'épanouissement de son esprit et de son cœur. Aussi devient-elle l'objet d'un culte. Elle est adorée parce que, dépouillant tout vêtement emprunté, ses vertus sont bien à elle. Elle est respectée, car son amour enseigne les nobles pensées et les grandes actions. Enfin elle est devenue l'égale de l'homme, parce qu'elle ne cesse pas un instant d'être femme.

Ce changement dans les mœurs tenait à deux causes : la religion d'abord, car, à la différence du paganisme, qui avait déifié les vices de la femme, le christianisme exaltait ses vertus ; la seconde cause tenait à l'ignorance généralement répandue dans les sociétés du moyen-âge. Là, en effet, où l'éducation scientifique n'a pas enlevé l'homme à la sphère intellectuelle de la femme, cette dernière a sur l'autre la supériorité incontestable que lui donne son intuition instinctive de ce qui est vraiment noble et bon. Forts par le cœur et par le bras, mais peu clercs, nos bons chevaliers protégeaient de leurs lances les dames de leurs pensées, mais en retour se laissaient volontiers guider par elles dans le monde moral qu'elles n'avaient pas appris plus qu'eux, mais qu'elles devinaient. Ils avaient donc pour elles, indépendamment du sentiment presque religieux de l'amour pur, le respect que le bras a pour la tête. Aussi lui rendaient-ils un juste hommage en se l'assimilant, non-seulement sous le point de vue moral, mais encore sous le rapport des droits civils. Affranchie de la tutelle insolente que lui imposait jadis la loi romaine, la femme non mariée était libre et maîtresse de ses biens. Propriétaire, les pouvoirs inhérents à son titre étaient tellement indépendants, qu'elle pouvait exercer jusqu'aux droits politiques qui étaient attachés à son domaine. C'est ainsi qu'en 1258 la comtesse de Flandre assistait comme pair de France à l'arrêt qui adjugeait au roi saint Louis, contre ses frères, le comté de Clermont. C'est ainsi encore qu'en 1315, Mahaud, comtesse d'Artois, était appelée par son titre et par son *tennement* à siéger au milieu de ses pairs au jugement de Robert, comte de Flandre (1).

Propriétaire indépendante, la femme non mariée était libre de contracter : or cette liberté lui imposait, sans qu'elle pût la récuser, la responsabilité de ses actes. D'ailleurs, plus la femme était vénérée à cause de ses vertus, plus le mépris devait être grand lorsqu'elle oubliait les attributs de son sexe. Si par son dol ou par son crime elle encourait une condamnation pécuniaire, la loi se refusait à la protéger, car la loi était l'expression de l'opinion ; et cette opinion qui, vertueuse, l'eût placée sur un piédestal, la souffletait lorsqu'elle abdiquait sa chaste couronne.

Donc, au moyen-âge, la femme était en général contraignable par corps. La chronique nous en a donné la preuve. L'histoire touchante des pauvres filles de corps emprisonnées par les chanoines de Notre-Dame, et délivrées par la reine Blanche, démontre bien que de ce temps le sexe n'avait pas plus de priviléges aux yeux du magistrat qu'il n'en avait auprès de la charité chrétienne (2).

Les nobles dames seules étaient protégées contre la rigueur des lois. Leurs biens pouvaient être saisis et vendus, mais leur personne était inviolable. Toutefois ce

(1) *V.* Ducange, vo *pares.*
(2) Assises de Jérusalem, h. cour, c. 199.

privilége, qui leur était commun avec les chevaliers, leur était accordé, non pas parce qu'elles étaient femmes, mais bien parce qu'elles étaient nobles.

Les femmes *mariées* qui appartenaient à la bourgeoisie étaient exemptes, elles aussi, dans les cas ordinaires, de la contrainte par corps; car, en échange du sacrifice qu'elles faisaient de leur individualité en entrant dans la communauté conjugale, leurs maris devaient supporter la responsabilité de leurs actes (1). Cependant, pour qu'elles conservassent leur immunité, il fallait que la dette contractée par elles ne fût pas le résultat d'une prodigalité folle ou de l'inconduite. A la différence des lois romaines, qui protégeaient la femme *même stellionataire*, les Assises de Jérusalem laissaient peser sur sa tête toute la responsabilité de la dette qui, suivant l'expression naïve de notre texte, avait été contractée *par sa puterie ou par sa mauvaiste faire* (2).

Ainsi, en résumé, aux xi° et xii° siècles, la femme était contraignable par corps. — Les liens du mariage ou le prestige du rang étaient les seuls sanctuaires où la main de la justice ne pût pénétrer. — Encore cessait-on de les respecter lorsque la femme avait souillé son blason de noble dame ou sa robe d'épouse.

Cependant, si ce privilége était consacré par des lois en Palestine, nous n'avons aucun document qui nous ap-

---

(1) « Ensement tout autreci est tenus le maris de paier la dete de sa moillier, selle l'avet emprunte par juste chose, si com est se elle l'emprunta por son vivre, por le luer de l'ostel, ou por si vestir ou por ses enfans tant coume ses maris estoit hors de la ville ou estoit malades ou en prison; mais se elle emprunta par sa puterie ou par sa mauvaiste faire, ces maris n'en est tenu par drect de rien peier. » Ass. de Jérusalem, baisse cort, c. 198.

(2) *Id.*, l. c.

prenne qu'en France l'usage ou la loi l'ait établi. Il est
probable même que, pendant longtemps, la femme mariée
n'a bénéficié, en pays de droit coutumier, d'aucune faveur de la loi contre l'exécution par corps, puisque plus
tard, ainsi que nous le verrons tout à l'heure, ce fut à
grand'peine que la jurisprudence parvint à rétablir à
son profit un bénéfice contesté.

Le privilége du sexe n'existait donc pas, à proprement parler, lorsque les ordonnances de St Louis furent
promulguées. Leur apparition fut un bienfait pour tous
les débiteurs, et par conséquent pour la femme, sans que
cependant ces lois nouvelles eussent rien stipulé à son
profit. Aussi, dans les cas réservés où St Louis apportait
des restrictions à son bénéfice, la femme, dont la condition
n'avait pas changé, demeura-t-elle toujours contraignable
par corps.

L'ordonnance de Philippe le Bel, en élargissant le domaine des exécutions forcées, restreignait encore le privilége des personnes du sexe. Libres de contracter comme
les hommes, les femmes ne purent se soustraire aux
rigueurs de leurs conventions.

Cet état de choses durait depuis longtemps, lorsque
enfin la doctrine et la jurisprudence s'émurent de la
position faite à la femme par le silence du législateur national. Aussi crurent-elles devoir réparer cet oubli, en
invoquant au profit de la femme mariée la procédure en
vigueur dans les pays de droit écrit (1).

Cependant, sous une législation où le privilége tenait
une aussi grande place, il était bien difficile à la magis-

______

(1) Guy Pape, q. 256, n°s 1 et 2, et Arrêts, l. XXIV, tit. des décrets,
art. 3, qui rapporte un arrêt du parlement de Grenoble du 7 février
1460.

trature de protéger invariablement la femme contre les rigueurs de l'exécution par corps. Le privilége du fisc, celui des foires nationales, avaient des exigences trop impérieuses pour qu'en pays de coutume on pût leur opposer un bénéfice que l'usage seul empruntait à la raison écrite. Aussi, au commencement du xve siècle (1), la femme mariée, malgré la faveur dont elle jouissait auprès du droit coutumier lui-même, était-elle assujettie aux rigueurs du droit commun, lorsqu'elle avait contracté en temps et pour fait de foire (2).

Je viens de dire que la *femme mariée* était favorisée d'une manière spéciale en pays de droit coutumier. Cette faveur, fort restreinte dans ses effets, était exclusive dans son application; car, si plusieurs coutumes, et notamment celle de Bretagne (3), contenaient au profit de la femme mariée, sur la matière qui nous occupe, des dispositions empreintes du caractère de bienveillance que porte le droit de Justinien, cette protection avait pour objet l'intérêt du mariage plutôt que celui du sexe. Aussi, à la différence de la loi romaine, les coutumes, restreignant le bénéfice à la femme mariée, abandonnaient-elles la *fille* et la *veuve* aux rigueurs du droit commun.

Dans les pays de droit écrit il en était autrement. La novelle 134 recevait son application au profit des filles et

---

(1) « Item est défendu par la loi escrite que femme ne soit mise en chartre de fers... car fresle chose est de femme, et pour ce ne veut la loy qu'elle soit tourmentée de prison pour cause civile... et si c'est pour civil et elle puist avoir pleige ou seureté par ce doibt elle estre élargie sitôt que le juge le peut faire bonnement. » Grand Coutumier...

(2) G. Coutumier, rub. de l'exécut. des lettres.

(3) Femme ne doibt estre mise en prison pour debte civile ni pour le faict de son mary, ores que (bien que) elle requist et qu'elle s'y fust obligée. — Bretagne, 425.

des veuves, car la loi romaine ne distinguait pas. Quelle que fût la position de la femme dans la société, elle était un être frêle, « frêle chose est de femme (1), » et à ce titre elle méritait la protection publique contre les rigueurs de l'action privée.

Ainsi, avant l'ordonnance de Moulins, là où s'appliquait la législation des coutumes, la femme mariée seule avait le droit de repousser par un privilége les poursuites de ses créanciers ; là, au contraire, où la loi romaine était en vigueur, les femmes, les filles et les veuves ne pouvaient être emprisonnées pour dettes que par exception.

Vint l'ordonnance de Moulins. Comme son objet était de ramener à l'unité le système des exécutions, on avait le droit d'espérer que, par contre-coup, elle déterminerait d'une manière précise la position de la femme à l'égard de ses créanciers, et donnerait une solution aux questions si controversées qu'avait fait naître l'incertitude de son privilége. Malheureusement, en posant le principe général de la contrainte par corps judiciaire, cette ordonnance garda sur les personnes du sexe le silence le plus complet.

Cette réticence portait sur l'épouse aussi bien que sur la fille et la veuve. Elle fut envisagée, par un assez grand nombre de jurisconsultes, comme le désaveu tacite de la doctrine qui jusque-là avait protégé la femme mariée contre l'emprisonnement pour dettes. La jurisprudence s'en inquiéta ; elle redevint un moment indécise, et plusieurs arrêts, qui toutefois furent en minorité (2), refusèrent le bénéfice des lois romaines, non-seulement aux

____

(1) G. Coutumier, l. c.
(2) *V.* plusieurs arrêts rapportés par Louet et Brodeau, lett. F, n° 4.

filles et aux veuves, mais encore aux femmes engagées dans les liens de la communauté conjugale.

Une autre opinion, en faveur de laquelle je citerai l'autorité de Coquille, n'admettait pas en général que la femme pût être arrachée au domicile conjugal pour entrer dans la prison publique, mais optait toutefois pour la possibilité de son incarcération, lorsque le mari aurait consenti à ce qu'elle s'obligeât par corps, ou bien lorsqu'il se serait soumis lui-même à partager sa captivité. « La femme mariée, dit Coquille, doit service personnel à son mari; pour quoy sembleroit qu'au préjudice de ce devoir qui est inhérent et de l'essence du mariage, elle ne pense s'obliger par prison. Car, si la femme ne peut faire vœu, *etiam* pour chose sainte, sans le congé de son mary, il se peut dire qu'elle ne peut se soubmettre en la prison sans le consentement de son mary (1). » Ainsi Coquille ne se refusait à l'incarcération *isolée* que parce qu'il la considérait comme une entrave à la libre possession de la femme par le mari. Mais si, au contraire, il résultait de l'engagement en vertu duquel l'emprisonnement était poursuivi que le mari dût partager la captivité de sa femme, l'obstacle cessant, le privilége n'existait plus; car, dit Coquille, « Estant prisonniers tous les deux, ils s'ayderont l'un à l'autre de consolations. »

Une troisième opinion, et celle-là ralliait autour d'elle la majorité, n'admettait point de distinctions, et proclamait d'une manière absolue l'inviolabilité de la femme mariée. — Elle raisonnait ainsi : — Les rigueurs de l'ordonnance de 1566 sont générales; mais elles ne le sont que pour les

____

(1) Coquille, Quest. et responses. c. 194.

personnes capables de s'engager. Celles qui ne peuvent valablement contracter sans le concours d'une volonté étrangère sont à l'abri de l'exécution par corps. Les mineurs, les interdits sont de ce nombre. La femme mariée doit en être aussi, car son incapacité est la même. On ne doit donc pas l'arracher violemment et sans l'autorité d'un texte au bénéfice d'exception inhérent à cette incapacité (1).

Cependant, malgré son absolutisme, cette doctrine, qui fut adoptée par la jurisprudence (2), admettait des exceptions : la mauvaise conduite de la femme, sa qualité de marchande publique (3), de locataire, ou de tutrice lorsqu'elle était reliquataire de quelque objet appartenant à la tutelle (4), entraînaient pour elle la déchéance du bénéfice introduit en sa faveur par la jurisprudence.

La femme mariée était encore contraignable par corps :

Lorsque, chargée de la procuration que lui avait laissée son mari pour contracter en son absence, elle recevait quelque chose pour lui (5) ;

Lorsque, après s'être constituée gardienne et dépositaire de biens de justice, elle s'était obligée en cette qualité pardevant notaires et témoins (6) ;

(1) Louët et Brodeau, lett. F, n° 4. — Charondas, Respons., l. III, c. 16. — Chenu, cent. 19, q. 1, et cent. 91, q. 52.

(2) Arrêt du parlement de Lyon, 10 juillet 1614, rapporté par Bouvost, tit. II, sous le mot *mari*, q. 2.— Arrêts du parlement de Paris du 22 décembre 1579 et du 21 janvier 1597, rapportés par Chenu, ll. cc.

(3) Johan. Lucius, l. X, tit. V, art. 1.—Arrêt du 6 décembre 1606, rapporté par Brodeau sur Louët, lett. F, c. 13.

(4) Barthole, n° 13, sur l'auth. *matri et aniæ, C. quandò mulier off. tutel. fungi possit.*

(5) Rebuffe, *in tract. de litt. oblig.*, art. 2, glos. 1, n° 126.

(6) Arrêt du 1 décembre 1526.

A défaut de payement d'une amende prononcée en matière criminelle, de dommages-intérêts pour excès, ou enfin de dépens, après l'expiration des quatre mois prescrits par l'ordonnance (1).

Cette jurisprudence remplit tout le temps qui s'écoula entre l'édit de Moulins et l'ordonnance de 1629. Cette ordonnance, qui déchargeait de la contrainte par corps les femmes *mariées* ou *non mariées*, achevait ce que la jurisprudence avait commencé ; mais la disgrâce de son rédacteur ne permit pas son entière exécution ; de telle sorte qu'il faut encore franchir trente-huit années pour voir, après tant de siècles d'incertitudes, la législation asseoir et régler le privilége de la femme.

L'ordonnance de 1667 résout hardiment la question. La femme et la fille sont placées par elle sous la sauvegarde du privilége. Deux restrictions seulement sont apportées, en matière civile, à la loi qui décharge les personnes du sexe de la contrainte par corps : 1° leur qualité de marchandes publiques ; 2° le stellionat provenant de leur fait.

Cette disposition, quelque précise qu'elle paraisse, fit pourtant naître encore des incertitudes, et par conséquent des procès. La jurisprudence fut embarrassée pour préciser le sens de ces mots : « *Stellionat provenant de leur fait.* » Deux opinions s'étaient formées (2). Les uns considéraient la femme comme stellionataire partout où elle avait signé comme partie contractante un acte entaché du dol constitutif du stellionat. — D'autres, moins absolus, pensaient que la femme était stellionataire, dans le sens de l'ordonnance, lorsqu'ayant le droit, soit en vertu de son

____

(1) Bugnyon, LL. abrog. l. IV, c. 4.

(2) De Ferrières, Comm. sur la cout. de Paris, art. 160, n° 37.

contrat de mariage, soit à raison du régime sous lequel elle était mariée, de contracter sans l'autorisation maritale, elle s'était engagée de son propre chef et sans cette autorisation. Mais ils ne pouvaient admettre que la femme mariée sous le régime de la communauté, et qui avait contracté conjointement avec son mari, pût être personnellement réputée stellionataire, parce que dans ce cas le *stellionat provenait* en réalité, *non pas de son fait*, mais du fait de son mari. — Au surplus, à peine soulevée, cette question fut résolue par un édit de juillet 1680, qui confirma la distinction établie entre la femme libre de s'engager et celle qui ne pouvait contracter sans l'autorisation maritale.

Cette question est la principale difficulté qu'ait soulevée l'art. 4, tit. xxxviii de l'ordonnance de 1667. Cependant une autre question, question étrange en vérité, et nous n'en parlerons en terminant que parce qu'elle est caractéristique de l'époque où Racine écrivait les *Plaideurs*, éveilla pendant quelque temps la sollicitude des greffiers. Il s'agissait de l'interprétation du texte qui établissait au profit du sexe le principe d'exception. Prévoyante à demi, l'ordonnance parlait des *femmes*, puis des *filles;* mais des *veuves*, il n'en était point mention. Or, n'étant plus femme, et ne pouvant plus être fille, la veuve se trouvait, aux yeux des praticiens scrupuleux, n'avoir aucun titre pour justifier ses prétentions au bénéfice de l'ordonnance. Telle était du moins la conclusion spécieuse tirée du silence de la loi par les greffiers, qui se mirent sur le pied de délivrer contre les veuves des arrêts d'*iterato*.

Le parlement ne fut pas de cet avis. Dès qu'il eut éveil du nouvel expédient ajouté à ceux qui multipliaient tant déjà, au profit des officiers judiciaires, les procédures inutiles, une prohibition sévère vint les rappeler à l'esprit de la loi. Deux arrêts, l'un du 10 mars et l'autre du 10 mai 1672 (1), rassurèrent les veuves sur les appréhensions qu'avait pu leur inspirer l'interprétation judaïque du texte de l'ordonnance.

§ III. — PRIVILÉGES DE L'AGE.

N° 1er. — *Mineurs*.

L'inviolabilité de la personne du mineur, en matière civile, n'est proclamée par aucune loi, car le privilége qui l'arrache au droit commun est déjà suffisamment établi par la nature et par la force des choses.

Cependant, le mineur n'étant protégé contre les conséquences extrêmes de son obligation que parce qu'il est incapable de s'obliger, son privilége doit nécessairement être mesuré sur la portée de cette incapacité. Donc, si quelque loi spéciale, l'arrachant à son droit exceptionnel, lui reconnaît une capacité suffisante pour traiter librement avec les majeurs, il est juste que, bénéficiant des avantages du droit commun, il en subisse aussi les rigueurs.

Telle est la règle d'après laquelle on a décidé que le mineur bénéficier et le mineur commerçant seraient contraignables par corps.

La loi canonique fixait à 14 ans l'âge où le mineur bénéficier devait être réputé majeur. A 14 ans il était libre d'administrer et d'agir en tout ce qui concernait son bénéfice. Il pouvait, de son chef, intenter tout procès en matière bénéficiale, sans l'autorisation de son père ou d'un tuteur, ou même d'un curateur. Cette disposition de la loi canonique, qui créait une majorité nouvelle, entraînait

____
(1) Journal des audiences, tit. III, liv. 6, c. 6.

nécessairement cette conséquence, que le mineur bénéficier serait exposé à toutes les suites naturelles de l'obligation par lui contractée. Aussi la jurisprudence et la doctrine étaient-elles d'accord sur ce point, que le mineur serait contraignable par corps pour les obligations contractées à raison de son bénéfice (1).

Au surplus, ce n'est pas le seul exemple de l'application exceptionnelle des rigueurs du droit commun à la personne du mineur. Une disposition contenue au titre 1er de l'ordonnance du commerce confirme encore la règle d'équité qui dépouille le mineur de son privilége toutes les fois qu'il est appelé à recueillir les avantages attachés à la condition de majeur.

Cette disposition est contenue dans l'art. 6, tit. 1er de l'ordonnance de 1673, qui régit l'état du mineur en matière commerciale ; elle déclare que tous les négociants et marchands en gros et en détail, ainsi que les banquiers, seront réputés majeurs pour le fait de leur commerce, sans qu'ils puissent être restitués sous prétexte de minorité.

A part ces deux exceptions prononcées, l'une contre le bénéficier, l'autre contre le commerçant, les lois anciennes n'admettaient pas que le mineur pût être contraint par corps (2).

(1) Dijon, dernier mai 1568. — Bouvost, v⁰ *mineur*. — *V*. cependant Valin sur l'art. 66 de la coutume de la Rochelle, nᵒˢ 17-28, et le jugement souverain des requêtes de l'hôtel, du 21 mars 1676, rapporté par le Nouv. Denizart, v⁰ *cont. par corps*.

(2) Cependant on a étendu dans l'usage la disposition de l'art. 6, tit. 1 de l'ordonnance de 1673, aux mineurs intéressés dans les affaires du roi et chargés du recouvrement des deniers royaux. Ceci résulte de la déclaration du 26 février 1692. — *V*. arrêts du 30 août 1702 et du 12 août 1704, rapportés au Journal des audiences, t. V, p. 305.

N° 2. — Septuagénaires.

La vieillesse est un titre au respect ; à plus forte raison doit-elle être un titre à la pitié.

Cependant plusieurs siècles s'écoulèrent avant que le malheur d'un vieillard insolvable pût trouver un écho dans la charité du législateur. Ce ne fut que sous Louis XIII (1) qu'exemptés de la contrainte par corps, les septuagénaires se virent appliquer, par analogie, le principe de la loi romaine qui les excusait de toute charge personnelle (2).

L'ordonnance de 1667 confirma dans une loi définitive ce que Louis XIII avait essayé dans une législation passagère. Le bénéfice des septuagénaires fut désormais assuré par les art. 8 et 9 du tit. xxxiv de cette ordonnance.

Cependant le bienfait de l'ordonnance de 1667 n'était pas sans réserves. Le septuagénaire était contraignable par corps dans les cas suivants :

1° Pour stellionat ; 2° pour recélé ; 3° pour dépens en matière criminelle (3) ; 4° enfin, pour deniers royaux (4).

§ IV. — PRIVILÉGES DES ECCLÉSIASTIQUES.

Platon a appelé les ministres des autels les magistrats de l'âme. — Cette pensée est belle, mais elle est fausse eu

----

(1) Ordonnance de Louis XIII, art. 156.

(2) Instit. Just., l. 1, tit. XXVI, § 13. — L. 2, D. de vacat. et excus. muner. — L. 3, D. de jure immun. — L. ult. C. qui ætat. vel profes. se excus.

(3) Ordonnance de 1667, tit. XXXIV, art. 9.

(4) Arrêts du conseil d'État du 14 mai 1668 et du 26 mars 1680. — V. Recueil des arrêts donnés en interprétation des nouvelles ordonnances, p. 178 et 187.

égard au temps où vivait ce philosophe ; car, dans la société païenne, où la religion n'était qu'un moyen de gouvernement, on doit considérer le sacerdoce comme la moins respectable de toutes les magistratures.

Sans doute alors Platon avait rêvé la société chrétienne, car elle seule réalisa dans l'apôtre, dans le prêtre , ce *magistrat de l'âme*, dont la juridiction est l'humanité , dont le code est l'Évangile.

Cette magistrature fut sublime tant qu'elle comprit que la sanction des lois qu'elle observait ne doit pas être de ce monde. Mais plus tard , perdant sa candeur primitive au contact des passions humaines, elle inventa , pour augmenter ses pouvoirs, la fable du glaive à double tranchant. Dès lors, sans cesser d'être la magistrature de l'âme, elle intervint dans les débats où le corps se trouvait intéressé.

C'est sous Constantin que la juridiction ecclésiastique cesse d'être purement spirituelle (1). Gratien (2), Arcadius, Honorius (3), Valentinien III (4), Justinien (5), la reconnaissent en matière temporelle, et confèrent aux évêques des pouvoirs judiciaires modérés.

Peu considérable encore sous l'empire romain, la juri-

----

(1) Cet empereur ordonne que les sentences arbitrales rendues par les évêques soient mises à exécution. Sozom., Hist. eccl. 1 , 9; Auct. Vit. Const. IV, 27.

(2) Les contestations entre clercs pouvaient être jugées par le synode. L. 23 , C. *th. de episcop. et cleric*.

(3) Ces empereurs veulent que, pour être exécutoires, les sentences de la juridiction ecclésiastique soient revêtues de l'*exequatur* des juges ordinaires. L. 7, C. *de episc. aud*.

(4) Valentinien III soumet à la juridiction épiscopale toutes les causes civiles intéressant les clercs. L. ult. C. *de episc. et cler*.

(5) Justinien oblige les ecclésiastiques séculiers à s'adresser aux juges ordinaires ; mais les moines séculiers ne sont justiciables que de la juridiction épiscopale. — Nov. 86, c. 2. — Nov. 79.

diction ecclésiastique prit en France, quelques siècles plus tard, une extension immense. Au xiie siècle surtout, elle devint d'autant plus puissante, que l'organisation de la justice laïque était plus faible. Dès lors, outre-passant les bornes de sa compétence, elle exerça son influence en matière temporelle contre les laïques aussi bien que contre les clercs.

Seulement il y avait entre les clercs et les laïques cette différence, que les premiers étaient soumis exclusivement à la justice de l'Église, tandis que les derniers n'y étaient assujettis de plein droit qu'en matière purement spirituelle. Quant au temporel, le juge ecclésiastique était incompétent, en ce sens du moins que sa sentence n'avait force exécutoire contre le laïque que lorsqu'elle avait été sanctionnée par la justice civile (1). Ainsi, règle générale : —le clerc ne pouvait être traduit devant un autre juge que le juge d'église ; le laïque ne pouvait être *exécuté* par un autre bras que le *bras séculier*.

Cependant, dans certaines circonstances, l'ecclésiastique était arraché à sa juridiction exceptionnelle, et traduit devant le tribunal laïque. Ceci avait lieu lorsqu'une action réelle était intentée contre lui (2), ou lorsqu'on pouvait lui opposer la maxime *locus regit actum ;* car il n'avait le droit de réclamer la juridiction ecclésiastique qu'à raison de son statut personnel. Mais, dans les circonstances particulières où le clerc était justiciable des tribunaux laïques, il était privilégié, à raison de son caractère, contre les rigueurs du droit commun, et en particulier contre l'exécution par corps. On en voit la preuve dans les

(1) Établissements de St Loys, l. 1, c. 123.
(2) Le Praticien français, c. 32.

Décrétales (1) et dans diverses ordonnances de Philippe-
Auguste (2), de Louis IX (3) et de Philippe IV (4), où il
est dit que les gens d'église ne peuvent être soumis au
remède ignominieux de la cession de biens, et qu'ils pourront se délivrer de l'appréhension de toute contrainte sur
leurs personnes par le serment de payer leurs dettes à la
première faveur de la fortune.

Cependant, remarquons-le bien, la prohibition d'emprisonner pour dette un ecclésiastique n'était adressée
qu'à la magistrature laïque ; car la juridiction ecclésiastique avait le droit de donner force exécutoire aux sentences qu'elle prononçait contre les membres du clergé.
En effet, si cette juridiction n'avait pas de territoire, et si
en général elle n'exerçait sur la justice temporelle qu'une
action purement morale (5), elle avait du moins sur ses
justiciables l'autorité disciplinaire. Elle avait même,
comme le dit la loi romaine, « *mixtum imperium et non
merum, modicam exercitationem sine quâ juridictio exer-
ceri non potest* (6). » Aussi, lorsque l'official croyait devoir
accorder à un créancier ecclésiastique la faculté de contraindre par corps son débiteur au payement de la somme
qu'il devait, prononçait-elle l'emprisonnement du clerc,
et autorisait-elle l'incarcération dans ses propres pri-

(1) C. Odoardus, *Decret. de solutionibus.*
(2) Lettres de Philippe-Auguste de 1210.
(3) Ordonnance de Louis IX , 1260.
(4) Philippe IV, lettres de 1302.
(5) « Gens d'église peuvent procéder par semonces, par inhibitions et
» par monitions, mais non par sentence d'excommunication, contre
» aucun débiteur séculier, pour le contraindre à payer sa dette, s'il a biens
» meubles ou immeubles sur lesquels le créditeur peut faire procéder par
» exécution. » Bretagne, art. 6.
(6) L. ult. D. *de off. ejus cui mandat. est jurid.*

sons (1). Il paraîtrait même que la justice ecclésiastique agissait à cet égard avec quelque sévérité ; car, au xv⁰ siècle, des lettres de Jean Ier lui défendent d'ordonner en matière civile l'incarcération des *gens de clergiée, vivant clergiaulment en habit et tonsure.*

Cette prohibition n'était point absolue. Le privilége du clerc souffrait des exceptions. On en voit la preuve dans diverses dispositions et dans plusieurs arrêts qui nous apprennent que le débiteur ecclésiastique était contraignable par corps dans les cas suivants : — 1° *en cause réelle, ou en complainte de nouvelleté ; 2° en sauvegarde enfrainte ; 3° en port d'armes* (2) ; 4° lorsque le clerc était comptable de deniers royaux (3) ; 5° lorsqu'il s'était obligé par corps (4). — Ajoutons à cette nomenclature les quelques lignes où Charondas précise les circonstances dans lesquelles le clerc, s'étant rendu indigne de son privilége, ne pourra plus en bénéficier. « Il en est de même
» des clercs qui suivent la guerre, faisant profession des
» armes à la soulde du roy ou d'autres seigneurs ; et
» encore si les clercs sont appréhendez sans la petite
» couronne de tonsure et en habits deshonnêtes et non
» convenables à leur qualité et profession, et s'ils se gou-
» vernent indignement, comme de hanter et fréquenter
» les tavernes, bordeaux, brelans et lieux mal renommés
» où ils seront trouvés faire des basteleurs, farseurs,

(1) Can. *si episcopi*, 5 ; Dist. et Can. *sicut quædam*, 23, q. 5.
(2) Grand Coutumier, tit. 7, p. 721.
(3) Ordonnances de Francois Ier, 1540, art. 38, et de Henri II, 1549, art. 20.
(4) Cette solution était contraire à la disposition du C. *si diligenti de foro compet.* des Extravagantes. — *V.* Panorm., *in C. ea præscript. de jurejur.* — Charondas, note du c. 7 du Grand Coutumier. — *V.* aussi arrêt du parlement de Paris du 11 février 1511.

» momeurs, et tels autres réprimés par les constitutions
» canoniques, ils *ne jouiront dudit privilége* (1). »

Hors ces cas exceptionnels, le débiteur clerc ne pouvait
subir les rigueurs de l'emprisonnement pour dettes. Cependant tout moyen de coercition n'était pas refusé au créancier, car ce dernier pouvait, dans tous les cas, l'actionner
devant l'official pour obtenir son excommunication (2).
Ceci constituait une véritable instance judiciaire, car
l'excommunication se signifiait par huissier, aussi bien
qu'elle s'obtenait par requête. Au surplus, voici quelle
était la procédure à laquelle devait se conformer le demandeur en excommunication (3) : « Si le prestre, dit le Praticien français, n'a aucun meuble, le faut faire censurer et
» suspendre *a divinis*. — Faut présenter requeste au juge
» qui l'aura condamné, qu'il soit permis le faire excom-
» munier ce qui est permis : lors on fait citer le prestre
» par-devant l'official, lequel ordonne que dans tel temps
» il payera, autrement sera excommunié. Le terme passé,
» faut encore le faire citer pour, à faute de payement, se
» voir *rengravé*. Le terme passé, l'on le faict pour la troi-
» sième fois citer pour se voir rengraver. A faute de paye-
» ment de ce qui est ordonné, et si lesdits jugements ne
» sont donnés en présence du prestre, les faut faire
» signifier, et, pour plus grande note d'infamie, faut que
» s'il endure la censure, présenter requeste, par laquelle

(1) Charondas, l. c. — Guy Pape, q. 138. — Choppin, *de sacra politica*, c. 1.

(2) « *Poterit judex ecclesiasticos contumaces in non parendo ana-*
» *thematis mucrone ferire.* » Étab. de St Loys, l. 1, c. 121. — Édit du
même de 1245. — Concile de Trente, sess. 25.

(3) L'Église n'excommuniait pas lorsqu'il y avait pour le débiteur impossibilité absolue de payer. *Décrétales de Grégoire*, l. III, c. 3.

» on demande permission de faire *afficher* (1) l'excom-
» munication par les coings des rues, ce que le juge
» permet. — Les bénéfices du prestre sont vacants, s'il
» ne se fait absoudre avant Pâques et dans l'an (2). »

Le privilége des clercs était généralement respecté par les tribunaux laïques et ecclésiastiques, lorsque l'ordonnance de Moulins fit de l'emprisonnement pour dettes civiles une règle générale. Cette législation nouvelle fit naître sur le privilége des clercs les mêmes doutes que sur celui de la femme, car pour l'un et l'autre on se demanda, avec quelque raison, s'il était possible de suppléer au silence de la loi, en admettant des exceptions à des rigueurs que cependant elle n'adoucissait pour personne. Mais, de même que le privilége de la femme mariée était sorti victorieux de ces difficultés, de même aussi celui de l'ecclésiastique fut reconnu d'abord par la jurisprudence (3), puis consacré plus tard par l'ordonnance de Blois de 1579.

Cette ordonnance réunit le privilége accordé par Philippe - Auguste pour le corps à celui que Philippe IV

(1) Ceci a quelque rapport avec le *tableau infamant* que le créancier allemand dénonçait à son débiteur. — *V.* Michelet, Origine du droit français, p. 396.

(2) Praticien français, c. 19. — La législation n'a jamais été bien fixe sur cette manière. Toutefois, au XVe siècle, l'excommunication pour dettes commençait à être prohibée : « *In concilio marcianiensi,* » *ann.* 1326, c. 55, *vetatur ne ullus locus pro pecuniario debito sup-* » *ponatur ecclesiastico interdicto sine sedis apostolicæ speciali li-* » *centiâ.* » — LL. municipales Mechliniæ belgicæ : « *Nemini nec civi* » *nec incolæ mechliniensi fas est, in legibus pacti pænam excommu-* » *nicationis præscribere.* » — Bulle de Clément VII (1530) : « *Quod* » *pecuniario ecclesiastico interdicto supponi possit.* »

(3) Guénois, lib. VII, tit. II, f° 132, et lib. VII, tit. VI. — Charondas, lib. V, art. 42.

avait concédé pour les biens. « Les personnes constituées
» ès ordres sacrés, dit l'art. 57, ne pourront, en vertu
» de l'ordonnance faite à Moulins, estre contraintes par
» emprisonnement de leurs personnes, ny, pour le paye-
» ment de leurs dettes, estre exécutez en leurs meubles
» destinés au service divin ou à leur usage domestique et
» nécessaire, ny en leurs livres. »

L'art. 57 de cette ordonnance, qui assurait désormais
aux ecclésiastiques l'inviolabilité de leur privilége, excluait
toutefois, par ses termes, un assez grand nombre de personnes. En effet, pendant longtemps et jusqu'à la fin du
XVIe siècle, le sacerdoce fut le noyau autour duquel se
réunit comme un essaim une sorte de vasselage religieux.
Le nom générique de clerc, loin d'appartenir exclusivement
aux membres du corps que nous appelons le clergé, servait à désigner toutes les personnes qui, sans être admises
aux ordres sacrés, appartenaient au clergé par les vêtements,
la tonsure et les habitudes extérieures. Ces personnes pouvaient bénéficier des priviléges attachés à l'état ecclésiastique; de telle sorte que l'avantage de ne pouvoir être
incarcéré pour dette était, à proprement parler, non pas le
privilége du clergé, mais le privilége de la tonsure (1).
Or, en prohibant l'exercice de la contrainte par corps
contre les personnes *constituées ès ordres sacrés*, l'ordonnance de Blois réduisait nécessairement le privilége aux
membres du clergé proprement dit, et par suite excluait
ce que j'appellerai la clientèle de l'Église.

Cependant, si l'ordonnance de Blois protégeait les prêtres
d'une manière exclusive contre l'incarcération, elle ne le

(1) « Dans toutes les classes on se faisait tonsurer ; il y avait des *cabaretiers clercs*, des *bouchers clercs*. » — *V*. Laferrière, Hist. du droit
français, t. 1, p. 233. — Abbé Fleury, 7e discours sur l'histoire ecclésiastique.

faisait pas d'une manière absolue ; car, bien qu'elle n'apportât aucune restriction au privilége qu'elle consacrait, cependant il était des circonstances où les mœurs s'opposaient, dans le silence de la loi, à ce que le prêtre fût soustrait aux rigueurs du droit commun. Aussi, comblant les lacunes laissées par l'ordonnance de Blois, la jurisprudence décida-t-elle avec raison que l'ecclésiastique ne pourrait plus invoquer le bénéfice de la loi lorsqu'il y aurait tacitement renoncé par son crime (1), *par son dol* ou *par un fait de commerce*.

Quelques explications sur ces deux derniers cas d'exception.

Par son dol. — L'ordonnance ne permettait pas que le prêtre pût être assujetti, en matière civile, aux rigueurs du droit commun ; mais elle ne pouvait pas tolérer non plus que, pour échapper à ces rigueurs, un débiteur se fît prêtre en fraude de ses créanciers. Aussi le laïque qui, après avoir été condamné conformément à l'ordonnance de Moulins, se faisait prêtre pour éviter l'emprisonnement qui le menaçait à l'expiration du délai de quatre mois, ne pouvait-il bénéficier du privilége attaché à la qualité d'ecclésiastique (2). Disons toutefois que son ordination n'était considérée comme frauduleuse que lorsqu'elle avait eu lieu pendant le délai de quatre mois ; car, si le débiteur n'avait reçu les ordres sacrés qu'après l'expiration du délai, et sans que ses créanciers eussent exercé des poursuites, la présomption de dol n'existant plus, la déchéance du privilége n'était plus encourue par lui (3).

(1) Belordeau, Controv. let. E, l. v, c. 47.
(2) Arrêt du parlement de Paris, 12 avril 1597.—Choppin, *De morib. paris.*, l. ii, tit. viii.
(3) Arrêt en robes rouges du parlement de Paris, Pâques 1612 ; Monthol., en ses Arrêts art. 119.

L'ecclésiastique était encore coupable de dol, et par suite contraignable par corps, lorsque, pour engager un capitaliste à lui prêter, il dissimulait sa qualité de prêtre (1).

Enfin il est aisé de prévoir tous les autres cas encore où l'ecclésiastique encourait la déchéance de son privilége ; car, indépendamment des dols particuliers auxquels il pouvait se livrer sous son manteau de sainteté, il était encore responsable de ceux qu'il commettait comme simple particulier.

Pour fait de commerce. — Les opérations mercantiles exigent un temps que le prêtre doit consacrer à d'autres soins. D'ailleurs le goût du trafic et l'amour du lucre sont inconciliables avec son caractère sacré. Aussi ne pouvait-il entreprendre, soit momentanément, soit habituellement, les travaux du négoce. Celui qui, après avoir été admonesté trois fois pour cet objet, recommençait à se livrer à des opérations commerciales, perdait son privilége, et pouvait être emprisonné pour dettes (2).

Tel fut jusqu'à l'époque de la révolution l'état de la législation et de la jurisprudence sur le privilége des ecclésiastiques. Il faut y ajouter encore les dispositions de l'art. 3 de la déclaration de 1710, qui défendent aux tribunaux de prononcer la contrainte par corps pour dépens liquidés contre les personnes constituées ès ordres sacrés.

---

(1) Parlement de Paris, arrêt du 9 août 1607.— Brodeau sur Louet, let. C, c. 31.

(2) Choppin, l. 2 *de sacr. politic.*, c. 1, nᵒˢ 17 et 18.

§ V.—PRIVILÉGES DES DÉBITEURS A RAISON DE LA FIXATION DE LEUR DOMICILE DANS CERTAINES VILLES ET DE LEUR SÉJOUR MOMENTANÉ A CERTAINES FOIRES.

J'ai parlé ci-dessus des villes dont la bourgeoisie était investie du droit d'arrêt, et des foires libres aux transactions desquelles la couronne avait attaché, dans l'intérêt du commerce, la sanction énergique de la contrainte par corps.

Si je rappelle ce droit d'exception, c'est que les personnes au profit desquelles il avait été créé vont reparaître avec des intérêts et par suite des droits différents; c'est qu'il nous reste à démontrer que, protégés par la loi dans la défense comme dans l'action, le bourgeois et le commerçant des foires étaient privilégiés *comme débiteurs*, aussi bien qu'ils l'étaient *comme créanciers*.

Les priviléges dont ces personnes bénéficiaient comme débitrices se divisent naturellement en deux catégories : j'appellerai les uns *priviléges du domicile*,—les autres *priviléges de la résidence foraine*.

Les *priviléges du domicile* étaient ceux qui appartenaient au débiteur en vertu de la charte de la ville dont il était citoyen. — Ils étaient tantôt perpétuels, tantôt temporaires.

Ils étaient perpétuels, lorsque l'ordonnance royale qui les concédait ne déterminait point le temps pendant lequel les habitants de la ville seraient admis à en bénéficier. Ils étaient temporaires, lorsque l'ordonnance fixait un terme après lequel aurait lieu le retour au droit commun.

Les priviléges perpétuels de cette espèce consistaient soit dans des modifications plus ou moins étendues ap-

portées aux usages consacrés pour l'arrestation (1), — soit dans l'exemption de l'emprisonnement pour certaines dettes (2), — soit enfin dans l'introduction des bénéfices de discussion et de caution là où la loi de la province ne les admettait pas (3).

Les priviléges temporaires avaient pour objet de réparer les malheurs de la guerre dans une ville ruinée par l'incendie ou par le pillage. Ils se multiplièrent sous les règnes malheureux ; la régence de Charles V et le règne de Charles VI en offrent de fréquents exemples. Peu compromettants pour les créanciers, ils consistaient presque toujours en un répit général dont le gouvernement subordonnait la durée à l'étendue du désastre et à l'importance de la ville ruinée (4).

(1) *Lettres de Philippe de Valois,* en 1340, qui accordent aux habitants de la viguerie de Béziers le privilége de ne pouvoir plus être poursuivis, même pour dettes dues au roi, que par le ministère de sergents royaux institués pour instrumenter uniquement dans ladite ville de Béziers. — Les mêmes lettres leur accordaient aussi le privilége qu'on ne pourrait envoyer chez eux des *mangeurs et des commissaires,* que lorsqu'ils auraient fait rébellion contre le sergent royal. — Lettres de Charles VI, de mai 1396, qui défendent aux trésoriers fiscaux et à tous autres créanciers de faire saisir les effets de leurs débiteurs habitant la ville de Gordon *autrement que par un seul sergent,* le cas de rébellion toujours excepté. — Lettres de 1397 accordant à Condom le même privilége, etc., etc.

(2) Lettres de Charles V, de 1379, en vertu desquelles les habitants d'Auxerre ne peuvent être arrêtés pour dettes de la *comtesse.* — Lettres de Charles VI, de 1389, qui défendent de poursuivre l'emprisonnement pour dettes d'un habitant d'Eyrieu, s'il ne s'y est expressément obligé, etc.

(3) Lettres de Charles VI, de 1394, qui font défense au bailli du seigneur d'arrêter un bourgeois de la ville de Dimmart, ou de saisir ses biens, s'il offre une caution solvable, etc., etc.

(4) Lettres de Philippe VI, de 1331, en faveur des habitants du bourg nouveau de Carcassonne, qui leur donne pour payer leurs dettes un délai de trois ans à partir de la date de leur bourgeoisie, et interdit à leurs créanciers le droit de recourir contre eux aux censures de la juridiction

garde accordée aux forains était un moyen d'en assurer la prospérité. Il faut en effet se rappeler qu'avant le XIIe siècle le commerce français, encore en enfance, n'avait pour siéges que les foires et marchés des villes principales du royaume; — que plus tard seulement, le nombre des producteurs et des consommateurs s'augmentant, les villes secondaires commencèrent à avoir leurs réunions commerciales. Or, pour attirer dans ces nouveaux centres l'affluence des vendeurs et des acheteurs, il devint indispensable de contraindre les habitants à se faire hospitaliers pour les forains. De là le privilége de la résidence foraine, sorte de sauf-conduit donné par la loi aux étrangers, afin que, délivrés de toute appréhension pour leur sûreté, ils pussent apporter avec confiance aux jours de foires et de marchés les produits de leur industrie et les objets nécessaires à la consommation.

Cette sage mesure remonte loin dans notre histoire. Introduite par lettres royales dans l'intérêt de quelques villes (1), elle fut bientôt adoptée par les coutumes qui la généralisèrent pour tous les marchés et foires de leur ressort. Les coutumes d'Auvergne, de la Marche, du Bourbonnais (2), furent de ce nombre : « Les allants et

----

(1) Lettres de Louis VI (1123) qui défendent d'arrêter pour dettes les personnes qui se rendront aux foires d'Étampes ou qui en reviendront.—Lettres de Louis VII qui confirment ce privilége. —Lettres de Charles VI, en date de 1396, qui disposent dans le même sens pour les marchés de Gordon. — Lettres du même (1409) qui créent deux foires à Malines, et encouragent les forains à s'y rendre en leur accordant le privilége ci-dessus... , etc., etc.

(2) Auvergne, tit. XXIV, art. 42.— Marche, 400.— Bourbonnais, 133.—Dans le Brabant, les foires étaient aussi privilégiées. Cout. de Bruxelles, art. 88: « Ceux qui portent au marché le vendredi ne sont point arres-» tables. » Art. 89: « Ceux qui viennent aux deux foires ne sont point » arrestables, excepté les ennemis du prince du pays de Brabant ou de la

» venants ès foires et marchés, ou en cour pour expé-
» dition de leurs causes, disent ces divers textes, ne
» devront estre prins, arrêtés ni détenus en corps ni en
» biens. » A cette prohibition la coutume de Bourbonnais ajoute ces paroles significatives : « Quel que soit le
» privilége que le créancier puisse alléguer (1). » Ainsi
le créancier, fût-il privilégié, fût-il le roi lui-même (2),
était tenu de respecter l'inviolabilité temporaire du débiteur garanti par le sauf-conduit de la foire.

Ce privilége persista pendant plusieurs siècles, et disparut lorsque l'abondance des produits et des consommateurs fut assez considérable pour qu'on ne dût plus
appréhender pour les foires et marchés l'absence d'un
certain nombre de vendeurs ou d'acheteurs. Aussi, dans
les ouvrages de jurisprudence qui ont traité cette matière au xviie siècle, n'est-il plus fait mention de ce privilége parmi les exceptions que le débiteur peut opposer,
au moment de l'incarcération, aux poursuites de son
créancier.

§ VI. — PRIVILÉGES DES DÉBITEURS A RAISON DE LA PERSONNE DE
LEURS CRÉANCIERS.

Les lois du moyen-âge désignaient, ainsi que nous
l'avons vu plus haut, un certain nombre de créanciers
privilégiés. — Le fisc, le créancier commercial, le bourgeois des villes d'arrêt, l'hôtelier, etc., etc., avaient à

» ville, fugitifs qui sont publiquement bannis et corrigés sans avoir satis-
» fait à leur correction ; ceux qui sont condamnés par sentence du ma-
» gistrat, ou se sont obligés devant les échevins de la ville.... »

(1) Bourbonnais, art. 133.

(2) Cependant il était souvent fait exception au profit du fisc. Ainsi les
lettres de Charles VI, en date de 1409, au sujet des foires de Malines,
réservaient expressément les dettes dues au roi.

leur disposition des moyens d'exécution contre lesquels le débiteur ne pouvait produire aucune exception.

Ce privilége exorbitant avait sa contre-partie; en regard du créancier privilégié se trouvait celui qui, frappé par le préjugé, ne pouvait pas même invoquer pour l'exercice de son action la sanction donnée par la loi aux droits du créancier ordinaire.

Ce *paria* de la loi du moyen-âge était le créancier juif.

Nos pères abhorraient les juifs. Ceci tenait à deux causes, la religion, le préjugé. — La religion, car les juifs étaient les meurtriers d'un Dieu dont le culte s'alliait pour les preux chevaliers à l'amour de la gloire, et à ce titre ils étaient haïs comme des ennemis; — le préjugé, car la loi des Écritures (1) les condamnait à *ouvrer* ou *laborer de leurs mains et à marchander*, — et à ce titre les juifs étaient méprisés comme des esclaves.

Cependant, si les juifs étaient dédaignés parce qu'ils *marchandaient*, il ne serait pas juste de laisser penser que l'opinion les frappât parce qu'ils étaient industriels et commerçants. Le commerce a toujours joui, même au moyen-âge, de toute la considération qu'il mérite, et n'a jamais été l'objet du dédain. La noblesse pouvait, il est vrai, voir d'un mauvais œil la bourgeoisie seule, au milieu de la société française, se soustraire au servage du sol, ce servage auquel étaient attachés tous les autres regnicoles, le seigneur par son droit, le serf par son obligation. Elle pouvait voir avec déplaisir cette active bourgeoisie, mettant les produits de son industrie en concurrence avec les produits du sol, élever peu à peu la fortune mobilière à côté de la fortune territoriale. Mais

(1) Psaume 127, verset 2.

elle la considérait comme une puissance à redouter et à combattre, et non comme un objet de mépris ; car la monarchie, en favorisant l'industrie, forçait sa noblesse à la respecter.

Les juifs étaient donc méprisés, non pas parce qu'ils étaient commerçants, mais bien parce que leur commerce était honteux (1); — honteux eu égard surtout aux idées reçues chez les peuples du moyen-âge.

Aussi, persuadée qu'on pouvait sans scrupule se soustraire au lien de la promesse faite à celui qu'elle appelait *chien d'infidèle*, la noblesse faisait-elle bon marché des obligations qu'elle contractait avec un Israélite. Aux temps des croisades surtout, la force du préjugé fit souvent méconnaître aux hommes les plus honorables

(1) Nous ne saurions mieux faire que de rapporter ici les paroles énergiques de Bugnyon dans ses Lois abrogées, lorsqu'il établit une juste distinction entre le commerce honorable auquel se livrent les nationaux et les honteux traflcs dont s'enrichissent les Juifs et les Lombards : « Aujourd'hui, les places de châge, pour la pluspart maintenues par auares » et *harpins*, ie ne parle de tous, car il y a des gens de bien et bons » banquiers, qu'un vrai *empoire et magasin de marchands* qui, selon » le rapport de M. du Molin en la 19ᵉ question du sommaire qu'il a fait » des contracts et usures, p. 126, nombre 256, ne font profession ou » exercice de vraye et honneste marchandise, mais seulement d'usure » improbe, infâme et damnable, ou bien, selon Marot, qui prêtent à » intérest, que les canonistes ont subrogé au lieu d'usure, combien que » tel châge ait esté premièrement institué par le seul châge royal com- » mode et licite, et pour le transport asseuré des deniers çà et là, de » manière qu'il serait fort utile et nécessaire à la respublique françoise » d'exterminer tels *amalechites et vautours* qui, par leurs subtilitez et » avarices ne taschent qu'à succer le sang et substances des pauures » subiects du roy, pour quand ils sont saouls et regorgent en biens de » tous costez se retirer en leur patrie, et y vivre à *requoy*, n'estant icy, » comme aulcuns d'entre eux m'ont dit bien souuent, che per farne » roba, e grafignar ognimodo e da ogni parte, ciò è, di buf, e di raf, » per dimentar ricchi. » Bugnyon, LL. abrog., l. II, c. 3.

les lois de la probité ; car, en prétextant le service de Dieu, les pieux chevaliers croyaient suffisamment justifier la facilité avec laquelle ils puisaient dans la caisse des ennemis de la foi, sans intention bien positive de restituer leurs emprunts. Les rois eux-mêmes semblaient les encourager à prélever ces sortes d'impôts sur la richesse juive ; car Philippe-Auguste et Louis IX, l'un le plus sage, l'autre le plus saint des rois de France, poussèrent parfois l'indulgence jusqu'à donner par lettres royales une injuste quittance aux chrétiens débiteurs des juifs.

Au surplus, si le préjugé frappait le peuple juif, ce peuple le méritait; car il était impuissant à devenir meilleur à l'école qui cependant fait les grands hommes et les grands peuples, — la persécution. — La persécution est la pierre de touche de la vertu des peuples. Au jour de la persécution se révèlent les élans généreux, les nobles dévoûments, l'amour des grandes choses, le mépris des choses basses et vulgaires. C'est au baptême de la persécution que les nations épurent leurs mœurs, ravivent leur foi. Qu'on se rappelle les chrétiens des Catacombes.

Eh bien ! seul au milieu des nobles exemples donnés par l'humanité tout entière, le peuple juif a fermé l'oreille à cet enseignement. Il a beaucoup souffert pour ne rien apprendre, si ce n'est à haïr les hommes et à aimer l'argent. Loin de résister noblement à l'oppression par le calme courage du martyre, les juifs ont plié le genou, baisé les pieds de leurs persécuteurs, composé avec eux, et, en échange d'un mépris dont ils savaient se venger cruellement dans l'ombre, acheté le droit d'adorer non pas le Dieu d'Israël, mais le veau d'or. Sans énergie pour défendre leur dignité d'homme, ils retrouvaient un indomptable courage pour acquérir au prix des humiliations ou des tortures le droit de grossir leurs trésors. Marchands sans foi, usuriers sans pudeur, les juifs du moyen-âge exploitaient la bonne foi des temps héroïques de la France, et appelaient cela venger Dieu.

Aussi les premières ordonnances qui furent rendues au sujet des créanciers israélites eurent-elles pour objet d'arrêter le cours de leurs rapines. Les juifs, prêteurs à la petite semaine, furent forcés de reconnaître un taux légal. D'illimité qu'il était avant, Philippe-Auguste (1) le réduisit à deux deniers par semaine, — *c'est-à-dire un peu plus de* 100 *p.* 0/0 *par année*... L'ordonnance qui déterminait ce chiffre interdisait au juif le droit de forcer son débiteur à régler avant l'expiration de l'année du prêt, et exigeait de lui l'accomplissement de plusieurs formalités, pour que l'obligation souscrite à son profit pût être reconnue valable en justice. De ce nombre était l'apposition obligée du sceau particulier à ses coreligionnaires sur son titre de créance, au jour fixé par le bailli du roi. Cette formalité devait être accomplie par l'un des deux hommes de probité préposés à la garde du sceau des juifs dans chaque ville, et qui étaient tenus par serment prêté sur l'Évangile de n'apposer ce sceau à une obligation qu'après avoir acquis la certitude de la légitimité de la dette qu'elle portait. Enfin, dans la prévision d'un concert illégal entre un juif avide et un emprunteur désespéré, l'un

____

(1) Ordonnance de Philippe-Auguste de 1218. La même ordonnance déterminait les objets que le juif ne pourrait prendre en gage: « *Item » nullus judæus accipiet in vadium, ornamentum ecclesiæ, aut vesti- » mentum sanguinolentum aut madidum, aut ferrum carrucæ, aut » animalia carrucæ, aut bladum non ventilatum.* » — Une autre ordonnance de Louis X (1315) reproduit la nomenclature des objets que le juif ne pourra recevoir en gage : « Le vessel ou aournement d'église, le » gage sanglant, et le gage freschement moillié. »

et l'autre devaient affirmer, au moment du prêt, le débiteur qu'il avait reçu la somme portée au titre de son adversaire, le juif qu'il n'avait rien reçu en payement, et qu'il ne lui avait été fait aucune promesse en dehors des prescriptions de la loi. Si, après cette affirmation, l'un et l'autre étaient convaincus de mensonge, le juif devait perdre sa créance, le chrétien être remis en la miséricorde du roi.

Ces dispositions, dont le but était honorable puisqu'il imposait un frein à la rapacité des créanciers juifs, n'étaient pas toujours empreintes du caractère d'impartialité sans lequel la loi cesse d'être équitable. Méprisée à juste titre, la classe juive fut pourtant persécutée injustement. Une ordonnance de Louis IX (1) en fournit la preuve ; car elle donnait quittance aux chrétiens d'une partie des sommes pour lesquelles ils étaient débiteurs des juifs. Cette mesure, qui les affranchissait du tiers de leurs dettes, était d'autant plus arbitraire qu'elle en ordonnait non-seulement la remise aux débiteurs en retard de payer, mais encore la restitution à ceux qui auraient opéré le versement sans déduction. — Enfin, au-dessus de cette mesure temporaire planait le principe absolu rappelé par l'ordonnance, à savoir que les baillis du roi ne pourraient faire *emprisonner ni exécuter sur leurs immeubles* les chrétiens débiteurs des juifs.

Ainsi l'intérêt même légitime des juifs était sacrifié à deux causes, — la dignité du chrétien, — la dignité du sol français. Emprisonner pour dettes au profit du créancier juif un enfant de l'Église, c'eût été outrager la chrétienté dans la personne d'un de ses membres. — Déplacer

____

(1) Lettres de Louis IX de mai 1235.

pour le même objet la propriété d'un immeuble, c'eût été ravaler le sol féodal, le sol sacré de la conquête; c'eût été d'ailleurs mettre à la merci de l'action du *vil circoncis* le sort des serfs chrétiens attachés à ce sol par le lien féodal. — Aussi l'exécution sur les immeubles au profit de juifs était-elle aussi impossible que l'exécution sur la personne.

Ces principes dominèrent longtemps les droits du créancier juif dans l'exercice de son action. A diverses époques de notre histoire, on les voit se reproduire dans des ordonnances (1) dont l'objet est évidemment d'arrêter entre les mains de ce peuple d'usuriers l'accroissement de ses richesses. Plus ou moins sévères, ces dispositions finirent par disparaître dans la pratique vers les derniers siècles; mais les juifs ne recouvrèrent la plénitude de leurs droits civils que lorsque, brisant violemment le masque d'intolérance que lui avait imposé le clergé, le gouvernement cessa de les considérer comme un peuple à part dans la nation française, et les admit au titre de citoyen. Ajoutons toutefois que le préjugé a bien disparu des lois, mais qu'il subsiste encore dans les mœurs; car, si l'opinion adopte individuellement, à cause de sa richesse ou de son talent, quelque sommité israélite, elle n'a pas admis pour cela la réhabilitation de la classe en général.

§ VII. — PRIVILÉGES DIVERS DES DÉBITEURS.

Divers priviléges accordés à des corporations ou à

(1) Ordonnance de Louis X de 1315. — Ordonnance de Charles **VI**, de septembre 1393, qui ne permet aux juifs d'actionner leurs débiteurs chrétiens qu'après s'être fait délivrer au grand sceau des lettres de *committimus*, appelées spécialement *de debitis*, qui les autorisent à poursuivre ou leur permettent de plaider par procureurs.

des castes échappent à toute classification. — Nous nous bornerons à produire leur nomenclature.

La noblesse était sauvegardée, du moins dans certaines limites (1). L'incarcération de ses membres était subordonnée à des délais et à des difficultés. Il y avait même en France certaines provinces, et en particulier le Languedoc (2), dans lesquelles les gentilshommes jouissaient du privilége absolu de ne pouvoir être emprisonnés pour dettes. Mais ces faveurs particulières étaient exceptionnelles (3); car le seul avantage dont la noblesse bénéficiàt généralement, du moins sous Louis XIII, ne consistait que dans la prorogation du délai de l'ordonnance de Moulins, qui de quatre mois avait été étendu jusqu'à huit pour les gentilshommes (4).

Les militaires en garnison ou au service étaient également affranchis des rigueurs de la prison pour dettes. Ceci était une réminiscence du privilége de la milice romaine. Au surplus le roi pouvait toujours délivrer, en faveur des officiers au service, des lettres d'État qui suspendaient pendant six mois au moins l'action de leurs créanciers.

Un privilége plus étendu était accordé par d'autres ordonnances aux docteurs des diverses facultés du royaume.

(1) Anc. Cout. de Bretagne, art. 117 et suiv.

(2) Ce privilége fut accordé aux gentilshommes du Languedoc par Charles V.

(3) La jurisprudence suppléait souvent à la loi en faveur de la noblesse, et empêchait souvent l'arrestation du gentilhomme. On en voit la preuve dans un arrêt du registre des Olim, qui suppose le cas où une personne de considération aura été exemptée de la prison. *V.* Olim, t. II, p. 1307, XX ; Philippe IV (1290).

(4) Les laboureurs ne pouvaient non plus être arrêtés pour dettes du fisc ; le sol français anoblissait qui le touchait. *V.* lettres de Charles V, du 20 juillet 1367.

Ils ne pouvaient être emprisonnés alors même qu'on leur opposait leur obligation expresse. Esclaves de l'instruction publique, ils avaient jour par jour une dette à payer aux besoins intellectuels de la société. Leur enlever la possibilité d'accomplir ces devoirs sacrés, c'eût été frapper non pas l'individu, mais la société tout entière.

Les écoliers en général, et ceux d'Orléans et de Montpellier en particulier, étaient également protégés contre les obligations par corps qu'ils avaient contractées. Concédé par Philippe le Bel (1), ce privilége fut confirmé par Charles V (2).

D'autres professions étaient appelées à bénéficier de semblables priviléges. Aux termes d'un arrêt de règlement de juillet 1699 et d'un édit de décembre 1743, les bouchers de Paris ne pouvaient être contraints par corps que les mardis et les samedis. Plusieurs règlements les en affranchissaient les autres jours, afin qu'ils pussent faire leurs achats aux marchés de Sceaux, de Poissy et de la place aux Veaux.

Ceci complète la série des priviléges en vertu desquels certains débiteurs pouvaient se soustraire aux conséquences extrêmes des obligations qu'ils avaient contractées.

TROISIÈME SUBDIVISION. — *De l'exécution des jugements et obligations par corps sous l'ancien droit.*

§ Ier. — DE L'ARRESTATION.

L'arrestation est entourée de formes plus ou moins complètes, suivant l'étendue des garanties stipulées par les lois au profit de la liberté. Aussi, dans les sociétés pri-

(1) Ordonnance de Philippe le Bel de 1312.
(2) Lettres de Charles V de juillet 1364.

mitives, où la force est tout, et où les individualités médiocres sont sacrifiées aux individualités puissantes , l'arrestation pour dettes n'est-elle accompagnée d'aucune formalité susceptible de rassurer le contraignable sur la légalité de son incarcération.

Lorsqu'au contraire les vagues instincts de la liberté qui dorment dans le berceau des peuples se sont éveillés au grand jour de la puberté, les choses changent de face. Le besoin de donner des garanties aux libertés civiles fait naître la procédure qui substitue à la force brutale ce principe : *Nul n'a le droit de se faire justice à soi-même.* Enfin , assujetties à des formes, les exécutions n'ont un caractère légal qu'à cette condition qu'elles auront été pratiquées par un officier public instrumentant en vertu d'un mandat délivré par l'autorité judiciaire.

Ceci est le sommaire des événements qui s'accomplirent depuis l'invasion jusqu'à nous.

En effet, dans les temps primitifs de la France, l'arrestation pour dettes fut, à proprement parler , la *manûs injectio* extrajudiciaire, ou si l'on veut la *manûs injectio* des barbares ; — une poignée des cheveux de l'*obnoxius* dans la main du créancier, l'autre main de celui-ci sur l'épaule de celui-là, et l'arrestation était légalement accomplie (1). Légalement ; car, dans la société barbare, le fait brutal et extrajudiciaire est le seul moyen connu de manifester extérieurement un droit acquis.

Ceci était la forme élémentaire. Bientôt elle se modifia. Le pouvoir judiciaire se déplaça, et cessa de résider dans l'individu pour appartenir exclusivement à la société. On ne put plus être juge dans sa propre cause. Dès lors l'ap-

______

(1) Formules parensales , c. 26. — Ducange, v° *obnoxiatio*.

préhension de l'homme par l'homme cessa d'être arbitraire; le magistrat seul put l'*ordonner* ou la *permettre*, solennellement, dans un lieu public, « *in curiâ regis*, *vel in aliâ quâlibet* (1). »

De ce moment la *manûs injectio* des barbares se rapprocha davantage de la *manûs injectio* du droit romain.

En effet, si le créancier ne pouvait plus de plein droit et de sa propre autorité s'emparer de la personne de son débiteur, ce n'est pas à dire qu'il cessât de jouer en personne un rôle actif dans l'exécution. Le magistrat seul était admis, il est vrai, à prononcer sur l'opportunité de l'incarcération; mais la sentence de condamnation une fois obtenue, la justice fermait les yeux, et ne s'occupait plus du condamné. Le créancier pouvait donc se dispenser de recourir à l'intervention d'un officier de justice, puisqu'il avait mandat pour pratiquer lui-même le *ducere domum*.

Ainsi, bien qu'il ne fût plus le juge de son adversaire, il en était encore, comme sous les anciennes lois romaines, l'exécuteur et le geôlier.

Cette procédure à demi régulière, à demi barbare, qui marque la transition entre la loi de l'invasion et celle de la société organisée, occupe la première période des temps féodaux. On la retrouve parfaitement caractérisée dans les Assises de Jérusalem (2), qui nous représentent l'arrestation pour dettes comme le fait personnel du créancier instrumentant lui-même en vertu d'un exécutoire et d'un mandat émanant de l'autorité judiciaire.

(1) « *Verùm ne fraus ejus modi in obnoxiutionibus oriretur sanxit* » *lex Longobardorum*, l. III, tit. IX, § 5, *ut in publico id ageretur*, » *scilicet in curiâ coràm magistratibus, in curiâ regis, vel in aliâ* » *quâlibet.* » Ducange, l. c.

(2) Assises de Jérusalem, haute cour c. 199, p 136; — basse cort. cc. 39, 57 et 72

Ce ne fut guère que sous le règne de St Louis que le système des exécutions commença à devenir régulier, et que l'*addictio* des temps antiques fit place à l'emprisonnement pour dettes. Les limites dans lesquelles l'intervention du magistrat avait été renfermée jusque-là furent étendues. La justice fut chargée non plus seulement d'ordonner, mais encore de surveiller l'exécution par corps. Le créancier cessa d'être sergent et geôlier. La justice eut ses agents officiels ; eux seuls furent chargés de l'exécution des sentences qui compromettaient la fortune ou la liberté d'un citoyen (1).

Dès lors les conditions suivantes furent exigées pour la validité de l'exécution par corps : 1° qu'elle fût motivée par une sentence de condamnation revêtue de l'*exequatur* du magistrat compétent ; 2° qu'elle fût accomplie par l'officier ministériel instrumentant conformément aux prescriptions de la loi.

Tout magistrat n'était pas compétent pour revêtir de l'*exequatur* la sentence de condamnation par corps. Le juge laïque seul, à l'exclusion des officiaux (2), avait, en matière judiciaire, le pouvoir exécutif. Son autorité s'exerçait donc sous deux formes, puisque tantôt il prononçait une condamnation par corps dans une cause qu'il avait jugée au fond, et tantôt, au contraire, revêtait la sentence d'un autre des *visa* et *parcatis* qui devaient lui donner force exécutoire.

---

(1) Etablis. de St Louis, l. i, c. 149.

(2) Le ch. vii des Extravagantes, *de offic. ordin.*, qui voulait que l'évêque ou son officier pussent emprisonner par tout le royaume, n'était pas observé en France, parce que les évêques n'y possédaient pas de territoire. *V.* Peleus, *Act. forenses*, l. ii, c. 59. — Charondas, *Rep.*, l. xiii, c. 9. — Dumoulin, *in Quæst. gall.* 246 et 276. — Loyseau, *Traité des seigneuries*, c. xv, n° 43.

Il y avait encore une circonstance toute particulière où le magistrat, bien qu'il fût appelé à juger au fond, était obligé de soumettre sa conscience à une volonté autre que la sienne, et de prononcer sa sentence en dehors des prescriptions de la loi. Cette anomalie avait lieu lorsqu'il était saisi d'une affaire par des lettres de *committimus*, spécialement appelées *de debitis*. Ces lettres, dont l'objet était de favoriser individuellement un créancier dans l'exercice de son action, intimaient quelquefois au juge l'ordre de prononcer exceptionnellement une condamnation par corps dans des cas où la loi commune ne mettait pas à la disposition de la partie ce mode rigoureux d'exécution (1). Le rôle du juge se bornait alors à l'examen des preuves apportées par le créancier à l'appui de ses prétentions. Sur ce point, il ne pouvait être violenté dans sa conscience. Mais s'il résultait pour lui de l'enquête la preuve de l'exactitude des faits et des chiffres allégués par le créancier, il devait prononcer la contrainte par corps, quelles que fussent d'ailleurs les prescriptions de la loi commune. Il y avait donc entre le cas ordinaire où le magistrat était saisi directement par le créancier et celui où il était saisi par lettres *de debitis*, cette dif-

---

(1) Formule des lettres de *committus*, dites *de debitis* : « Louis, etc...,
» te mandons et commettons, par ces présentes, que toutes les dettes
» bonnes et loyales, cogneües ou prouvées suffisamment par lettres,
» témoins, instruments, confession de la partie ou autres enseignements
» qui t'apparoitront estre dües à tel ; tu les luy face payer incontinent et
» sans délais ou à son certain commandement, en contraignant ses dé-
» biteurs et chacun d'eux par la prinse, vente et exploitation de leurs
» meubles et héritages, arrest et emprisonnement de leur personne, si
» mestier est, etc..., car cecy est nostre plaisir. » — Style de la cour et
justice des requêtes du palais de Boyer, titre des emprisonnements (1585).

férence, que dans le premier il ne pouvait ordonner l'emprisonnement pour dettes que si la loi commune le lui permettait, tandis que dans le second il devait se conformer à la règle spéciale et éphémère prescrite dans l'intérêt d'un individu par le rescrit du prince. Cette manière de saisir le juge, qui donnait une si large part à la faveur et à l'absolutisme, était au surplus une réminiscence de ce qui se passait d'après la loi romaine sous le régime des empereurs.

L'officier ministériel chargé de l'exécution des jugements était l'huissier ou sergent (1). Cet officier, que la loi protégeait d'une manière spéciale dans l'exercice de ses fonctions, était revêtu du caractère de l'inviolabilité. Les Etablissements de St Louis punissaient sévèrement l'injure faite au sergent lorsqu'il procédait à une exécution (2), et certaines coutumes, plus sévères encore, menaçaient d'avoir le *poing coupé* le contraignable qui aurait *fait batture au sergent accomplissant son office* (3). D'ailleurs, pour prévenir toute résistance, le sergent, lorsqu'il instrumentait, était flanqué de *souffisans records*, et parfois même accompagné de la force armée.

Cependant le sergent ne pouvait légalement incarcérer un contraignable sans respecter certaines prohibitions. Ces prohibitions, qui constituaient autant de bénéfices pour le débiteur, étaient consignées dans les règles relatives aux *délais judiciaires, au temps et aux lieux inopportuns*.

---

(1) Un édit de juillet 1778 créa les gardes du commerce, et leur confia l'exécution des jugements et arrêts portant condamnation par corps.

(2) Etab. de St Louis, l. 1, c. 149.

(3) Loudun, c. 39, § 4.

C'est par l'exposé de ces diverses règles, et par l'historique des modifications qu'elles ont subies, que nous terminerons ce paragraphe.

Un délai devait s'écouler entre la condamnation et l'exécution par corps.

Ce délai, fixé à huit jours par la plupart des coutumes (1), porté à quatre mois par l'édit de Moulins, et définitivement étendu par la jurisprudence, après l'ordonnance de 1667, à quatre mois et quinze jours (2), pouvait être opposé à toute exécution par corps, à moins que le créancier n'agît en vertu d'un privilége ou du droit d'arrêt (3).

De telle sorte que les lois du moyen-âge et des ordonnances étaient, sous ce point de vue, plus favorables que nos codes modernes, qui permettent l'arrestation du débiteur vingt-quatre heures après sa condamnation.

Le *temps était inopportun* les jours de dimanche et

---

(1) Bretagne, 186. — La coutume de Beauvoisis admettait de plus longs délais : « Li home qui sont carchier de faire jugement peuuent se » il leur plest penre trois répis (délais) ains que il facent jugement dont » chacun répi contiengne au meins en soi quinze jours, et après il peu- » uent penre un répi de quarante jours, et puis se il leur plest un répi » de sept jours et sept nuicts, et après se il leur plest un répi de trois » jours et trois nuicts, et doncques quand ils ont prins tous ches répis, » li si li doibt tenir en prison... » Beauvoisis, c. 65.

(2) En effet, dans les cas où l'ordonnance de 1667 conservait le délai de quatre mois, on y ajoutait encore quinze jours pour l'obtention et la signification de la sentence ou arret d'*iterato*. — *V* . à ce sujet le Style universel de Gauret, t. 1, tit. XXXIV.

(3) Guénois, liv. VII, tit. II, f° 131.

(4) « Dieu ne voulait pas anciennement, parmi les Juifs, que la manne » tombât un jour de sabbat, pour n'occuper son peuple un jour de repos » à l'amasser (Exod., c. 16, vers. 25 et 26) Moïse encore veut-il que son » peuple soit inquiété par des emprisonnements. Travailler à tels act-

et de fêtes (1) , les jours de foire , les jours de plaids (2).
Enfin l'arrêt de règlement du 19 décembre 1702 consacrait un usage déjà existant dans la pratique, en défendant
l'incarcération du débiteur *à heure indue*, c'est-à-dire plus
tôt ou plus tard que l'espace de temps limité par le lever
et le coucher du soleil.

Le *lieu était inopportun*, lorsque le débiteur se trouvait
dans une église (3), ou dans sa maison (4).

L'inviolabilité du domicile et du lieu saint s'étendait
quelquefois, par analogie, au delà de l'église et de la maison
du condamné. Ainsi le sanctuaire de la maternité était
respecté comme chose sainte ; car plusieurs coutumes (5)
prohibaient toute exécution par corps dans la maison où
gisait une femme en couches. Ainsi encore divers arrêts
s'opposèrent à l'arrestation du débiteur dans le cabinet

» un jour de repos, c'est imiter le *fleuve sabbatique*, qui ne coule que le
» septième jour ; et les autres six jours de la semaine son canal demeure
» à sec. » Josèphe, au liv. de la Guerre des Juifs. — *V*. aussi arrêts du 17
décembre 1707 et du 14 janvier 1708.

(1) L'huissier qui n'observait pas le dimanche et les jours de fêtes était
puni d'une amende. Il y avait, en outre, *cassation* de l'emprisonnement.
V. parlement de Bordeaux, arrêt du 3 juillet 1599, qui déclare nul un
emprisonnement fait le jour de la St-Jean, et un arrêt de la cour des aides
de Montpellier, du 24 avril 1658, qui casse un emprisonnement fait le jour
des Morts. — L. *die solis*, C. Theod. *de exactoribus*.

(2) Auvergne, tit. xxiv, art. 42 ; — Marche, 400 ;—Bourbonnais, 133;
—Bruxelles, 88 et 89.

(3) On ne peut arrêter prisonnier dans les lieux saints ; *v.* ordonnance
de Jean Ier, du 5 octobre 1361.

(4) Arrêt de règlement du 19 décembre 1702. — Arrêt du 17 septembre 1707 , qui déclare que la défense d'arrêter les débiteurs dans
leurs maisons aura lieu pour la campagne comme pour Paris.—*V*. aussi
arrêts de règlement du 18 juin 1710 et d'août 1714. — Denizart ,
v° *prisons*.

(5) Beauvoisis, c. 54. — Fors du Béarn, art. 14.

de son avocat (1), dans un appartement occupé momentanément par lui chez un baigneur (2);... enfin le berger gardant son troupeau ne pouvait être arrêté pour dettes, parce que, disait-on, « se trouvant en pleine campagne, » il était sous la foi publique (3). »

Le débiteur ne pouvait donc être exécuté par corps qu'en *temps ouvrable*, le *jour*, et *dans les rues* ou *places publiques*. Cependant, lorsqu'il y avait urgence, et lorsque l'huissier avait constaté successivement dans trois procès-verbaux que le condamné ne sortait pas de son domicile, ou ne le quittait que les jours de dimanche et de fête, le créancier pouvait requérir du magistrat l'autorisation soit d'arrêter son débiteur dans sa maison, soit de le traquer, les jours fériés, à sa sortie (4).

Sur la requête du créancier, et sur la représentation des trois procès-verbaux dont je viens de parler, le magistrat (5), pour s'éclairer, commettait un huissier à l'effet de constater dans un quatrième procès-verbal les faits allégués par le créancier. Ce procès-verbal était conçu en ces termes : « L'an..., en vertu d'une sentence rendue au » bailliage de... et à la requeste de B..., qui a esleu son » domicile à..., j'ay..., huissier à..., en continuant la si- » gnification et le commandement fait en vertu d'icelle à » C..., condamné par ladite sentence, et faute de paye- » ment avoir été fait audit B... de la somme de... y » contenue, me suis transporté aux environs de la maison

<hr>

(1) Arrêt en la grand'chambre de la cour de Paris du 18 mars 1739.

(2) Arrêt de la cour de Paris du 17 août 1731.

(3) Arrêt de la cour de Paris rendu en la chambre des vacations, du 8 octobre 1711.

(4) Denizart, v° *prisons.*

(5) A Paris c'était le lieutenant civil qui délivrait ces autorisations.

» dudit C..., scise rüe..., pour emprisonner ledit C..., à
» quoi j'aurois vaqué avec M... et R..., mes records, pen-
» dant... jours, tant du matin que de relevée, sans avoir
» veu sortir ledit C... de sa maison, et m'estant enquis
» de... proches voisins, si ledit C... estoit chez lui, ils
» m'auroient dit qu'ils l'avoient veu aux fenestres de sa
» maison, de laquelle il ne sortoit que les festes et di-
» manches, dont j'aurois dressé le présent procès-verbal,
» pour servir audit B... ainsi qu'il appartiendra par
» raison (1)... »

A la présentation de ce procès-verbal, le magistrat délivrait à l'huissier commis une permission qui habituellement était formulée ainsi : « Veu le présent procès-
» verbal, — nous avons permis de faire exécuter ladite
» sentence ou ledit arrest, les jours de fête et dimanche,
» sans scandale, hors l'entrée et sortie de l'église. —
» Fait ce... (2). »

Ainsi le respect du domicile était assez puissant pour
qu'on préférât violer la sainteté du jour férié plutôt que
la liberté du toit domestique.

Lorsque toutes les difficultés que nous venons d'énumérer étaient aplanies, le sergent pouvait légalement
procéder à l'arrestation et conduire le débiteur en prison.
Toutefois le débiteur, s'il avait quelques réclamations à
faire, pouvait demander un référé devant le magistrat
du lieu. Mais cette dernière ressource était, à vrai dire,
illusoire, car l'huissier était juge de la nécessité du référé,
et n'était exposé à aucune pénalité s'il se refusait à la
demande de son prisonnier (3).

<hr>

(1) Style universel de Gauret, t. I, tit. XXXIV.
(2) Style universel de Gauret, l. c.
(3) Nouv. Denizart, t. VII, v° *emprisonnement.*

A la prison, de nouvelles formalités devaient être accomplies. En remettant le débiteur entre les mains du geôlier (1), l'huissier était tenu, sous peine de nullité de l'emprisonnement et de suspension de sa charge : 1° de délivrer au détenu copie de son écrou et du procès-verbal d'emprisonnement (2); 2° de consigner entre les mains du geôlier la somme déterminée pour la nourriture du prisonnier pendant un mois (3). Il était enjoint aux greffiers des prisons de tenir la main à l'accomplissement de ces formalités, sous peine de fournir eux-mêmes, à leurs dépens, lesdits aliments (4) et copies (5).

Lorsque l'officier ministériel s'était conformé à toutes les prescriptions que nous venons d'énumérer, le débiteur était légalement incarcéré. Ce dernier ne pouvait plus être élargi qu'à raison du payement intégral de sa dette, ou de certaines autres causes dont nous parlerons ci-après.

§ II. — DE L'EMPRISONNEMENT.

N° 1ᵉʳ. — Des prisons pour dettes. — De leur régime.

L'esclavage de la dette est la contrainte par corps des sauvages ; — l'emprisonnement pour dettes, celle des nations civilisées.

Il est donc intéressant de préciser l'époque où le second de ces deux modes d'exécution fut substitué au pre-

---

(1) Le geôlier écrivait alors sur son registre le nom du prisonnier et la cause de son arrestation.

(2) Règlement sur les geôles de 1680. — Edit de juillet 1778, art. 9.

(3) Ordonnance de 1670, tit. XIII, art. 23. — Déclaration du roi de 1680, art. 1.

(4) Déclaration du roi de 1680, art. 3.

(5) Règlement sur les geôles de 1680.

mier ; car cette transformation du droit du créancier doit être considérée comme une des traces les plus remarquables laissées par le triomphe de l'élément civilisateur sur le principe barbare.

Aussi, avant d'exposer les règles relatives à l'incarcération publique du débiteur, poserai-je la question suivante :

Quelle est l'époque où l'esclavage de la dette a disparu dans les mœurs ? — Jusqu'à quel point et jusqu'à quel temps a-t-il laissé des vestiges ?

Ceci nous ramène aux premiers beaux jours de la renaissance du droit romain en France, c'est-à-dire au XIIIe siècle. A cette époque, un peuple nouveau s'élevait en dehors des relations féodales. A l'abri sous la tutelle royale, la bourgeoisie aspirait ardemment à compléter ses libertés civiles, et stipulait habilement contre l'oppression et l'arbitraire. Des idées libérales germées au sein des communes avaient besoin d'être fécondées ; des questions sociales qui ne se remuent jamais sans profit pour la liberté étaient pendantes. Or, si l'on rapproche de ce mouvement des esprits le fait irrécusable de la restauration d'un droit essentiellement libéral et chrétien, si l'on se rappelle surtout l'empressement avec lequel la monarchie favorisait le développement des doctrines qui étaient pour elle un si puissant auxiliaire dans sa lutte contre le droit féodal, on comprendra comment, au XIIIe siècle, on ne retrouve, ni dans les ordonnances de Louis IX, ni dans l'œuvre de Beaumanoir, aucune expression qui révèle l'existence contemporaine des chartres privées.

Ainsi, des Assises de Jérusalem (1099) aux Etablissements de St Louis (1270), une grande amélioration s'était accomplie dans les rapports du débiteur au créancier.

La transition dont nous parlons fut rapide, d'autant plus rapide que le triomphe remporté sur ce point par la civilisation sur la barbarie n'était disputé que faiblement par le bras féodal.

Car, si la féodalité avait un intérêt vital à la conservation du servage de la terre, peu lui importait que l'esclavage de la dette disparût.

La féodalité n'était rien que par le sol. Arbre gigantesque, elle avait pour condition d'existence la conservation des racines qu'elle plongeait avidement dans le sol. Or cette racine, c'était le servage de la terre, racine vivace et profonde par laquelle l'arbre féodal aspirait ses sucs nourriciers. Aussi, dans sa lutte désespérée contre le vent qui avait apporté d'Orient avec le christianisme et le droit écrit les germes du libéralisme naissant des communes, ce que la féodalité avait surtout intérêt à disputer avec toute l'énergie de la possession, c'était le servage du sol, *servage réel*, immobilisation de l'homme par destination.

Quant à l'esclavage de la dette, *servage personnel*, qu'importait aux maîtres féodaux ? — Ils n'étaient rien moins que capitalistes. Leurs revenus étant en nature, ils prêtaient peu ou point ; ils empruntaient plutôt. D'un autre côté, le *détour livre* n'était pas, à proprement parler, un esclave, mais plutôt un serviteur à gages obligé de gagner par son travail un salaire payé d'avance. Ingénu par droit de naissance, il mourait ingénu; sa famille restait ingénue. Ne devant au créancier rien de plus que le capital prêté, il pouvait appauvrir le patrimoine de ce dernier, mais il n'était pas tenu de l'enrichir. Enfin, en travaillant pour un autre, il travaillait pour lui-même, puisqu'il se libérait (1). — Le seigneur suzerain n'avait donc aucun intérêt, soit personnel, soit politique, à la conservation de l'esclavage de la dette, si ce n'est celui qu'a toujours le parti conservateur à maintenir indifféremment toutes les vieilles institutions.

Ceci explique pourquoi le parti féodal, qui résista si énergiquement et si longtemps aux attaques dirigées contre le servage du sol, n'opposa qu'une résistance passive et illusoire à l'abolition de l'esclavage de la dette.

Cependant, si la noblesse pouvait voir sans un grand déplaisir la substitution de l'emprisonnement public à l'ancien mode d'exécution par corps, il y avait d'autres parties vivement intéressées à entraver le système nouveau dans sa marche. Je veux parler des citadins.

En effet la bourgeoisie repoussait le servage du sol, parce qu'elle était intéressée à briser entre les mains du parti féodal un instrument politique; mais elle tenait à la conservation de l'esclavage de la dette, car la puissante garantie contenue dans cette institution servait les intérêts du créancier plébéien aussi bien que ceux du créancier noble.

Or, de tous les créanciers, ceux qui appartenaient à la bourgeoisie étaient assurément les plus intéressés à cette conservation. Eux seuls composaient la population commerçante, capitaliste et prêteuse; eux seuls étaient industriels, manufacturiers, banquiers. Plus que tous autres, ils devaient protester contre les innovations susceptibles d'entamer le gage du créancier.

D'un autre côté, obéissant à la tendance naturelle que,

(1) Assises de Jérusalem, haute cour, c. 199.

dans les temps belliqueux, les sociétés ont à s'indivi-
dualiser. chaque cité s'était posé des frontières, et avait
resserré les limites de sa nationalité. En dehors de ces
limites se trouvait le forain qui, bien que regnicole, était
cependant pour la cité toujours un étranger, souvent un
ennemi. Les communes étaient donc conséquentes avec
leur désir de conserver leur individualité, en augmentant
ou diminuant les rigueurs de l'exécution par corps suivant
que le débiteur était forain ou leur appartenait par droit
de bourgeoisie.

Cela est si vrai, que l'on retrouve jusqu'au xve siècle
des arrêts qui, prononçant conformément aux chartes de
diverses communes, consacrent au profit de leurs habitants le droit exclusif d'enfermer dans des prisons privées
leurs débiteurs forains.

Un seul exemple :

Les bourgeois de Compiègne avaient une charte aux
termes de laquelle ils étaient autorisés à arrêter eux-
mêmes leurs débiteurs et à les retenir captifs dans leurs
maisons. Ils exerçaient paisiblement ce droit déjà depuis
longtemps, lorsqu'en l'année 1262, le bailli de Ver-
mandois, prétendant les ramener à l'observation des règles
communes, les somma de recourir à l'autorité judiciaire
ou administrative, pour qu'il fût procédé légalement à
l'incarcération de leurs débiteurs dans la prison publique
du lieu de l'arrestation. Les bourgeois répondirent par
l'exhibition de leur charte. L'affaire fut portée devant le
parlement. La solution fut favorable aux bourgeois. Par arrêt
rendu le jour de la Toussaint de l'année 1262, le parlement de Paris, s'en référant à la charte de la commune et à
l'usage constant et journalier, reconnut aux bourgeois le
droit d'arrêter et retenir captifs leurs débiteurs chez eux.

in domibus suis. Toutefois l'arrêt subordonnait l'exercice de ce droit à cette condition, que le prisonnier serait à l'abri des mauvais traitements et nourri convenablement par son créancier (1).

Ainsi, à la fin du xiiie siècle et au commencement du xive, le principe barbare avait encore ses racines dans quelques parties de la France. Les chartres privées n'étaient plus, il est vrai, ni dans les mœurs, ni dans les lois générales du royaume; mais elles n'étaient pas encore absolument prohibées et conservaient une existence latente dans quelques localités intéressées. Cela est si vrai, que la magistrature, admettant exceptionnellement le principe anti-social que représentent les prisons privées, n'exigeait rien de plus, pour en favoriser l'application, que la représentation d'un titre justifié par un usage constant.

Jusque-là les lois nationales n'avaient condamné les chartres privées que par leur silence. Bientôt leur désapprobation fut expresse. Au xve siècle, où furent rédigées la plupart des coutumes, les prohibitions se formulèrent dans divers monuments du droit féodal lui-même. La coutume de Hainault en particulier contient une disposition qui proscrit avec énergie la barbarie de l'usage antique :
« Lesdits sergents seront tenus de toutes personnes par
» eux calengez, mener et mettre incontinent à toute
» diligence ès prison et ès lieux à ce ordonné, ès meltes
» de leurs offices, sans les pouvoir mener ne autre part
» tenir en prison (2). »

Malheureusement ces dispositions, édictées isolément,

(1) *Arresta, jud. et cons. par. in Pallam. Octobarum omnium Sanctor. anno Dom.* M.CCLXII. — *Olim*, t. I. p. 539.
(2) Hainault, c. 74.

n'étaient obligatoires que dans certaines parties du royaume ; ailleurs le droit romain seul pouvait servir de règle, mais de règle purement morale, car il n'était pas le droit national. Pour triompher de la résistance locale et balayer les vestiges du passé, il fallait donc que l'opinion publique se résumât dans une prohibition générale et définitive.

Tel fut l'objet de l'article 16, tit. x de l'ordonnance de 1670, ainsi conçu : « A l'instant de la capture, » l'accusé sera conduit ès prison du lieu, s'il y en a, » sinon aux plus prochaines dans vingt-quatre heures » au plus tard. Défendons aux prévôts d'en faire chartre » privée dans leurs maisons ou ailleurs, à peine de pri- » vation de leur charge (1). »

En résumé :

Au xie siècle, l'esclavage de la dette est encore général en France.

Aux xiiie et xive siècles, l'incarcération privée est prohibée tacitement, mais non expressément. A défaut de lois nationales en rapport avec les idées nouvelles, la loi de Zénon (2) sert de règle.

Cependant jusqu'au xive siècle l'esprit local résiste à l'opinion générale.

Au xive siècle, les prohibitions deviennent expresses, mais elles sont formulées isolément.

Enfin au xviie, une ordonnance générale pour tout le royaume prohibe, sous des peines sévères, l'incarcération privée, soit en matière criminelle, soit en matière civile.

Remontons actuellement, pour exposer les diverses mo-

____

(1) Cette règle s'appliquait évidemment non-seulement en matière criminelle, mais encore en matière civile.

(2) L. 1, C. *de priv. carcer.*

difications apportées au régime des prisons publiques, à l'époque où l'emprisonnement pour dettes devint en France le mode d'exécution par corps dominant.

Et d'abord disons ce que, sous l'ancien droit, on entendait par une prison publique.

Les lieux de détention ressemblaient bien peu à ceux que l'on désigne sous ce nom dans un empire où le pouvoir exécutif est centralisé. Il n'y avait unité ni dans leur administration, ni dans leur régime. Les prisons étaient plus ou moins sévères, suivant la juridiction à laquelle elles appartenaient, c'est-à-dire suivant qu'elles étaient royales, seigneuriales ou ecclésiastiques, ou bien enfin qu'elles appartenaient à un haut, moyen ou bas justicier.

C'était pour un seigneur un droit d'une haute importance que celui d'avoir une prison fermée, dans un temps de désordre où la force matérielle était constamment employée soit pour défendre, soit pour affronter la justice. C'était un privilége d'autant plus important, que si le seigneur n'avait pas le droit d'en abuser, il en avait souvent le pouvoir. Enfin il devenait plus considérable encore, lorsque, l'emprisonnement étant illimité dans ses effets et dans sa durée, le justicier pouvait introduire dans sa prison le matériel complet de la panoplie judiciaire, à savoir : fers, ceps, grillons, grues et autres objets destinés à la bonne administration de la justice.

Aussi lit-on dans la coutume d'Angoulême (1) qu'avoir une prison réunissant toutes ces conditions constituait un cas de haute justice ; — ce qui prouve que pour avoir le droit d'être à la fois geôlier et bourreau, il fallait commencer par être grand seigneur.

____

(1) Angoulême, § 6.

Les droits du moyen et du bas justicier étaient plus modérés. Les coutumes les plaçaient, sous ce rapport, à peu près sur la même ligne ; — toutefois elles ne s'accordent pas bien sur l'importance et sur le nombre des accessoires ordinaires de leurs prisons. Tantôt il leur est interdit de retenir un prisonnier plus de vingt-quatre heures (1), tantôt il leur est défendu d'employer des instruments de torture (2), tantôt enfin aucune prohibition ne s'oppose à ce que la détention soit longue ou sévère dans leurs prisons (3).

Cependant, s'il y avait des lois pour limiter l'étendue du pouvoir exécutif entre les mains des seigneurs justiciers, ces lois n'étaient pas toujours observées. Esclave de son seigneur suzerain, le bailli pliait souvent les lois aux exigences de son maître, — et la justice fermait les yeux. Les prisons seigneuriales ressemblaient donc, sous certains rapports, à ce qui, chez les Romains, se serait appelé *prison privée ;* car plus d'une fois, surtout en temps de guerre, furent accomplis, dans ces lieux de terreur, des actes odieux que n'auraient pas désavoués les usuriers des premiers temps de Rome.

Aussi était-ce un triste séjour au moyen-âge qu'une *prison fermée.* Le plus souvent elle consistait en un trou infect entre quatre murs humides ; — dans cet antre, un peu de paille jeté sur un égout ; — et, par un étroit soupirail, juste assez de lumière pour s'apercevoir qu'il fait jour plus haut. Là gisait indifféremment, sous le poids des tortures d'une détention sans limites, un scélérat chargé

____

(1) Tours, § 46. — Blois, § 29.

(2) Meaux, § 18. — Auxerre, § 18. — Sens, § 18.

(3) Senlis, § 111. Cette coutume accorde au moyen justicier le droit de se servir dans sa prison d'anneaux et de ceps.

de crimes ou un père de famille criblé de dettes... Il est vrai que parfois la charité chrétienne allait porter dans ces tristes réduits la table eucharistique, et prodiguer à la fois au malheur oublié les secours matériels et les consolations spirituelles. Quelquefois même, dans son indignation généreuse, le chef du diocèse protestait contre l'insouciance de la magistrature laïque, et l'obligeait à ouvrir les yeux. Mais souvent aussi il n'y songeait pas, ou ne l'osait pas.

Au surplus, en exerçant leur religieux contrôle, les évêques n'obéissaient pas seulement à l'instinct de la charité. Cette obligation leur était imposée par des lois positives. « Les évêques, lit-on dans le Style de la cour
» de l'archevêché de Tolose (1), les évêques visiteront
» le plus souvent qu'ils le pourront ou en personne ou
» par autrui non-seulement leurs prisons, mais aussi
» celles des juges séculiers; donneront ordre soigneuse-
» ment à la conscience et aux vivres des prisonniers, et
» leur feront administrer les sacrements au temps qui sera
» nécessaire. C'est une œuvre de charité à laquelle nous
» exhortons au nom de Dieu tous les grands et magistrats
» séculiers. C'est en cecy que nous recherchons et es-
» pérons leur faveur, et que nous la désirons de tout
» notre cœur (2). »

C'est ainsi que, continuant l'œuvre sainte si bien commencée par elle sous l'empire romain, l'Eglise réussit à la fin à fondre aux rayons du soleil chrétien le

______

(1) Style de la cour du parlement de Tolose, art. 16.

(2) Plus tard, l'ordonnance de 1670 imposa aux magistrats civils une obligation analogue : « Nos procureurs et ceux des seigneurs seront tenus » visiter leurs prisons une fois chacune semaine, pour y recevoir les » plaintes des prisonniers. » Tit. XIII, art. 35.

rude métal des mœurs germaniques. Grâce à elle, au
XVIe siècle, les lois s'armèrent de prohibitions sévères
contre les brutalités inutiles des justiciers et des geôliers.
Mieux encore, une distinction rationnelle s'établit, dans le
régime des prisons, entre le criminel et le détenu pour
dettes. — « La prison, dit la coutume de Hainault, doit
» être raisonnable selon la qualité de la personne et de *la*
» *cause* (1). » — Plusieurs dispositions furent édictées
dans le but de réprimer l'extrême négligence apportée par
les seigneurs justiciers à l'entretien de leurs prisons. Les
culs de basse-fosse furent proscrits. Aucune prison sei-
gneuriale ne dut être placée au-dessous du rez-de-chaus-
sée (2). Des mesures furent prises pour que la santé des
prisonniers ne fût point compromise par l'infection ou
l'humidité. Enfin il fut interdit aux personnes préposées
à la garde des *geôles* de se servir *de fers ou de ceps* contre
les *détenus pour dettes* (3).

Mais ce n'était pas assez que le prisonnier fût protégé
contre les mauvais traitements. En arrachant son débiteur, pour le traîner en prison, aux travaux qui le faisaient vivre, le créancier contractait par cela seul l'obligation de ne pas le laisser mourir de faim. Aussi, de même
que la partie publique nourrissait le prévenu et le condamné détenu pour crime (4), le créancier devait-il

(1) Hainault, § 70.

(2) Le roi seul pouvait avoir des prisons souterraines. *V*. Boyer, Style
de la cour et justice des requêtes du palais, titre des Emprisonnements.

(3) Orléans, § 55. — Melun, § 4. — Grand-Perche, § 12. — Poitou,
§ 14. — Ordonnance de 1670, tit. XIII, art. 1 et 19. — Ces dispositions
reproduisaient le principe de la loi romaine: « *Ad continendos homines
» non ad puniendos carcer haberi potest.* » L. 8, D. *de pœn.*

(4) Ordonnance de 1670, tit. XIII, art. 26.

fournir des aliments à son débiteur incarcéré, si ce dernier ne voulait ou ne pouvait y pourvoir (1).

Cette obligation fut de tous les temps. Les lois nombreuses qui la prescrivirent au moyen-âge et dans les temps plus modernes, se rattachent à l'antiquité par une chaine non interrompue, et ne diffèrent entre elles que par les règles relatives au chiffre et à la consignation des aliments.

Sous la loi romaine, ainsi que je l'ai dit déjà dans la première partie de ce travail, le créancier devait délivrer à son débiteur des aliments *en nature* (2).

Cet antique usage se conserva longtemps. Les premières lois du moyen-âge l'adoptèrent, à cette différence près que la loi des XII Tables et celle de Théodose (3) déterminaient invariablement la quantité des aliments de chaque jour, tandis que le droit féodal ne prescrivait d'autre mesure que l'appétit du *detour livre*. Il en était ainsi du moins sous le droit contemporain des Assises de Jérusalem, qui, sans fixer le chiffre des aliments, se bornaient à exiger du créancier la prestation d'une nourriture *suffisante* (4).

Plus tard, au XIIIe siècle, la fixation des aliments, bien qu'ils fussent toujours délivrés en nature, cessa d'être entièrement abandonnée à la discrétion du créancier. Les exigences de la loi ne se bornèrent plus au strict nécessaire ; elles allèrent presque jusqu'au superflu. C'est du moins ce qui me paraît résulter du texte que voici : « Et

(1) La règle est la même que sous la loi des XII Tables : « *Si volet, suo* » *vivito, ni suo vivit, libras farris in diem dato.* »

(2) « ... *Libras farris in diem dato.* »

(3) L. 1, C. Théod., *de cust. reor.*

(4) Assises de Jérusalem, haute cour, ch. 199.

» se il est poure, dit Beaumanoir (1), et n'ait de quoy
» vivre dou sien, li créanchier li doibt livrer son vivre,
» et non pas autel vivre comme l'en fait à cheux qui sont
» tenus pour vilain cas en prison, mais *plus souffisants ;*
» car chil qui sont tenus pour vilain cas en prison, leur
» vie est establie à avoir chacun jour denrées de pain et de
» l'iaue, et che seroit male chose que chil qui sont tenus
» pour detes eu prison feussent si grevés, et pour che,
» se il ont du leur len leur doit administrer selone leur
» volenté, et se ils n'ont rieus, chil qui en prison les fet
» tenir li doit livrer *pain, vin et potage tant qu'il en peut*
» *user*, au meins une fois le jour. »

Les nombreux inconvénients que présentait la délivrance des aliments en nature en firent bientôt abandonner
l'usage. Assujettir un créancier à envoyer chaque jour à la
prison publique l'ordinaire de son débiteur, c'était trop
exiger. Il était plus simple de représenter les aliments
quotidiens par une somme d'argent déterminée, et de
réduire les obligations du créancier à la consignation de
cette somme. Ce système nouveau, dont on trouve déjà
l'application au xive siècle (2), fut adopté d'abord par la
jurisprudence (3), puis consacré d'une manière définitive
par des ordonnances successives de Charles VI (4), de
François Ier (5) et de Henri III (6).

(1) Coutume de Beauvoisis, c. 51.

(2) On lit dans Monstrelet, ès priviléges des foires de Champagne :
« *Item*, toutes les fois que un prisonnier sera en prison ferme pour *debte*
» *de foire*, et à requête d'aucun créditeur, et il veuille abandonner ses
» biens et ait despendu jusques à la courroye, li créditeur li est tenu de
» délivrer chaque jour, pour son vivre, *trois deniers.* »

(3) *V.* Guy-Pape, q. 211, n° 2.

(4) Ordonnance de novembre 1399.

(5) Ordonnance de 1515, c. 21.

(6) Ordonnance de 1587.

Cependant, bien qu'elles prescrivissent la délivrance des aliments *en argent*, ces ordonnances ne décidaient rien quant au chiffre. Abandonné à la prudence du magistrat, ce chiffre devait subir toutes les vicissitudes attachées à la fluctuation du prix des denrées.

Cette latitude laissée à la décision des tribunaux avait de grands avantages, mais ces avantages étaient balancés par des inconvénients. Le magistrat pouvait n'être pas toujours impartial, et réduire à rien ou presque rien la faible somme consacrée à soutenir une misérable existence (1). Il était donc sage de garantir le débiteur contre la partialité exceptionnelle mais possible d'un juge, en déterminant un chiffre au-dessus duquel la justice pût élever la somme représentative des aliments, mais au-dessous duquel elle ne pût jamais la réduire.

(1) Cependant, avant les ordonnances de Louis XIV, les tribunaux étaient généralement d'accord sur le chiffre des aliments, qu'ils portaient habituellement *à trois sous*. Voici, au surplus, comment le débiteur incarcéré devait s'y prendre pour obtenir provision de vivres, à l'époque où écrivait Boyer, c'est-à-dire vers la fin du XVIe siècle. Il devait commencer par adresser à la cour la requête suivante : — « A Messieurs des » requêtes du palais : — Supplie humblement tel, disant que depuis tel » temps il a été emprisonné ès prison de la conciergerie du palais à la » requeste de tel, qui a aussi faict saisir une partie de ses biens, telle- » ment que ledit suppliant est spollié et n'a aucun moyen de vivre.— » *Ce considéré*, il vous plaise adjuger provision audit suppliant de la » somme de *six sols parisis* pour chacun jour pour ses vivres, alliments » et nourriture, que tel sa partie adverse sera contrainct de lui payer par » chacun jour, et à faute de ce faire, que ledit suppliant sera eslargy et » mis hors de prison, où il est détenu en grande pauvreté et infirmité, » et vous ferez bien. »

Sur la présentation de cette requête, la cour ordonnait immédiatement la consignation des aliments, dont elle fixait habituellement le chiffre à *trois sous*, c'est-à-dire moitié de ce que le détenu réclamait dans sa requête. *V.* Boyer, Style de la cour et justice des requêtes du palais, chapitre des Emprisonnements.

Tel fut l'objet du règlement du 9 mai 1669, qui, statuant pour l'avenir, fixait à quatre sous par jour le terme au-dessous duquel les aliments ne pourraient descendre. Il autorisait toutefois les parlements à élever ce chiffre suivant leur sagesse, lorsque le prix excessif du blé nécessiterait cette mesure (1).

Ce règlement contenait encore des dispositions qui furent successivement développées par l'ordonnance de 1670 et la déclaration du roi du 10 janvier 1680. Elles avaient trait à la consignation des aliments.

La consignation préalable des aliments était la condition indispensable de toute incarcération. Il était fait défense à tout huissier ou autre officier de justice d'emprisonner pour dettes un sujet du roi, sans avoir préalablement consigné entre les mains du greffier de la prison ou du geôlier la somme nécessaire pour la nourriture du prisonnier pendant un mois. S'ils écrouaient un débiteur sans remplir cette formalité, ils en étaient punis par la nullité de l'incarcération et l'interdiction de leur charge (2). Ajoutons qu'il y avait d'autres cas encore où l'huissier était tenu de procéder à la consignation préalable, et que l'obligation de fournir la totalité des aliments n'incombait pas toujours uniquement au créancier qui avait fait écrouer. Les autres parties intéressées, moins vigilantes,

______

(1) Cette mesure fut prise en effet par le parlement de Paris dans plusieurs circonstances, et en particulier en 1693 et en 1709. *V*. arrêt de règlement du parlement de Paris du 13 novembre 1693, qui élève à sept sous par jour le chiffre des aliments. Autre arrêt en date de 1709, qui dispose seulement pour trois mois, à partir du 6 septembre 1709 jusqu'au 1er décembre suivant. — Enfin un arrêt de règlement du 1er février 1785 a porté définitivement à 12 livres 10 sous par mois les aliments des détenus *pour dettes.*

(2) Déclaration du 10 janvier 1680, art. 1.

qui voulaient, par voie de *recommandation*, profiter elles aussi des faits accomplis, devaient par une juste compensation concourir à la subsistance du détenu. Aussi les huissiers ne pouvaient-ils pas même procéder à une recommandation sans avoir remis au geôlier la consignation préalable.

Les greffiers et geôliers des prisons étaient également répréhensibles, s'ils avaient reçu un écrou ou une recommandation sans avoir exigé d'abord la remise des aliments. La même obligation leur était imposée lorsque l'incarcération était devenue définitive ; car ils devaient veiller à ce que, chaque mois, les aliments fussent consignés d'avance au jour prescrit pour leur échéance, et avertir à cet effet les parties tenues de les fournir (1).

Le prisonnier pour dette n'était point obligé d'accepter les aliments ; il pouvait les refuser. Mais ce refus ne le liait point pour l'avenir. Il était toujours admis à revenir sur sa détermination ; et, dans ce cas, le créancier devait s'empresser de faire une nouvelle consignation, s'il ne voulait voir le détenu obtenir son élargissement (2).

Quant à la manière dont le débiteur utilisait pour sa subsistance, soit son propre argent, soit les sommes consignées, il pouvait l'employer à son gré. Il était défendu au geôlier de monopoliser le commerce de la prison ; de sorte que, sans être obligé de s'adresser à lui, le détenu pouvait faire venir du dehors ce qu'il désirait (3). Ajoutons qu'un contrôle religieux très-sévère était exercé sur les comestibles introduits dans la prison. La complicité ou la complaisance du geôlier était sévèrement punie, si

(1) Déclaration du 10 janvier 1680, art. 2.
(2) *Id.*, art. 4.
(3) Ordonnance de 1670, tit. XIII, art. 28.

les jours maigres il vendait de la viande aux detenus ou permettait qu'il leur en fût apporté. Cette interdiction, qui s'étendait aux protestants eux-mêmes, était absolue, et ne pouvait être levée que par une ordonnance du médecin (1).

N° 2. — De la garde, du gîte, du geôlage (2).

Le seigneur justicier qui avait prison était tenu d'y établir un gardien (3). La personne préposée à ces fonctions, qu'on appelait indifféremment *geôlier, tourrier* ou *chepier* (4), devait présenter certaines garanties, d'abord de probité, ensuite de savoir. Entre autres conditions, on exigeait de lui qu'il sût lire et écrire (5), c'est-à-dire qu'il fût un peu moins ignorant que le seigneur dont il tenait sa charge.

Ces fonctions avaient au moyen-âge une grande importance, car, à vrai dire, le geôlier du seigneur féodal était aussi son premier magistrat. Cependant, si l'élévation à ce poste de confiance était considéré comme une faveur pour un vassal (6), il faut ajouter qu'en retour le geôlier

(1) Ordonnance de 1670, tit. XIII, art. 27.

(2) « On nomme *gîte* ou *geôlage* les droits qui se payent au geôlier pour » la garde du prisonnier. » Denizart, v° *gîte et geôlage*.

(3) Ordonnance d'Orléans, art. 55.

(4) Le geôlier s'appelait *tourrier* ou *chepier*, soit parce que les prisonniers étaient enfermés dans des tours, soit parce qu'ils portaient quelquefois des ceps.—Le ceps, *cippus*, était un instrument composé de deux pièces de bois entre lesquelles on comprimait les pieds des prisonniers : « *Interdum catenis et cippo tenentur vincti.* » Greg. Turon., l. 5, c. 49.

(5) Ordonnance de 1670, tit. XIII, art. 2.

(6) Aussi le seigneur justicier choisissait-il habituellement son geôlier parmi ses vassaux. Cependant il y avait certaines provinces dans lesquelles le vassal était libre de récuser ces fonctions : « Qui a haute jus- » tice, dit la coutume du Poitou, ne peut contraindre ses sujets à garder » ses prisons. » Poitou, art. 15.

avait à subir une rude responsabilité. Une surveillance active et continuelle lui était personnellement imposée. L'évasion, la mort du prisonnier, tout le compromettait, car il n'y avait pas pour lui de faute légère. « Geôlier ne » tombe en péril, disait la coutume de Bretagne, s'il » montre que le prisonnier s'est échappé par sa faute; » si par ignorance, tenu de dédommager les parties; si » par intelligence, puni comme malfaicteur (1). »

Ainsi l'évasion du prisonnier faisait toujours présumer la complicité du geôlier. De telle sorte que, contrairement aux règles qui président au droit de défense, le geôlier était obligé de *prouver* contre l'accusation, et non de se *défendre* contre elle. Sa mauvaise foi était toujours présumée; et, pour qu'il pût être puni comme malfaiteur, ou être contraint de payer la dette du fugitif (2), l'accusation n'avait pas besoin d'administrer la preuve de sa culpabilité.

Certes, une semblable condition était rude, car très-rarement il était facile au geôlier d'échapper aux conséquences de sa responsabilité. Un *alibi* n'était pas même pour lui un moyen de justification; car, s'il échappait ainsi à la prévention d'*intelligence*, il devenait coupable de négligence, et par suite demeurait responsable envers *cour et parties*.

Cette sévérité avait pour objet d'obliger le geôlier à

---

(1) Bretagne.

(2) Le geôlier était tenu de représenter le prisonnier pour dettes évadé. S'il ne parvenait pas à le faire reparaître, il payait le montant de la dette. S'il le représentait au bout d'un certain temps, et que, pendant ce temps, le débiteur se fût appauvri, le geôlier devait payer *tout ce en quoi le fugitif était devenu insolvable*. — *V*. arrêt des grands jours de Moulins, 7 août 1550. — *V*. aussi arrêt du 10 mai 1565.—Bouvost, t. II, sous le mot *geôlier*.

surveiller activement l'état matériel de la prison qui lui était confiée. Le seul moyen de mettre à couvert sa responsabilité (1), était donc de rendre jour par jour à l'administration supérieure un compte minutieux et fidèle de l'état des murs, des ouvertures, des grillages, et de demander sans retard la restauration de ceux d'entre ces objets qui pouvaient compromettre la sûreté de la prison.

D'un autre côté, le geôlier devait exercer son contrôle sur les objets introduits dans la prison pour l'usage des détenus. Il y avait d'autant plus d'intérêt, que, si sa négligence avait facilité à un détenu les moyens de se suicider, il devenait responsable de sa mort envers le créancier, qui dès lors avait le droit d'exiger de lui le payement de la dette du défunt.

Une responsabilité aussi étendue eût été fort onéreuse, sans les nombreux avantages pécuniaires attachés à la garde des prisons. Indépendamment des droits de gîte et de geôlage (2), rétributions affectées spécialement à la garde des détenus, le geôlier pouvait exiger encore le droit d'entrée (3), et parfois aussi celui de *bienvenue* (4).

---

(1) Sa responsabilité du moment où il avait averti l'autorité supérieure du mauvais état de la prison. — *V*. Belord. Contr. let. G, l. 7, c. 6; arrêt du parlement de Bretagne, 20 janvier 1599.

(2) Au XIVe siècle, le droit de geôlage variait suivant la qualité du détenu. Une ordonnance de Philippe IV, en date de 1300, qui réglait à 6 deniers le droit de geôlage, l'étendait à 12 deniers pour les gentilshommes.

(3) Le droit d'entrée était fixé généralement, au XVIe siècle, à deux sols six deniers blancs.—Hainault, 70; Marche, 408.—Suivant certaines coutumes, le débiteur ne payait rien pour le droit d'entrée; — Auvergne, c. 24, § 69.

(4) Plusieurs coutumes, et en particulier celle de Hainault, s'opposaient à cette exploitation de la misère. — Hainault, 70. — La même disposition se retrouve dans l'ordonnance de 1670, tit. XIII, art. 14.

D'ailleurs, il était à même d'utiliser son industrie en tenant un magasin de vivres à la disposition des prisonniers (1).

Ces droits appartenaient spécialement au geôlier ; mais il en était d'autres encore que le créancier ou le détenu étaient obligés de payer, soit à lui, soit à d'autres préposés. Je veux parler des rétributions perçues à raison des procès-verbaux, quittances et certificats que délivraient aux parties les greffiers des prisons dans les prisons royales, et les geôliers dans les prisons seigneuriales (2). Ces droits, dont le nombre dut nécessairement grandir à mesure que s'étendit celui des formalités exigées pour les incarcérations et les élargissements, furent définitivement fixés par la déclaration du roi du 10 janvier 1680, et du mois de juin 1684.

Voici l'énumération de ces droits :

1° *Écrou et recommandation.* — Le geôlier ou le greffier de la prison étaient tenus de transcrire sur leurs registres (3) le procès-verbal d'écrou et les recommandations faites postérieurement à l'incarcération. Dans l'un

---

(1) Au XVIᵉ siècle, le prisonnier tenu à communs frais payait par jour au geôlier 3 sous six deniers. Moyennant cette rétribution, il avait *estrain, lit dessus et couverture*. Il ne payait que *demi-jour* s'il était entré dans la maison *après dîner*, c'est-à-dire dans l'*après-midi*. Si, ayant été mis en prison le matin, il était élargi avant dîner, il ne payait rien. Hainault, art. 70.

(2) Il n'y avait de greffier des prisons que dans les prisons royales ; dans les prisons seigneuriales le geôlier cumulait. — Ordonnance de 1670, tit. XIII, art. 15.

(3) Les greffiers de geôle et les geôliers étaient tenus d'avoir deux registres, cotés et paraphés par le juge. L'un, séparé en deux colonnes, était destiné à recevoir d'un côté les écrous et recommandations ; l'autre, les élargissements et décharges. — L'autre registre était destiné à l'inventaire des papiers, hardes et meubles saisis sur le prisonnier. — Ordonnance de 1670, l. c., art. 5, 6, 7 et 8.

et l'autre cas, ils devaient délivrer à chacune des parties un extrait de ces transcriptions.

L'enregistrement du procès-verbal d'écrou était payé 15 sols; — celui de la recommandation, 10 sols. — Quant aux extraits, ils étaient délivrés gratis et ne donnaient lieu à la perception d'un droit que lorsque les parties en demandaient de nouveaux, — auquel cas elles devaient 10 sols pour chaque extrait (1).

Indépendamment de ces transcriptions et extraits, un droit de 5 sols était perçu : — pour l'enregistrement des saisies opérées sur les sommes consignées au greffe par les prisonniers; — pour celui des oppositions faites à la délivrance desdites sommes; — pour celui des actes d'élection et de révocation de domicile; — et enfin pour les certificats de décès des prisonniers.

2° *Consignation d'aliments.* — En consignant les aliments, le créancier recevait du greffier une quittance. — A défaut de consignation, un certificat constatant la nonprovision était délivré au détenu. Ces quittances et certificats donnaient lieu à la perception d'un droit de 5 sols (2).

3° *Elargissement.* — Enfin, lorsque le débiteur était élargi ou déchargé d'une recommandation, il devait en être fait mention sur le registre de la geôle. — La décharge de l'écrou était payée 20 sols; celle de la recommandation, 10 sols (3).

Les geôliers et greffiers étaient privilégiés, non-seulement pour la perception des droits que je viens d'énu-

---

(1) Règlement de juin 1684, art. 1.

(2) Déclaration du roi du 10 janvier 1680, art. 7.

(3) 10 sols dans les prisons royales; mais 5 sols dans les prisons seigneuriales. — Ordonnance de 1670, tit. XIII, art. 10.

mérer, mais aussi pour le recouvrement des sommes qui leur étaient dues à raison de leurs fournitures. Cependant il leur était interdit, ainsi qu'aux guichetiers, cabaretiers et autres fournisseurs des détenus, d'empêcher, à raison du non-payement de leurs créances, l'élargissement d'un prisonnier (1).

Nº 3. — Des causes d'élargissement.

Le débiteur légalement incarcéré ne pouvait, sans danger pour lui, se soustraire par la force ou par la ruse aux rigueurs de sa nouvelle condition (2). La loi seule, ou la générosité de son créancier, pouvaient le rendre à la liberté.

L'élargissement est le terme par lequel on désigne cette mise en liberté légale.

Les causes d'élargissement n'ont pas été les mêmes à toutes les époques, car on a dû nécessairement les restreindre ou les étendre en raison inverse des rigueurs de la loi. Toutefois on peut rapporter ces diverses causes à trois catégories principales : le payement, la décharge volontaire, et la décharge de par la loi.

L'élargissement le plus honorable est celui que provoque le payement.

Au temps de l'esclavage de la dette, ce payement s'effectuait en nature (3).

Sous le régime des prisons publiques, il se faisait en argent.

(1) Ordonnance de 1670, tit. XIII, art. 15.

(2) En matière criminelle surtout, la rigueur déployée contre les fugitifs allait jusqu'à la cruauté. Un arrêt de règlement du 14 mars 1608 décidait que les prisonniers qui briseraient leur prison seraient *pendus*.

(3) Assises de Jérusalem, haute cour, c. 199.

Le payement intégral pouvait seul libérer le débiteur ; cependant il n'était pas absolument nécessaire pour l'élargissement. La consignation d'une partie de la dette, faite entre les mains du geôlier, pouvait être un motif suffisant pour la mise en liberté.

En effet, tout prisonnier pour dettes qui payait comptant le tiers de ce qu'il devait, et qui donnait caution pour le surplus, était non-seulement élargi, mais encore déchargé de toute contrainte par corps pour le payement de ce qui restait dû (1).

Ce principe s'étendait encore lorsqu'il pouvait être un encouragement à la charité. Plusieurs associations bienfaisantes s'étaient organisées à Paris, dans le but de concourir par de bonnes œuvres à la mise en liberté des détenus pour dettes. Le produit des quêtes faites par ces assemblées était réparti sur la tête de ceux d'entre les détenus qui leur paraissaient dignes de leurs bienfaits. Aussi les prisonniers assez heureux pour mériter cette distinction étaient-ils spécialement favorisés par la loi, qui n'exigeait rien de plus, pour leur mise en liberté, que la consignation *du quart de la dette,* sans les obliger à donner caution pour le surplus (2).

L'élargissement opéré volontairement par le créancier était ordinairement un acte de mauvaise humeur plutôt que de générosité. Le créancier ne s'y décidait que lorsque, n'espérant plus un remboursement, il craignait d'augmenter le chiffre de ses pertes en fournissant des aliments à un insolvable. Cette décharge s'opérait extrajudiciairement, mais non pas sans quelque authenticité.

----

(1) *V.* nouv. Denisart, v° *élargissement,* n° 4.
(2) Nouv. Denisart, l. c.

La déclaration du créancier devait être reçue par un notaire et signifiée au geôlier (1).

L'élargissement *de par la loi* était tantôt définitif, tantôt temporaire.

Deux circonstances pouvaient donner lieu principalement à la mise en liberté *définitive :* 1° l'abus que le créancier avait fait de son droit ; 2° l'inutilité démontrée de la prolongation de l'emprisonnement.

Le créancier abusait de son droit en ne remplissant pas les obligations qu'il avait contractées par le seul fait de l'incarcération. Ainsi, s'il se refusait à fournir des aliments au détenu, ou s'il laissait passer les délais légaux sans en effectuer la consignation, il était déchu du droit dont l'obligation qu'il n'avait pas remplie était corrélative. Le détenu, sur le certificat du geôlier, était élargi par l'ordonnance du magistrat, et ne pouvait plus être réincarcéré à raison de la même dette (2).

Souvent aussi, ainsi que je le disais tout à l'heure, la mise en liberté du détenu était commandée par la force des choses. Ainsi, l'insolvabilité bien constatée, après une longue détention sans résultat, rendait désormais l'incarcération aussi frustratoire pour le créancier que tortionnaire pour le débiteur.

Ceci a été compris par les législateurs de tous les temps, qui, s'ils ont sacrifié souvent des choses sacrées à l'intérêt privé, n'ont jamais du moins commandé des rigueurs devenues incontestablement inutiles.

(1) Ordonnance de 1670, tit. XIII, art. 31.

(2) Ce principe se retrouve dans toutes les législations. — Beauvoisis, c. 54 ; — ordonnance de Charles VI (1399) ; — de François Iᵉʳ, 1515 ; — de Henri III, 1587 ; — arrêt du parlement de Dijon du 11 mai 1610 ; — ordonnance de 1670, art. 24 ; — déclaration du 10 janvier 1680, art. 5 et 6.

Ainsi :

Sous la loi des Capitulaires, l'homme libre qui se donne *in wadium* est libéré après sept années de servitude.

Au XIIIe siècle, l'insolvabilité notoire est une cause d'élargissement après quarante jours de détention, pourvu que le débiteur consente à l'abandonnement de ses biens : « Et encore quant il aura été tenus quarante jours en » prison, dit Beaumanoir, se li sires qui le tient voit que » il ne puist mettre nul conseil en la dete pour laquelle il » est tenus, et il abandonne le sien, il doibt estre délivré » de la prison, car che seroit contraire chose à humanité » que l'en lessàt toujours cors d'home en prison pour dete, » puisque l'on voit que li creanchier ne puet estre paiés » pour la prison (1). »

Aux XIVe, XVe et XVIe siècles, on pouvait se libérer en consentant à subir quelque humiliation ou punition ridicule. Indépendamment de la cession de biens dont parle Guy-Pape (2), je pourrais rappeler le texte dans lequel Boyer nous apprend comment on obtenait de son temps un élargissement, en se soumettant à des castigations personnelles extraordinaires, telles que le jeûne ou la flagellation ; et comment, en particulier, un *pasticier* paya sa dette, en se réduisant au pain et à l'eau le *jour du mardi gras* de l'année 1585, et les trois jours suivants (3).

Indépendamment de ces modes d'élargissement, tous définitifs, il y avait aussi, comme je l'ai dit plus haut, des mises en liberté temporaires. Ainsi, le débiteur malade pouvait être mis hors de sa prison malgré son créancier, lorsque l'intérêt de sa santé ou celle des autres détenus

(1) Beauvoisis, c. 54.
(2) Guid. Pap. Decis., q. 343.
(3) Boyer, Style de la cour et justice des requêtes du palais.

l'exigeaient. Il était remis *sous bonne et sûre garde* à une personne qui, en se chargeant de sa santé, prenait l'engagement de le représenter à la fin de la maladie, et de le ramener entre les mains du geôlier (1).

Dans tous les cas où l'élargissement était définitif, il rendait la liberté au débiteur, mais ne le libérait pas. Le seul avantage que lui apportât sa condition nouvelle, c'est que, n'étant plus contraignable, il rentrait dans le droit commun, et appartenait dès lors à la classe des débiteurs ordinaires.

(1) Ceci était un usage et non pas un droit.—*V.* à ce sujet le réquisitoire de l'avocat général Gilbert, sur lequel fut rendu, le 10 janvier 1730, un arrêt de règlement qui se trouve au Code de Louis XV, t. III, p. 140.

TROISIÈME PARTIE.

DROIT MODERNE.

Section Ire. — *Histoire.*

Après avoir subi bien des modifications, la loi de la contrainte par corps avait fini par devenir, sous Louis XIV, aussi rationnelle et aussi humaine que cela était possible de son temps.

Deux monuments contenaient le code complet de cette matière importante, les ordonnances de 1667 et de 1673. Elles déterminaient irrévocablement les cas fort restreints où la liberté serait sacrifiée à l'intérêt privé, et d'ailleurs ôtaient au rigorisme de l'exception tous ses dangers possibles, en remettant à une magistrature intègre le pouvoir d'en faire ou de n'en pas faire l'application.

Malheureusement cette législation était monarchique. Engloutie par le flot révolutionnaire, elle disparut en 93, puis bientôt se reproduisit en partie dans des lois improvisées, et qui par conséquent valaient moins.

Cependant, malgré la répugnance que, dès 1791 (1), les corps législatifs avaient manifestée pour la contrainte par corps, c'est l'année suivante seulement que, pour la

(1) Dès 1791, l'opinion s'était déclarée énergiquement contre l'emprisonnement pour dettes. Le 17 mars de cette année, l'assemblée constituante, autorisant la contrainte par corps contre ses membres, ajoutait : « Tant que la contrainte par corps aura lieu. »

première fois, l'opinion se déclara d'une manière positive contre ce mode d'exécution.

On se rappelle qu'une déclaration de 1715 avait étendu au payement des mois de nourrice l'application de la contrainte par corps. Ce privilége immoral était assurément un prétexte pour diriger une première attaque contre l'emprisonnement pour dettes, si toutefois on ne voulait pas encore le faire disparaître tout à fait.

Aussi l'assemblée constituante porta-t-elle, le 25 août 1792, le décret suivant :

« Considérant que, chez un peuple libre, il ne doit » exister de loi qui autorise la contrainte par corps que » lorsque les motifs les plus puissants le réclament ;

» Considérant que la contrainte par corps pour dettes » de mois de nourrice n'est déterminée par aucun motif » de cette nature ; qu'elle est même contraire à l'intérêt » du créancier ; qu'en général on ne peut attendre son » payement que de l'industrie et des travaux de son » débiteur ;

» L'assemblée nationale décrète que la contrainte par » corps ne pourra être exercée, à dater de ce jour, pour » le payement des mois de nourrice. »

Ce décret, ainsi que le disait M. Portalis, invoquait de grands principes pour arriver à de bien petits résultats. Toutefois il dénotait la transition par laquelle la législation nouvelle arriverait bientôt à l'abolition absolue de l'emprisonnement pour dettes.

Ce grand parti fut pris enfin le 9 mars 1793 ; l'assemblée nationale prohiba la contrainte par corps *comme contraire à la saine morale, aux droits de l'homme et aux vrais principes de la liberté.* — On peut trouver étrange que cet hommage ait été rendu à la liberté à deux pas du sanctuaire qu'on lui réservait sous le nom de conciergerie, et de l'autel qu'on lui consacrait sous le nom de guillotine. Portalis (1) et Boncenne s'étonnent tous les deux qu'une déclaration si libérale et si philanthropique soit à peu près de la même date que l'établissement du tribunal révolutionnaire.

Toutefois, en abolissant la contrainte par corps, l'assemblée nationale avait fait ses réserves. Des restrictions non encore précisées devaient venir modérer la portée du principe adopté. Tel fut l'objet de la disposition par laquelle la convention nationale rétablit, le 30 mars 1793, la contrainte par corps contre les comptables de deniers publics (2).

Vint le régime de la terreur. On sait ce que valait, sous ce despotisme populaire, le sens moral de la nation ; on sait entre quelles mains étaient descendus tous les pouvoirs, et comment, suivant l'expression de Portalis, « les » sommités sociales se trouvèrent dans les boutiques, qui » subissaient à leur tour le joug accablant du *maximum* (3). »

Or les *boutiques* avaient contre le haut commerce cette haine envieuse que les paysans portaient de leur côté aux propriétaires du sol. Elles haïssaient d'autant plus l'aristocratie industrielle et commerciale, que jusqu'en 1793 la contrainte par corps avait été entre les mains de cette dernière une arme puissante contre les détaillants. Ces derniers

<hr>

(1) Rapport à la chambre des pairs, 22 décembre 1831, — *Moniteur* du 30.

(2) « La république est préférée à tous créanciers pour droits, confis- » cations, commandes et restitutions, avec la contrainte par corps, » L. de germinal an 11, tit. VI, art. 5.

(3) *Moniteur* du 30 décembre 1831

n'étaient donc nullement disposés à user de leur règne momentané pour faire revivre, dans l'intérêt du commerce, l'emprisonnement pour dettes.

Bientôt cependant, une fois purgée des monstres qu'elle avait enfantés, la république française devint honteuse de l'alliance adultère qu'elle avait faite de la liberté et de la tyrannie. En s'éveillant de ce long sommeil ou plutôt de cette longue orgie, chacun se demanda ce qu'étaient devenus ses droits, ses garanties ; et, voyant que d'un trait de plume un législateur expéditif les avait effacés, on consentit à reconnaître ceux des autres, afin de recouvrer les siens. D'ailleurs trop de scandaleuses banqueroutes avaient jeté la perturbation dans la fortune publique, pour qu'il ne fût pas indispensable d'apporter un remède violent et prompt au mal rongeur qui dévorait la France commerciale.

Ce remède, on crut le trouver dans la contrainte par corps.

Une loi provisoire, conçue avec toute la rapidité que commande la nécessité, répondit bientôt aux réclamations unanimes. Le 24 ventôse an V, les corps législatifs décrétèrent le rétablissement pur et simple de la contrainte par corps (1).

Le 15 germinal an V, la mesure fut complétée. Un code nouveau de la contrainte par corps fut substitué aux anciennes ordonnances qu'avait fait revivre momentanément la décision du 24 ventôse.

Cette loi fut suivie de plusieurs dispositions complémentaires destinées à déterminer la condition de l'étranger considéré comme contraignable. Les lois du 4 floréal an VI et du 10 septembre 1807, qui furent édictées dans

(1) Cette décision fut prise par le conseil des Cinq-Cents sur la proposition de Jean Debry. Le conseil des Anciens l'adopta ensuite.

ce but, étaient empreintes de la sauvage énergie qui, dans l'antiquité, plaçait en tête des lois internationales cette fière devise : « *Adversùs hostem æterna auctoritas* (1). »

Lors de la rédaction de nos codes, on crut devoir laisser presque entièrement subsister la loi de germinal an VI. Le code civil, le code de commerce ne firent que développer les règles contenues aux titres 1 et 2 de cette loi, sans déroger à son principe. Le code de procédure seul, dont les dispositions portèrent sur le fond du droit, substitua au titre 3 des règles nouvelles, et ne conserva de ses prescriptions que quelques dispositions de détail relatives à la procédure.

En résultat, les dispositions nouvelles, qui modifient la loi de l'an VI sans l'abroger, embarrassèrent la jurisprudence au lieu de lui servir de guide. Eparses dans quatre codes différents, les règles relatives à la contrainte par corps étaient d'autant plus difficiles à appliquer que leur nombre avait augmenté. De là un malaise réel dans l'administration de la justice, qui, placée entre son désir de respecter les lois et celui d'obéir à la raison, tentait souvent entre des textes disparates des conciliations impossibles.

Il était donc urgent de refondre ces dispositions éparses en une œuvre d'ensemble complète, homogène et rationnelle.

D'un autre côté, la condition des prisonniers pour dettes était plus rigoureuse que ne le comportait l'esprit du xixe siècle. A la tribune, dans les livres (2), on s'en

(1) Ces lois assujettissaient à la contrainte par corps, pour *toutes dettes*, les étrangers non domiciliés en France et débiteurs des Français.

(2) MM. Coffinières, Crivelli, Charles Lucas, protestèrent dans leurs livres contre les principes qui régissaient la contrainte par corps.

étonnait, on s'en indignait, on en appelait à la raison philosophique. Les plus sages parlaient d'améliorer le sort des détenus ; les plus ardents aspiraient, sans espérer l'obtenir, à la loi du 9 mars 1793. D'autres enfin, et c'était l'imposante minorité des riches, optaient pour la conservation et s'opposaient à toute réforme.

Aussi, malgré l'insistance des philanthropes, les tentatives d'amélioration, bien que souvent répétées, demeurèrent-elles longtemps infructueuses.

Cependant, dès les premières années de la restauration, l'attention du gouvernement avait été appelée officiellement sur des projets de réforme. En 1815, M. Hyde de Neuville avait présenté aux deux chambres une proposition tendant à mettre l'état des détenus pour dettes en harmonie avec le vœu général. Cette proposition, qui n'amena aucun résultat immédiat, eut toutefois pour effet d'éveiller, après deux ans d'insistance, la sollicitude du gouvernement, qui en 1817 saisit la chambre des députés d'un projet de loi sur cette matière importante. Dans ce projet présenté par M. Layné, alors ministre de l'intérieur, on essayait de porter remède aux maux les plus pressants que signalât la polémique, c'est-à-dire à l'*insuffisance des aliments* et à la *trop grande durée de la détention*.

Ce projet fut l'objet de nombreuses discussions. Plusieurs additions y furent sollicitées, plusieurs amendements proposés. Enfin il fut renvoyé à une commission, et, pour me servir d'une expression en crédit dans le langage parlementaire, y fut enterré.

Le gouvernement reprit encore l'initiative. L'année suivante, un nouveau projet de loi fut présenté à la chambre des députés. Plus étendu que le précédent, il se divisait en trois titres, dont le premier était spécialement affecté aux matières de commerce, le second aux matières civiles et commerciales, et le troisième consacré aux étrangers. — Cette tentative ne fut pas plus heureuse que la première. Adopté par la chambre des députés, ce projet fut rejeté par la chambre des pairs, qui motiva sa décision sur la trop grande rigueur dont il était empreint. La chambre se révolta surtout contre une disposition qui, tranchant légèrement une question jusque-là très-controversée, refusait l'élargissement, après cinq ans de détention, aux détenus pour dettes commerciales incarcérés postérieurement à la promulgation du code de procédure civile.

Cependant ce n'était pas sans regret que la chambre des pairs rejetait, avec le projet qui lui était soumis, l'occasion de donner aux malheureux détenus pour dettes une preuve de ses vives sympathies. Aussi, à peine la chambre avait-elle formulé son refus, que de son enceinte s'élevèrent des voix nombreuses pour éveiller en faveur des détenus la pitié du gouvernement. M. le vicomte de Montmorency, entre autres, développa dans ce but, à deux sessions différentes, une proposition à laquelle le gouvernement répondit par un nouveau projet en un article relatif à la consignation des aliments. Ce projet fort humain, mais très-incomplet, était un peu plus que rien ; aussi fut-il inutile. Adopté assez froidement par la chambre des pairs, il ne fut pas même soumis à la chambre des députés.

En résultat, rien de satisfaisant n'était encore sorti de la discussion. On avait signalé le mal, mais on n'avait pas indiqué le remède ; quelques améliorations partielles avaient été proposées, mais on n'avait encore conçu aucune loi d'ensemble qui fût en harmonie avec les exigences de la majorité. Aussi le gouvernement et les chambres

commençaient-ils à se lasser de ces études stériles, lorsqu'en 1828 fut faite une proposition qui parut devoir
satisfaire toutes les exigences.

C'est le 12 juillet de cette année que M. Jacquinot-Pampelune, au comité secret, proposa une révision complète
de la législation sur la contrainte par corps. Cette proposition, qu'il développa devant la chambre des députés, est
celle qui servit de base au projet de loi présenté à la chambre des pairs, l'année suivante, par M. Portalis.

La chambre des pairs, qui depuis si longtemps appelait
la réforme, se livra à une étude sérieuse de cette matière.
L'examen qu'elle fit du projet fut si consciencieux et si
savant, qu'en 1832 M. Barthe lui rendait hommage
en ces termes : « En 1829, un projet de loi fut présenté à
» la chambre des pairs. La discussion approfondie à la-
» quelle la chambre se livra a répandu de vives lumières
» sur toutes les parties de cette matière importante, et
» jamais les principes desquels doit découler la législation
» n'ont été soumis à un examen plus instructif et plus
» complet. »

Le travail de l'autre chambre se trouvait donc singulièrement simplifié. Cependant, quelque courte que la discussion pût être présumée, et quelque urgent qu'il fût
d'en finir, la chambre des députés ne s'occupa point du
projet pendant la session de 1829.

En 1830, les préoccupations politiques absorbaient à un
trop haut degré les esprits, pour que les deux chambres
ne fussent pas momentanément distraites de la sollicitude
dont elles avaient entouré jusque-là ces projets d'amélioration. Il est donc probable que la session de 1830 se
serait écoulée avant que les chambres eussent songé à

reprendre l'œuvre commencée, sans la longanimité de M. Jacquinot-Pampelune, qui prit l'initiative, et reproduisit en son nom personnel, avant la fin de la session de la chambre des députés, le projet de loi à peu près tel qu'il avait été déjà adopté en 1829 par la chambre des pairs.

Cette proposition, prise en considération par la chambre des députés, n'eut aucun autre résultat. La révolution de 1830 vint interrompre momentanément les travaux ordinaires des chambres, et ne leur permit de s'occuper qu'après une année, de la loi projetée sur la contrainte par corps.

Les événements qui s'étaient accomplis avaient rendu la question plus difficile, car une solution rigoureuse pouvait froisser la susceptibilité populaire. L'épanouissement des idées libérales commandait peut-être à la législature nouvelle quelque chose de plus que les projets d'améliorations approuvés par le gouvernement précédent. La carrière était plus que jamais ouverte aux exagérations des publicistes. Devait-on, pour obéir à leur insistance, mettre en question la moralité de la contrainte par corps, son degré d'utilité, et par suite son existence à venir ?

Plusieurs esprits avancés qui se firent entendre aux deux chambres étaient d'avis de faire disparaître absolument le scandale offert par le sacrifice légal de l'homme à la chose. La solution de la question n'était pas pour eux dans la transformation des lois précédentes en une loi plus douce et plus humaine, mais dans la proscription absolue d'une institution barbare qui leur semblait le plus sanglant outrage que la liberté pût recevoir au moment même de son triomphe.

Heureusement ils étaient en minorité. Heureusement, — car les temps n'étaient guère opportuns pour une

mesure si hardie. Toute révolution a sa crise commerciale,
et celle de 1830, quelque admirable que fût l'ordre avec
lequel elle s'était accomplie, n'avait pu échapper à la destinée commune. Il était donc sage, alors que le commerce
français était violemment ébranlé, de se garder d'augmenter
encore ses inquiétudes en mettant en question ce qu'il
considérait comme une de ses plus puissantes garanties.

Cependant, si l'on ne voulut pas faire du principe de la
loi l'objet d'une discussion, il faut attribuer cette réserve
à une sage politique plutôt qu'à une conviction intime.
M. Portalis, en présentant le projet de loi à la chambre des
pairs, atteste en effet que l'esprit de la commission était
hostile à la contrainte par corps, et qu'en la maintenant
elle obéissait à la nécessité du moment. Un mot échappé,
ou plutôt placé à dessein dans ce discours, indique aussi
le fond de la pensée de l'orateur, alors que, parlant de
l'extrême circonspection avec laquelle il faut innover, il
ajoute : « Surtout dans des matières où le commerce *se*
» *croit* profondément intéressé (1). »

En résultat, en abrogeant les lois de germinal an VI, de
floréal an VI et de 1807, le législateur de 1832 n'altéra
point leur principe. Le texte disparut, mais la substance
demeura, et les dispositions capitales, prenant place dans
la loi nouvelle, survécurent isolément à l'ensemble dont
elles avaient fait partie.

Quant à la loi de 1832 en elle-même, elle a été l'objet
de bien des critiques. En général on s'accorde à la considérer
comme une loi transitoire. Mais à quelle autre servira-t-
elle de transition ? Là est la question, question difficile
qui peut se formuler ainsi : La loi de 1832 est-elle un

____

(1) *Moniteur* du 30 décembre 1831.

monument qui doit disparaître ? Est-elle au contraire une
pierre d'attente ?

Section II. — *Exposé de la législation nouvelle.*

La législation actuelle de la contrainte par corps se di-
vise en cinq parties principales : matières civiles, — commerciales, — criminelles, — contrainte par corps contre
les étrangers, — procédure.

La loi de 1832 ne régit pas seule les matières que je viens
d'énumérer. Plusieurs dispositions antérieures subsistent,
et sont appliquées concurremment avec elle. Tels sont le
titre 16, liv. 3 du code, qui énumère les cas exceptionnels où il y a lieu à prononcer la contrainte par corps
en matière civile; le titre 15, liv. 5 du code de procédure,
qui règle le mode d'exécution, et auquel la loi de 1832 ne
déroge point; et enfin le code forestier et les lois sur la
pêche fluviale, qui complètent les dispositions relatives à
la contrainte par corps en matière correctionnelle et de
police (1).

Toute cette législation est subordonnée aux principes
généraux qui suivent :

La contrainte par corps est un droit d'exception restreint
à des cas d'application déterminés par la loi (2);

(1) Quant aux lois du 15 germinal an VI, du 4 floréal an VI et du 10
septembre 1807, elles sont abrogées. (L. de 1832, art. 46.)

(2) C. C., art. 2063.—Code des *Deux-Siciles*, art. 1931.—Code *sarde*,
art. 2099.— Code du *grand-duché de Bade*, tit. XVI. — *Haïti*, n° XXXI.
—Il n'en est pas de même sous l'empire des législations ci-dessous, où la
contrainte par corps peut avoir lieu quelle que soit la nature de la dette.—
En *Angleterre*, on peut arrêter pour dettes tout défendeur à une action
personnelle. Blackstone, t. IV, c. IX. — En *Suède*, en *Autriche*, tout
débiteur suspect de fuite, ou qu'on soupçonne de vouloir réaliser ses biens,
peut être contraint par corps. Code suédois, tit. de l'ex. des jugements.

Ni le juge , ni les parties ne peuvent se soustraire , l'un par sa décision, les autres par leurs conventions, aux règles du droit commun (1) :

Enfin, et c'est par là surtout que les lois modernes s'éloignent des anciennes ordonnances , la contrainte par corps , cessant d'être pour le juge une mesure *facultative* , ne peut plus être entre ses mains, sauf quelques rares exceptions, qu'une rigueur *obligée* (2).

Les cas exceptionnels où ce mode d'exécution est prescrit sont déterminés ordinairement par la *nature* de la dette combinée avec son *chiffre*.—Quelquefois cependant l'un ou l'autre de ces éléments, considéré isolément, suffit pour provoquer une condamnation par corps.

En matière civile, les deux éléments doivent se trouver réunis. La dette doit non-seulement appartenir à une

c. VIII, art. 1 ; code autrichien , art. 275.—En *Prusse*, si le débiteur est entièrement ruiné et dépouillé, le créancier peut le faire condamner à lui consacrer ses services , ses travaux et son industrie. En cas d'inexécution, il a le droit de le faire incarcérer. Code de procédure prussien , part. I, tit. XXIV, art. 142.—Le même système est adopté en *Russie. V.* M. Bayle-Mouillard , *De l'emprisonnement pour dettes* , c. IV.

(1) Les art. 2017 , 2062 du code civil font exception à cette règle pour le fermier et la caution du contraignable. —Dans le royaume des *Deux-Siciles* , les principes sont différents. La stipulation de la contrainte par corps y est permise pour toute espèce de dettes ; cependant il est généralement interdit de la stipuler contre les femmes. Code des Deux-Siciles, art. 1932.

(2) Ceci est une innovation de la loi de germinal an VI , tit. I , art. 3 ; car, sous l'ordonnance de 1667 , la contrainte par corps était toujours facultative.—*Législations étrangères contemporaines :*—En *Suède*, en *Autriche*, en *Prusse*, en *Russie*, elle est toujours *facultative*. Code suédois , tit. de l'ex. des jug., t. VIII ; code autrichien , art. 275 et suiv.; code de procédure prussien , part. I, tit. XXIV.—Dans le royaume des *Deux-Siciles* et en *Sardaigne*, elle est tantôt facultative, tantôt forcée. Code des Deux-Siciles , tit. XVIII , c. I ; C. sarde , tit. XX.

catégorie exceptionnelle, mais encore atteindre un chiffre déterminé.

Le chiffre est de 300 fr. (1).

Quant au caractère particulier que doit avoir la dette, voici l'énumération des cas où la contrainte par corps sera prononcée en matière civile :

Dans le cas de stellionat (2) ;

Pour dépôt nécessaire ; pour répétition de deniers consignés entre les mains de personnes publiques établies à cet effet ; pour la représentation des choses déposées aux séquestres, commissaires et autres gardiens ; contre les notaires, les avoués et les huissiers, pour la restitution des titres à eux confiés et des deniers par eux reçus pour leurs clients par suite de leurs fonctions (C. C. 2060) ;

Contre les cautions judiciaires et contre les cautions des contraignables par corps, lorsqu'elles se sont soumises à cette contrainte (C. C. 2060) ;

Contre tous officiers publics, pour la représentation de leurs minutes quand elle est ordonnée (C. C. 2060) ;

En cas de réintégrande (C. C. 2060) ;

---

(1) C. C., art. 2065. — *Législations étrangères contemporaines :* — Dans le royaume des *Deux-Siciles* le chiffre est de *vingt ducats*. C. des Deux-Siciles, art. 1933. — Dans le *canton de Vaud*, le chiffre est de *cinquante francs*, art. 1547. — A *Haïti*, le chiffre est de 100 *gourdes*, n° XXXI, art. 1841. — En *Suède*, dans le *duché de Bade*, en *Autriche*, en *Prusse*, en *Russie*, aucun chiffre n'est déterminé.

(2) C. C., art. 2059. — C. des Deux-Siciles, 1934. — C. sarde, 2000. — Dans le canton de Vaud, indépendamment de la contrainte par corps, le stellionataire encourt une peine. C. du canton de Vaud, art. 1542. — Le stellionat est puni également comme crime par toutes les législations du Nord. En Autriche, il est puni de la *prison dure.* — Les lois brésiliennes punissent le stellionat de la prison avec travail de six mois à cinq ans, et d'une amende de 5 à 20 pour cent de la valeur des choses sur lesquelles le stellionat a eu lieu.

Contre le saisi immobilièrement qui contrevient aux dispositions des art. 683 et 712 du code de procédure civile en commettant des dégradations ou en ne délaissant pas après l'adjudication ;

Contre le fol enchérisseur sur expropriation forcée (C. P. C. 740) ;

Contre les fermiers de biens ruraux pour le payement de leurs fermages, lorsque la contrainte par corps a été stipulée dans le bail (1) ;

Contre tous comptables de deniers ou effets mobiliers publics appartenant à l'État, aux communes, aux établissements publics, aux hospices ; — contre tous entrepreneurs, fournisseurs, soumissionnaires et traitants qui ont passé des marchés ou traités intéressant l'État, les communes, les établissements de bienfaisance, etc..., et qui sont déclarés débiteurs par suite de leurs entreprises (l. de 1832, art. 8, 9 et 10) ;

Contre les cautions desdits comptables et entrepreneurs, et contre leurs agents et préposés lorsque ces derniers auront personnellement fait la recette ou géré l'entreprise (l. de 1832, art. 8, 9 et 10) ;

Contre tous redevables débiteurs de droits de douane ou d'octroi qui ont obtenu un crédit (l. de 1832, art. 11) ;

Enfin, contre les cautions de ces derniers (id.).

Dans tous les cas énumérés (2) ci-dessus, le juge ne peut se dispenser de prononcer la contrainte par corps. Dans ceux qui suivent, il est fait exception à la règle générale, et la contrainte par corps est *facultative*.

---

(1) C. C., art. 2062. — En *Sardaigne*, la contrainte par corps est seulement facultative dans ce cas. C. sarde, art. 2108, § 1.

(2) On retrouve presque identiquement les mêmes règles dans les codes des *Deux-Siciles*, de *Sardaigne* et du *canton de Vaud*.

Pourront être contraints par corps :

Les individus condamnés à désemparer un fonds, et qui refusent d'obéir après l'expiration de la quinzaine à partir de la signification du jugement (C. C. 2061) ;

Les fermiers et colons partiaires, faute par eux de représenter à la fin du bail le cheptel de bétail, les semences et les instruments aratoires (C. C. 2062) ;

La partie condamnée à payer des dommages-intérêts de plus de 300 fr. en matière civile (C. P. C. 126) ;

Le reliquataire de comptes de tutelle, curatelle, d'administration de corps et communautés, établissements publics, ou de toute administration commise par la justice (*id.*) ;

L'avoué qui ne rétablit pas la production des pièces prises par lui en communication, dans la huitaine de la signification du jugement qui le lui ordonne (C. P. C. 107) ;

Les détenteurs de pièces de comparaison qui refusent de les produire, soit dans une vérification d'écriture, soit dans une instance en inscription de faux (C. P. C., art. 201 et 221) ;

Le débiteur qui nie son écriture (C. P. C., art. 213) ;

Le *rendant* qui se refuse à présenter et affirmer son compte dans le délai fixé et au jour indiqué par le jugement (C. P. C. 534).

En matière commerciale, la contrainte par corps ne peut être prononcée que si la dette est le résultat d'un fait de commerce, et s'élève au-dessus d'une somme de 200 fr. (1).

(1) La fixation de ce chiffre fut, en 1832, l'objet d'une assez longue discussion à la chambre des pairs. Jusque-là les tribunaux de commerce avaient prononcé la contrainte par corps lorsque la dette s'élevait à plus

En matière criminelle, aucun chiffre n'est précisé; un seul des éléments suffit, et la loi n'exige rien de plus , sinon que la dette provienne d'une condamnation pécuniaire à raison d'un crime, d'un délit ou d'une contravention.

Enfin, lorsqu'il s'agit d'un débiteur *étranger*, ce n'est pas la nature de la dette, mais bien son chiffre qui détermine la condamnation par corps. Ce chiffre est de 150 fr. (1).

En résumé, la contrainte par corps est prononcée :

Pour *certaines dettes* au-dessus de 300 fr., en matière civile ;

Pour *toutes dettes* au-dessus de 200 fr., en matière commerciale ;

Pour *toutes dettes* au-dessus de 150 fr., contre les étrangers ;

Pour *toutes dettes* sans exception, en matière criminelle, correctionnelle et de police.

Cependant, pour que la contrainte par corps puisse être prononcée , il ne suffit pas que le débiteur se trouve dans un des cas d'exception que je viens d'énumérer ; il faut encore qu'il soit personnellement contraignable.

Or toute personne n'est pas contraignable. Certains priviléges attachés à l'alliance ou à la parenté, à l'âge ou

---

de 100 fr. Plusieurs membres de la chambre, s'en référant à la longue expérience des tribunaux , pensèrent qu'il était important pour le crédit des petits marchands et des colporteurs, de maintenir à une valeur minime le chiffre déterminant de la contrainte par corps. — *V*. discussion à la chambre des pairs du 31 décembre 1832 , *Moniteur* des 1ᵉʳ et 2 janvier 1832.

(1) L. de 1832 , art. 14. — En *Sardaigne*, l'étranger ne peut être emprisonné si sa dette est *moindre que* 300 *fr*. C. sarde , art. 2105. L'hospitalité sarde vaut mieux que la nôtre.

au sexe, et à d'autres conditions encore, constituent des fins de non-recevoir contre toute demande tendant à obtenir un jugement de condamnation par corps.

Ainsi un créancier ne pourrait réclamer des tribunaux cette mesure de rigueur :

Contre son mari ou sa femme (1) ;

Contre ses ascendants, descendants, frères, sœurs ou alliés au même degré (2) ;

Contre un mineur (C. C., art. 2064) ;

Contre un septuagénaire (3), une femme, une fille même étrangères (C. C. 2065. — L. de 1832, art. 18).

Enfin une femme et un mari ne peuvent être emprisonnés simultanément pour la même dette (4).

Ces priviléges (5) ne sont pas tous absolus. Quelques-uns d'entre eux cessent de couvrir le débiteur dans certains cas. Ainsi les mineurs, les septuagénaires, les femmes et filles, soit françaises, soit étrangères, sont contraignables dans les cas suivants :

Tous, en matière criminelle, correctionnelle et de police ;

Les septuagénaires, les femmes et les filles, s'ils sont

(1) L. de 1832, art. 19. — Dans le *canton de Vaud*, le bénéfice est admis en faveur de l'époux *même divorcé*. C. art. 1548.

(2) L. de 1832, art. 19. — Il en est de même sous l'empire des législations ci-dessous : C. des Deux-Siciles, art. 1932 ; — C. sarde, art. 2113 ; — C. du canton de Vaud, art. 1548.

(3) A *Haïti*, le *sexagénaire* est à l'abri de la contrainte par corps. C. d'Haïti, art. 1833.

(4) L. de 1832, art. 21. — Il en est de même en *Suède*. C. suédois, tit. de l'Ex. des jug., c. VIII, art. 5.

(5) Les législations du Nord ajoutent à ces priviléges celui de la solvabilité. Tant qu'il n'est pas démontré qu'un débiteur est insolvable, il ne peut être incarcéré. Code de pr. civ. prussien, p. 1, tit. XIV ; — C. suédois, tit. de l'Ex. des jug., c. VIII, art. 2 ; — C. du canton de Vaud, art. 1541.

stellionataires (C. C., 2065 ; l. de 1832, art. 18) ;

Les femmes et les filles, lorsqu'elles sont légalement réputées marchandes publiques, ou lorsqu'elles sont comptables (l. de 1832, art. 2 et 12) ;

Les mineurs commerçants, lorsqu'ils sont réputés majeurs pour le fait de leur commerce (l. de 1832, art. 2).

Lorsque le débiteur ne peut invoquer en sa faveur aucun des priviléges ci-dessus, son créancier est admis à réclamer devant les tribunaux sa condamnation par corps.

Le jugement qui prononce cette condamnation doit nécessairement précéder l'incarcération du débiteur. Cependant, s'il est étranger, ou s'il est tenu envers le fisc comme comptable, il peut être incarcéré provisoirement comme *fugæ suspectus*, en vertu d'une simple ordonnance du juge (1).

Le jugement de condamnation une fois obtenu, l'em-

____

(1) En *Angleterre*, tout débiteur, même regnicole, peut être incarcéré provisoirement par mesure de précaution. Pour arriver à ce résultat, on simule d'abord l'acte attributif de juridiction qui ouvre toute instance judiciaire et qu'on appelle le *writ original* (sortes de lettres *de committimus*) ; puis, sans avoir signifié au défendeur cet acte illusoire, on obtient sur sa présentation le mandat d'arrêt (*capias*) ou le mandat de perquisition dans un autre comté (*testatum capias*). Ordinairement le défendeur notoirement solvable se délivre de ces poursuites en fournissant la caution commune, *common bail*. Cette garantie toute fictive est censée donnée par deux personnages imaginaires, *Jonh Doe* et *Richard Roe*. Mais si le créancier fait un *affidavit*, c'est-à-dire affirme devant le juge que la somme qu'il réclame s'élève à plus 20 *livres*, il obtient du shérif l'*arrest* ou prise de corps contre son débiteur. Dès lors, pour éviter l'incarcération immédiate, ce dernier est obligé de payer, ou bien de donner une caution qui ne sera plus le *common bail*, mais bien une caution réelle, le *special bail*. — En *Allemagne*, tout débiteur *fugiæ suspectus* peut être incarcéré provisoirement. — C. autrich., art. 275. — C. suédois tit. de l'Ex. des jug., c. VIII, art. 12.

prisonnement peut être effectué presque immédiatement. Garantie affectée spécialement à la sécurité du commerce, l'exécution par corps doit être expéditive comme lui. Vingt-quatre heures après la signification du jugement, le débiteur peut être incarcéré (1).

Qu'on ne se révolte pas contre cette précipitation de la loi. De nombreuses lignes de communication ont tant rapproché les distances, les moyens de transport sont si rapides, que si le créancier n'était admis à brusquer les délais, un jugement de condamnation par corps serait entre ses mains un titre complétement illusoire.

La rapidité de ces vingt-quatre heures peut être suspendue accidentellement par diverses causes qui, tant qu'elles existent, paralysent entre les mains de l'huissier son mandat judiciaire.

Ainsi il ne pourra être procédé à une arrestation pour dettes :

Avant le lever et après le coucher du soleil; — les jours de fête légale (2); — dans les édifices consacrés au culte, et pendant les exercices religieux seulement; — dans le lieu et pendant la tenue des séances des autorités constituées; —dans une maison quelconque; — lorsque, appelé comme témoin devant un juge d'instruction, un tribunal de première instance, une cour royale ou d'assises, le débiteur est porteur d'un sauf-conduit; — si le débiteur est député, durant la session; — s'il est pair de France, tant que la chambre n'a pas donné son autorisation (3).

(1) La loi de germinal an VI, tit. III, art. 3, fixait le délai à une *décade*.

(2) Nulle arrestation ne pouvait être opérée, sous la loi de l'an VI, les jours de *décadi* et les jours consacrés aux fêtes républicaines.

(3) En Suisse, le militaire ne peut être contraint par corps pendant le

Lorsque ces difficultés ne se présentent pas ou n'existent plus, l'huissier peut passer outre à l'arrestation. Pour instrumenter légalement, il doit être accompagné de deux recors. L'assistance du juge de paix est également nécessaire, lorsque, pour arrêter le contraignable, il faut s'introduire dans son domicile. Enfin, en cas de résistance, l'huissier a le droit de requérir la force armée.

Avant l'arrestation, le débiteur ne peut résister; après la capture, il peut réclamer. Sur sa demande, il doit être mené par l'huissier devant le président du tribunal civil du lieu de l'arrestation. Là repose sa dernière espérance. Si ses réclamations ne sont pas admises, il est conduit immédiatement à la prison affectée spécialement à la détention des condamnés pour dettes (1).

temps de service. C. du *canton de Vaud*, art. 1549. — En France il n'en est pas ainsi; la loi du 17 juillet 1791 considère les militaires comme démissionnaires s'ils sont contraignables par corps, et le décret du 4 messidor an II déclare qu'il n'y a pas lieu de suspendre l'effet des créances et actions civiles contre les défenseurs de la patrie. (Dalloz, Jur. gén., t. III, p. 728.)

(1) En *Angleterre*, les chartres privées existent encore. Le débiteur captif est déposé provisoirement dans une des hôtelleries destinées à cet usage, qu'on appelle *spunging house*, pour y rester jusqu'à ce qu'il plaise à son créancier de l'en faire sortir et de le faire écrouer dans la prison publique. Mais la prison ne sera pas la même pour tous. Si le débiteur est riche et à même de bien payer les guichetiers, il obtient du juge siégeant à *Old-Bayley* un ordre qui lui ouvre les portes des prisons aristocratiques de *Fleet-Street*, du *Banc du roi* et de *White-Cross-Street*. Si, au contraire, il est pauvre, il est jeté pêle-mêle avec des malfaiteurs dans la prison la plus hideuse de Londres, celle de *Marshalsea*. — *V.* M. Bayle-Mouillard, de l'Emprisonnement pour dettes, c. IV.—En *Suède*, la loi est plus humaine : le débiteur ne peut être mis dans la prison des criminels. C. suédois, tit. des Ex. des jug., c. VIII, art. 13. — En *Autriche*, le débiteur, au lieu d'être conduit dans la prison publique, peut être mis aux arrêts dans sa propre maison. Le choix de l'un de ces deux modes d'incarcération est laissé à la prudence du juge. Cod. autrich.,

A la prison sera rédigé l'écrou. Ce procès-verbal énoncera :

Le jugement ; — les noms et domicile du créancier ; — l'élection de domicile, s'il ne demeure pas dans la commune ; — les noms, demeure et profession du débiteur ; — la consignation d'un mois d'aliments au moins, c'est-à-dire d'une somme de 30 fr. à Paris et de 25 fr. en province ; — et enfin la mention de la copie laissée au débiteur tant du procès-verbal d'emprisonnement que de l'écrou (1).

L'incarcération n'a pas pour résultat de fermer irrévocablement les portes de la prison sur le débiteur. La durée de la détention a des limites. Ces limites sont déterminées soit par le juge, soit par la loi.

En matière civile, l'emprisonnement pour dettes ne peut être prononcé pour un temps moindre qu'un an ou plus long que dix années (2). Entre ces deux extrêmes, le juge est libre de prononcer.

art. 279. — En *Russie*, où le débiteur est condamné à travailler au profit de son créancier, il est placé par le juge dans un atelier de travaux publics ou particuliers. Ceux qui l'emploient fournissent à ses besoins et payent au créancier 24 *roubles* d'argent par an.—*V.* M. Bayle-Mouillard. Emprisonnement pour dettes, c. v. — A Genève, il n'y a pas de prison affectée particulièrement à l'emprisonnement pour dettes, seulement les débiteurs y sont détenus dans une partie de la prison distincte de celle qui est destinée aux prévenus ou condamnés pour crimes ou délits.

(1) Si quelqu'une de ces formalités est omise, l'incarcération est nulle, et le créancier peut être condamné à des dommages-intérêts. C. P. C., art. 789, 794 et 799.—Une règle analogue est observée en *Suède*. Le créancier qui a fait arrêter un débiteur sans motif, payera une amende de 20 *thalers* et des dommages-intérêts. C. suédois, tit. de l'Ex. des jug., c. VIII, art. 9.

(2) L. de 1832, art. 7. — En *Sardaigne*, la durée de l'emprisonnement est de *six mois au moins, cinq ans au plus.* C. sarde, 2111. —En *Suisse*, elle ne peut être que de six mois au plus. C. du *canton de Vaud*.

En matière commerciale, le principe est différent. C'est la loi seule, et non plus le juge, qui détermine la durée de la détention, en posant une double échelle sur laquelle elle s'élève ou s'abaisse avec le chiffre de la dette. Ainsi :

Pour plus de 200 fr. et moins de 500 fr., une année de détention ;

Pour moins de 1,000 fr., deux années ;

Pour moins de 3,000 fr., trois années ;

Pour moins de 5,000 fr., quatre années ;

Pour plus de 5,000 fr., cinq années.

Ainsi, en matière commerciale, l'emprisonnement ne peut durer moins d'un an, plus de cinq ans. (L. de 1832, art. 5.)

La durée de la détention des débiteurs étrangers est déterminée d'après le même procédé (l. de 1832, art. 17) :

Pour plus de 150 fr. et moins de 500 fr., deux ans ;

Pour moins de 1,000 fr., quatre ans ;

Pour moins de 3,000 fr., six ans ;

Pour moins de 5,000 fr., huit ans ;

Pour plus de 5,000 fr., dix ans.

En matière criminelle, correctionnelle et de police, la règle est un amalgame de celles que je viens de signaler. En effet, la durée de l'emprisonnement sera déterminée par un procédé différent, suivant que le condamné sera débiteur de l'État ou d'une partie civile, suivant qu'il devra une somme moindre que 300 fr. ou une somme

---

art. 1555. — En *Autriche*, la prise de corps provisionnelle ne peut durer que quinze jours. Si, dans ce délai, le créancier ne s'est pas pourvu en justice pour faire prononcer l'incarcération définitive, le débiteur sera élargi. C. autrich., art. 282. — En *Prusse*, le débiteur incarcéré depuis un an peut demander sa mise en liberté. Cependant l'emprisonnement continuera si le créancier prouve que le débiteur peut payer, ou que son inconduite a été la cause de son insolvabilité. C. pruss., art. 146.

plus forte, et enfin suivant son degré de solvabilité.

La loi seule détermine la durée de la détention, lorsqu'il s'agit d'un condamné *envers l'État*, pour une somme *moindre que 300 fr.*, *qui justifie de son insolvabilité.* Cette durée est proportionnée au chiffre des amendes et autres condamnations pécuniaires qu'il aura encourues. (L. de 1832, art. 35.)

Si elles ne s'élèvent qu'à 15 fr., il sera élargi après quinze jours ;

Qu'à 50 fr., — après un mois ;

Qu'à 100 fr., — après deux mois ;

Si elles s'élèvent au-dessus de 100 fr. sans atteindre le chiffre de 300 fr., — après quatre mois.

Pour tous les autres cas la règle est différente.

Ainsi, lorsqu'il s'agira d'un individu condamné envers l'État à une somme *plus forte que* 300 *fr.*, la règle sera la même qu'en matière civile. Le juge prononcera facultativement entre ces deux limites, une et dix années de détention (1).

Enfin, lorsqu'un individu aura été condamné envers une partie civile au payement d'une somme d'argent, la règle sera la même encore, quel que soit le chiffre de cette somme ; seulement, si ce chiffre est au-dessous de 300 fr. et si le condamné est insolvable, le juge, au lieu de se régler sur les limites ci-dessus, devra mesurer les rigueurs de la loi sur une échelle moins élevée, c'est-à-dire entre six mois et cinq années. (L. de 1832, art. 39 et 40.)

Dans tous les cas que nous venons d'énumérer, en

____

(1) L. de 1832, art. 40. —Cependant si le condamné est septuagénaire, le minimum est réduit à six mois et le maximum à cinq ans.

matière civile, commerciale, criminelle et de dettes d'é-
trangers, la durée de la détention peut encore être abrégée
par les causes d'élargissement accidentelles que voici :

1° Le payement ou consignation du tiers du principal
de la dette et de ses accessoires, en donnant pour le surplus une caution qui s'oblige solidairement avec le débiteur à payer dans un certain délai le restant de la dette
(cette cause d'élargissement n'est pas admise en matière
commerciale) (1) ;

2° Le bénéfice de cession judiciaire, dans les cas où il
est admis (2) ;

3° Le consentement par écrit du créancier qui a fait
incarcérer et des recommandants (C. P. C., art. 800) ;

4° La négligence ou la mauvaise volonté du créancier
qui n'a pas consigné d'avance les aliments (3) ;

---

(1) L. de 1832, art. 24.—Même règle en *Sardaigne.* C. sarde, art. 2115.
— En *Autriche*, la loi n'exige ni payement ni consignation ; la caution
suffit. L'incarcération cesse dès que le débiteur donne caution suffisante
de se représenter. C. autr., art. 280.—Même règle en *Suède.* C. suéd., tit.
des Ex. des jug., c. VIII, art. 2 et 4.

(2) C. P. C., art. 800.— En *Prusse*, le bénéfice de cession est le seul
moyen par lequel le débiteur puisse obtenir son élargissement, lorsque sa
dette provient d'une lettre de change. C. pruss., art. 147.— En *Angleterre*, ce n'est pas le bénéfice de cession, mais le bénéfice d'insolvabilité
qui est accordé au débiteur. Il y a entre ces deux bénéfices cette différence,
que la cession de biens peut prévenir l'incarcération, tandis que le bénéfice d'insolvabilité est refusé à tous les débiteurs qui n'ont pas été préalablement détenus pendant un certain nombre de jours.

(3) L. de 1832, art. 30 et 31.—C. P. C., art. 800.—En *Angleterre*, le
créancier n'est tenu de fournir à son débiteur que 6 *pence* (12 sous) par
jour. Comme cette somme est insuffisante, le débiteur a le droit d'exiger
une somme semblable sur la taxe des pauvres du comté auquel il appartient.—*V.* M. Bayle-Mouillard, de l'Emprisonnemnt pour dettes, c. IV.—En
Prusse, le chiffre des aliments est déterminé par le tribunal. Le créancier
doit les consigner huit jours d'avance. Il est également tenu de payer les
frais de chauffage et de propreté intérieure de la prison (*reinigungskosten*).

:° L'accomplissement de la soixante-dixième année du détenu pour dettes (C. P. C., art. 800). (En matière criminelle, ceci n'est point une cause d'élargissement immédiat, mais seulement de réduction de l'emprisonnement.) (L. de 1832, art. 40.)

Une fois élargi à raison de l'une des causes ci-dessus, le débiteur est libre, mais non pas libéré. Quelquefois même sa mise en liberté n'est que provisoire. Ainsi , s'il a obtenu son élargissement par le payement ou la consignation du tiers de sa dette, il est contraignable encore jusqu'au payement intégral. (L. de 1832, art. 26.)

A part cette exception, le débiteur élargi ne peut plus être réincarcéré pour la même dette. (L. de 1832, art. 27 et 31.)

C. pruss., art. 143, et additions, § 176.—En *Suède,* le créancier est tenu de nourrir son débiteur, s'il ne peut prouver que ce dernier soit à même de pourvoir à ses besoins. Ces aliments, fixés par jour à 4 *oers* par le code de 1734, à 2 *shillings* (2 sous) par la loi du 1er février 1810, sont actuellement déterminés ainsi : « Le débiteur qui ne pourra pas lui-même » subvenir à son entretien , recevra aux frais du créancier ce que l'État » accorde aux prisonniers, et la moitié en sus. » L. du 7 mars 1835. Au surplus, la loi suédoise contient une disposition qui lui est toute particulière, en déclarant que le créancier ne pourra jamais redemander la restitution des aliments fournis au débiteur incarcéré. L. du 12 mars 1830.

CONCLUSION.

I.

L'histoire de la contrainte par corps est une page intéressante dans les annales de l'aristocratie financière. Elle reproduit fidèlement, à chaque époque, le caractère et la physionomie de ce pouvoir inquiet et jaloux. Elle donne la mesure de sa pensée, de son influence, de sa moralité; car l'exécution par corps porte tour à tour le cachet d'un égoïsme national ou d'un égoïsme mercantile, suivant que l'aristocratie qui l'impose est patricienne à Rome, ou plébéienne au moyen-âge.

A Rome, la loi de la contrainte par corps paraît odieuse, si l'on s'arrête à la sauvage énergie de sa sanction sans en chercher le sens; mais elle devient rationnelle, si l'on se place au point de vue de la civilisation romaine. Le texte de la loi des XII Tables n'est pas une lettre inintelligente arrachée au législateur par les importunités de l'intérêt privé; c'est un pacte inséré dans le contrat social, entre les riches et les pauvres, au profit de la considération romaine. Quelque avides de gain que fussent les aristocratiques usuriers de Rome, ils devenaient d'austères républicains lorsqu'il s'agissait de la foi jurée. La foi du serment, seule religion du paganisme, devait être chaste comme la vestale. Celui-là attentait à la gloire de Rome qui osait la déflorer. Aussi, en attachant une sanction horrible mais religieuse à la loi qui la protégeait, le législateur romain se proposait-il et atteignait-il ce double résultat : 1° la satisfaction de l'intérêt privé, car la plus violente de toutes les contraintes matérielles, la mort, menaçait le débiteur qui se refusait à payer de ses deniers ou de son travail ; 2° un effet moral au profit de l'ordre social, car cette terreur salutaire enseignait au justiciable à ne prendre d'engagement que lorsqu'il aurait la certitude de pouvoir le remplir.

Au moyen-âge il n'en est plus ainsi. Devenue l'arme de la classe moyenne et mercantile, la contrainte par corps perd son caractère d'exemplarité pour se mettre exclusivement au service de l'intérêt privé. Sa rudesse pénale disparaît avec sa grandeur sauvage ; car ce qu'elle demande au débiteur, ce n'est plus de la probité antique, mais de l'argent. Enfin, moins barbare qu'à Rome, elle devient peut-être plus odieuse, car ce qu'il y a d'abject dans le sacrifice de l'homme à la chose n'est plus compensé, relevé, dans la législation française, par la moralité du résultat.

Cependant, si mesquin que soit l'objet qu'elle se propose, la contrainte par corps du moyen-âge conserve du moins cet avantage, qu'elle est toujours entre les mains du créancier un moyen *certain* de payement. Le débiteur est-il solvable, la menace de l'esclavage de la dette violentera les capitaux qu'il cache entre ses mains ; est-il insolvable, son travail est un capital que l'esclavage utilisera. Ainsi, quelle que soit la condition du débiteur, la garantie du créancier n'est jamais illusoire, et à ce titre la contrainte par corps est sinon justifiée, du moins excusée.

Au surplus, en soumettant les débiteurs au régime de l'esclavage, le législateur des temps barbares n'a rien édicté qui ne soit parfaitement conséquent avec le principe générateur de la contrainte par corps. Du moment où l'on admet en principe la légalité du sacrifice de la liberté d'un citoyen à l'aisance d'un autre, il est juste au moins que ce sacrifice ne demeure pas inutile, car rien n'est odieux comme une torture sans but et sans résultat. Or l'extinction de la dette par le travail est la conséquence la plus naturelle, je dirai même la plus morale de la contrainte par corps, puisqu'elle est à la fois un moyen certain de payement pour le créancier, et un moyen assuré de libération pour l'insolvable.

Depuis cette époque, à partir de la deuxième moitié du moyen-âge, la contrainte par corps a perdu toute son utilité pratique, sans toutefois acquérir au point de vue moral. Moyen de coaction insuffisant contre le débiteur solvable, elle a cessé d'être un moyen de libération pour celui qui ne l'est pas. En substituant l'emprisonnement pour dettes à l'esclavage, en reniant la brutale franchise avec laquelle les lois antiques déduisaient leurs conséquences barbares, le législateur a essayé en vain de populariser un principe immoral au moyen d'une transaction. Lorsqu'une institution est vicieuse, il faut rompre avec elle. Si on espère la conserver en l'atténuant, on se trompe, car on ne peut arriver ainsi qu'à ce résultat : la rendre inutile sans qu'elle cesse d'être immorale.

En effet, sous l'empire de la loi actuelle, la contrainte par corps n'est plus ni une peine, ni un enseignement, ni même un moyen de coaction certain. Ses résultats matériels sont presque nuls ; son effet moral, négatif. Enfin, en admettant que l'utilité d'une loi puisse faire tolérer son immoralité, la contrainte par corps moderne est trop dégénérée, sa sanction est trop abâtardie, pour que ses avantages pratiques puissent compenser ce que son principe a d'antisocial.

Au surplus, en faisant le procès de cette institution barbare, nous ne prétendons signaler aucun vice contre lequel ne se soient élevées déjà des protestations énergiques. Trop d'éloquents publicistes, après une étude approfondie de la matière, ont condamné le principe de la contrainte par corps et démontré le vide de ses résultats, pour que nous osions donner à la critique de la loi nouvelle un développement mieux à sa place dans les livres de MM. Fœlix et Bayle-Mouillard. Nous bornant à la tâche facile de résumer, nous signalerons dans une critique rapide et générale les vices principaux de la contrainte par corps, nous réunissant de cœur aux hommes de conscience et de charité qui ont trop de foi en la force et la pureté des principes de la société moderne, pour ne pas espérer voir bientôt disparaître de nos lois une institution qui outrage notre religion et nos libertés.

II.

Envisagé comme moyen de coaction, l'emprisonnement pour dettes est profondément immoral. Basé sur une présomption inconciliable avec les principes généraux du droit, il suppose toujours chez le contraignable en retard de payer la *solvabilité* et la *mauvaise foi*. La loi n'admet pas l'impuissance; elle présume la mauvaise volonté jusqu'à la preuve du contraire. Or comment obtient-elle cette preuve? Par la torture. Elle calcule ainsi : — La rude épreuve de la prison sera la pierre de touche de la solvabilité du débiteur, elle ébranlera l'entêtement avec lequel il dissimule ses ressources, et le forcera peut-être à dire à la fin : — « Assez d'agonie morale comme cela ! j'aime mieux ma ruine complète et celle de ma famille que les souffrances qu'on m'impose. »

Aussi l'action coercitive de la contrainte par corps a-t-elle été définie avec vérité : « Une torture pour arracher » au malheureux à qui on la fait subir, non l'aveu de ce » qu'il ne veut pas dire, mais le remboursement de ce » qu'il ne veut pas payer (1). »

Que si en dehors de cette définition on cherche un autre but à la contrainte par corps, on ne saurait en trouver un qui soit admissible. Ainsi, quel motif apparent supposer à l'incarcération de l'homme notoirement insolvable ? En Russie, où l'esclavage crée une solvabilité pour le débiteur en utilisant son travail, le motif est saisissable ; mais en France, où, suivant l'expression de M. Bayle-Mouillard, l'emprisonnement pour dettes n'est admis qu'à *cette condition qu'il sera improductif*, comment justifier cette torture inutile ? La contrainte par corps n'aurait-elle donc alors d'autre but que de servir la haine ou la vengeance du créancier ?

Mais, dira-t-on, ceci serait monstrueux, ceci serait féroce. Le magistrat ne saurait être forcé de se faire l'exécuteur des hautes œuvres de la vindicte privée.

Sans doute le législateur n'a pu vouloir ce scandale ; mais il existe cependant, parce qu'un principe vicieux une fois adopté, on se débattrait en vain pour se soustraire à ses conséquences. En vain les partisans de la contrainte par corps proclament-ils que ce mode d'exécution n'est pas une peine dans la pensée du législateur ; il en est presque toujours une dans la pensée du créancier. — En vain dirait-on que ce dernier s'expose à une

____

(1) C'est ainsi que M. Mallet-Butiny définissait la contrainte par corps, le 28 décembre 1829, devant le conseil représentatif de Genève.

perte certaine en s'obligeant à fournir des aliments à un
insolvable, la crainte de ce préjudice ne saurait l'arrêter,
car l'intérêt; lorsqu'il se passionne, hésite rarement à
s'immoler sur son propre autel.—Il est donc impossible de
nier cette déduction forcée : — La contrainte par corps
est l'instrument de la vengeance du créancier lorsqu'elle
cesse de servir son intérêt pécuniaire.

Et encore jusqu'à quel point peut-on dire avec vérité
que la contrainte par corps sert les intérêts du créancier?

Comme moyen de contraindre un débiteur au payement
de sa dette, l'emprisonnement est plus souvent frustratoire
qu'utile. Pour la possibilité d'un payement incertain, le
créancier court la chance d'une perte certaine. Si le détenu se roidit contre les tortures, s'il met à ne pas s'exécuter la même obstination que le créancier à sévir, ce
dernier sera nécessairement vaincu dans une lutte où il
ne peut que s'appauvrir et où son adversaire n'a rien à
perdre. Souvent même il arrivera que la résistance du
détenu sera d'autant plus ferme qu'il sera plus solvable;
car le riche débiteur qui ne veut pas payer peut tromper
les ennuis de la prison en y introduisant le plaisir, et
trouver une certaine satisfaction à insulter à la colère impuissante du créancier. Ainsi, loin de servir ce dernier
dans les cas où elle semble devoir lui être utile, la contrainte par corps est souvent pour lui la source d'un
désappointement et d'un préjudice.

Et puis un autre contre-sens encore. Tous les créanciers n'inspirent pas l'intérêt à un égal degré. Un capitaliste éprouve la perte d'une somme minime, c'est un
malheur qui ne trouve que des indifférents; mais l'ouvrier,
mais la pauvre veuve qui auront confié à l'apparente probité d'un emprunteur le modeste capital où se résument

toutes les économies d'une vie laborieuse, s'ils sont me-
nacés de voir s'évanouir l'unique ressource de leur vieillesse, que de vives sympathies ne doivent-ils pas inspirer !
— Eh bien pourtant ! c'est en vain qu'ils réclameront
contre leur débiteur le privilége du riche. La contrainte
par corps est une arme de luxe dont le prix est trop élevé
pour être à la portée du créancier pauvre, car la faim du
débiteur ne saurait faire crédit. Ainsi l'application de la
contrainte par corps, exclusivement réservée au riche,
demeure impossible dans le seul cas peut-être où elle
serait presque morale.

Donc la contrainte par corps est aujourd'hui, comme
elle l'a été à Rome et au moyen-âge, un instrument de
spéculation, de puissance ou de haine entre les mains
privilégiées de l'aristocratie de l'argent ; et à ce titre elle
est illibérale, puisqu'elle erée une inégalité devant la loi.

Que si maintenant, convaincu de ce qu'il y a de vide
dans l'action coercitive de la contrainte par corps, nous
comparons son mince résultat à tout ce qu'il faut imposer
d'épreuves et de douleurs pour l'obtenir, ne nous sera-
t-il pas permis de nous étonner de l'énorme disproportion
qui se trouve entre la peine du débiteur et l'avantage du
créancier ?

Je ne parle pas de la joyeuse aristocratie des prisons
pour dettes, de ces chevaliers d'industrie à existence pro-
blématique qui entrent à Clichy sans argent pour en sortir
avec de l'or, et qui attendent patiemment au milieu des
folles orgies que la patience du créancier soit plus courte
que sa colère. Ceux-là n'ont en prison d'autre ennemi que
l'ennui, dans les rares intervalles où le plaisir ne vient
pas les y chercher.

Je parle de ces rudes existences plébéiennes, au front

pâle, aux mains durcies par le travail, qui, faites pour la douleur, n'ont connu d'autres joies que les tristes joies d'un pauvre foyer ; de ces honnêtes artisans qui, réduits à la misère par l'inoccupation ou la maladie, se mettent entre les mains d'un usurier pour ne pas succomber aux dangereux conseils du désespoir. Ceux-là, qui ont emprunté parce qu'ils sont honnêtes, et qui n'ont pu le faire qu'en subissant les conditions d'un infâme usurier, quel est le sort que leur fait la loi? Ils signent une lettre de change, cet odieux passe-port de l'usure, et s'obligent, en fermant les yeux, à payer deux, trois, quatre fois la valeur de l'argent qu'ils ont touché. Puis vient l'échéance. En matière commerciale, on le sait, une condamnation est vite obtenue. Lever un jugement, le signifier, c'est chose prompte pour qui est pressé d'agir. Puis vingt-quatre heures après, avant qu'il ait pu appréhender encore le coup fatal qui le menace, le débiteur voit apparaître l'huissier. En vain le malheureux résiste, pleure ou supplie, il faut obéir. « Mais, dit-il, attendez ! j'ai de la force et du courage ! vous et ma famille vous vous partagerez chaque goutte de mes sueurs. A mes enfants le travail du jour...; à vous le travail de la nuit... Oh ! j'aurai de la probité ; mais attendez! — Je n'ai pas le temps d'attendre. — Mais que voulez-vous de moi ? Je n'ai rien que ces outils et ce misérable grabat. — Ah ! tu n'as rien ; eh bien ! j'aurai du moins le plaisir de me venger de toi. — Mais mes enfants,... ils vont mourir de faim... — Il s'agit bien de ta famille ! c'est 200 fr. qu'il me faut. »

Voilà ce que la loi tolère, ce qu'elle ordonne ; et cette loi a des partisans, et ils la croient assez généreuse, parce qu'elle pourvoit à la nourriture du débiteur, sans songer que, pour une vie que cette loi sauvegarde ainsi, elle sacrifie souvent à un usurier l'existence de toute une famille.

Mais ce n'est pas tout encore : la loi va jusqu'à violenter la volonté du débiteur. Tu mourras de faim, lui dit-elle, ou bien tu contracteras une dette nouvelle au profit de ton créancier. Emprisonné pour une somme de 200 francs, tu sortiras de la prison après une année, accablé sous le fardeau d'une dette de 563 francs (1). En vain le malheureux essayera de résister à cette violence inouïe ; il faut vivre, et la faim sera plus puissante que sa volonté. Ainsi, que sa captivité dure deux, cinq, dix années, on pourra comprendre quel avenir l'attend à sa sortie de la prison.

Et que veut-on alors que fasse cet homme, accablé sous le fardeau d'une dette que les labeurs de toute sa vie ne pourront acquitter? Pendant sa longue captivité, n'aura-t-il pas désappris le travail, le courage, et peut-être la probité? Le cœur lui manquera avant qu'il ait accompli sa tâche douloureuse. Et alors malheur à la société ; car la faim est mauvaise conseillère, et rien n'est plus dangereux et plus près du crime que la probité découragée.

III.

Les vices que nous venons de signaler sont trop apparents pour qu'ils puissent être déniés par les partisans eux-mêmes de la contrainte par corps. Mais, en ne pouvant s'empêcher de les reconnaître, ces conservateurs rigoristes se croient suffisamment cuirassés contre la critique en présentant l'argument que voici : — « L'empri-

---

(1) Ce chiffre, qui n'est que l'addition de la dette principale avec celui des aliments pour une année, est encore au-dessous de la réalité, car nous n'y comprenons pas les frais occasionnés par l'incarcération.

sonnement pour dettes , disent-ils , est un puissant moyen d'intimidation ; c'est l'épée de Damoclès incessamment suspendue sur la tête du débiteur et de celui qui serait tenté de le devenir : il moralise le petit commerce ; il lui apprend à être prudent, économe, avare de son crédit; il facilite les opérations commerciales en leur offrant une garantie ; enfin, sa conservation est importante, par cela seul qu'elle assure le crédit des détaillants auprès des producteurs. »

Ceci n'est pas un argument, pour plusieurs raisons que voici :

D'abord, en supposant que la contrainte par corps soit un moyen d'intimidation, la menace frapperait très-souvent à tort. Quelque grande que soit la crainte de l'emprisonnement, elle ne saurait faire qu'un commerçant, homme d'ordre et de probité, puisse empêcher la faillite ou la banqueroute d'un autre de le mettre hors d'état de remplir ses propres engagements.

En second lieu, on ne saurait considérer la crainte de ce mode d'exécution comme un enseignement. La contrainte par corps est presque toujours forcée. La loi frappe sans intelligence et sans distinction le malheur et la mauvaise foi. Or, d'une part, ce serait chose étrange que de prétendre apprendre aux hommes à n'être pas malheureux, et de l'autre ce serait chose triste que d'employer la torture pour enseigner aux hommes la probité.

La contrainte par corps n'est pas nécessaire au commerce. De l'aveu du législateur de 1832, le véritable commerce a toujours été étranger aux condamnations par corps (1).

(1) On peut consulter à ce sujet les chiffres obtenus par M. Bayle-Mouillard dans sa *Statistique de la contrainte par corps*, c. XI.

Enfin le crédit n'est point intéressé à la conservation de ce mode d'exécution. En vain la contrainte par corps serait-elle abolie, le petit commerce conservera son crédit; car les proportions de la production se trouvant toujours en raison directe du nombre des consommateurs, et ce nombre augmentant au lieu de diminuer, il faudra toujours nécessairement entre ces derniers et les producteurs la même quantité d'intermédiaires. Qu'importe que les garanties présentées par ces derniers diminuent, on continuera à s'en servir parce qu'ils sont nécessaires.

Non, le véritable commerce ne réclame point la conservation de l'emprisonnement pour dettes. Mais il est un genre de trafic illicite, odieux, infâme, qui seul n'est pas désintéressé dans la question : ce trafic ignoble et ténébreux, contre lequel la loi est impuissante, c'est l'usure tolérée, organisée, presque patentée. C'est l'usure qui, insultant aux prohibitions stériles de la loi, dissimule d'énormes extorsions sous le voile complaisant d'une lettre de change, et fait consentir tacitement une obligation par corps au non-commerçant qui la souscrit; c'est l'usure qui, spéculant sur les sentiments les plus sacrés, accorde au fils, au mari, un crédit plus ou moins étendu, suivant qu'il est plus ou moins aimé de sa femme, de son père, de sa mère ; c'est l'usure qui prépare au pauvre les nuits sans sommeil, au dissipateur le suicide ; oui, c'est l'usure qui recueille à son aise le fruit de ce que les partisans de la contrainte par corps appellent de bonne foi son *effet moral !...*

Or, lorsqu'on se trouve en présence d'un pareil scandale, n'est-on pas tenté de se demander si le meilleur moyen de n'avoir plus besoin de la contrainte par corps ne serait pas de commencer par l'abolir ?

Si la contrainte par corps était abolie, les usuriers ne deviendraient-ils pas plus circonspects? Voudraient-ils consentir à jouer une partie où ils seraient seuls à mettre des enjeux ?

Si les usuriers venaient à fermer leurs bourses, les dissipateurs éprouveraient-ils la tentation que leur donne l'aspect de l'or, cet instrument du plaisir ?

Enfin, si cette tentation cessait, l'*effet moral* de la contrainte par corps abolie ne vaudrait-il pas mieux que celui de la contrainte par corps conservée ?

Qu'on le remarque bien : les fils de famille, comme les usuriers, basent leurs calculs sur les terreurs de la prison et sur l'affection de leurs parents ; ils se disent : — « Si je contracte des obligations sans fournir la garantie de ma personne, mes parents s'inquiéteront fort peu des tracasseries de mon tapissier, de mon tailleur ou de mon bottier. Sans argent, sans crédit, la position ne sera pas tenable. Mais que si, grâce à l'intervention de quelque honnête usurier, je suis menacé de la prison pour dettes et de la déconsidération qu'attache l'opinion à celui qui est l'objet d'une semblable poursuite, oh ! alors ma mère pleurera, mes sœurs supplieront, mon père se laissera fléchir, et j'aurai eu le plaisir de réaliser ainsi un petit avancement d'hoirie. »

Qu'on interroge les infâmes complaisants de ces dissipateurs égoïstes, ils répondront que cela est vrai.

Or, nous le demandons : si l'emprisonnement pour dettes peut devenir la base de ces calculs cyniques, l'abolition de la contrainte par corps ne serait-elle pas un bienfait pour la société, quand elle n'aurait pour objet que de rendre impossibles de semblables scandales ?

Oui, la contrainte par corps doit disparaître de notre

législation, parce qu'elle est antipathique aux principes régulateurs de la société chrétienne, parce qu'elle insulte à la religion et aux mœurs, parce qu'elle est frustratoire pour le créancier, tortionnaire pour le débiteur, parce qu'elle n'ajoute rien à la confiance commerciale, parce qu'enfin elle démoralise les hommes au lieu de les moraliser.

Cependant, si la contrainte par corps doit être abolie, ce n'est pas à dire que la loi doive demeurer impuissante contre la mauvaise foi. L'homme qui trompe son créancier commet un abus de confiance. L'abus de confiance est un crime (1) ; il est juste que le coupable subisse la peine de son attentat. Mais alors que ce soit au nom de la morale publique, et non plus au nom de l'intérêt privé, que la condamnation soit prononcée ! que la loi devienne intelligente ! que, pour appliquer la peine, le juge ne s'arrête plus au fait, mais apprécie l'intention ! que le dol soit puni, mais seulement lorsqu'il sera volontaire ; et dès lors la punition du débiteur de mauvaise foi pourra occuper dignement sa place dans notre législation pénale.

Ce système, qui enlèverait à l'abolition de la contrainte par corps tout ce qu'elle pourrait avoir d'ultra-philanthropique, est appelé par tous les vœux. Les législateurs, les publicistes, les jurisconsultes qui ont approfondi la matière, sont unanimes pour réclamer la réforme qui doit le substituer à l'emprisonnement pour dettes. Bientôt, nous l'espérons, il sera fait droit à ces protestations généreuses ; car nous ne saurions oublier qu'en présentant à la chambre des pairs le projet de la loi de 1832, un grand

(1) Dans les législations du Nord, la mauvaise foi du débiteur, et en particulier le stellionat, sont punis comme crimes. *V.* ci-dessus, p. 303, no 2.

jurisconsulte (1) déclarait que la loi projetée était une loi de transition ; qu'un jour le principe barbare dont elle était entachée disparaîtrait, mais qu'il fallait attendre encore. Eh bien ! aujourd'hui que la paix commerciale est profondément établie, grâce au gouvernement éclairé et pacifique qui l'entoure de sa protection efficace, il nous est permis de rappeler la promesse de M. Portalis, et de dire avec assurance : Les temps sont mûrs pour l'abolition de la contrainte par corps.

(1) M. Portalis. *V.* son rapport au *Moniteur* du 30 décembre 1831.

FIN.

TABLE

DES MATIÈRES.

DEUXIÈME PARTIE.

ANCIEN DROIT FRANÇAIS.

PREMIÈRE ÉPOQUE.

DEUXIÈME ÉPOQUE.

TROISIÈME PARTIE.

FIN DE LA TABLE.

ERRATA.

Page 5, ligne 25 : jamais un corps n'est plus respectable, *au lieu de :* jamais un corps n'est respectable.
— 9, ligne 20 : Appius Claudius, *au lieu de :* Apius Claudius.
— 14, ligne 9 : sacrifiât, *au lieu de :* sacrifiait.
— 42, ligne 10 : vis-à-vis de l'addictus, *au lieu de :* vis-à-vis l'addictus.
— 109, note 2, ligne 12 : firmissimam, *au lieu de :* firmissiman.
— 130, ligne 7 : la noblesse des chevaliers et dames, *au lieu de :* la noblesse, chevaliers et dames.
— 136, note 1, ligne 2 : les Assises de Jérusalem, *au lieu de :* des Assises de Jérusalem.
— 151, ligne 13 : réaulment, *au lieu de :* réaulement.
— 173, ligne 19 : il y avait trois centres, *au lieu de :* il y avait deux centres.
— 214, ligne 23 : Turcaret, *au lieu de :* Turcarets.
— 283, note 1, ligne 1 : sa responsabilité était à couvert du moment, *au lieu de :* sa responsabilité du moment.

Poitiers. — Imp. de F.-A. Saurin.